네 왕이
네게 임하시나니

한국성서학연구소는
종교개혁의 신학 전통을 이어받아
다양한 성서해석 때문에 갈등을 겪는 한국교회를
하나님의 말씀 위에 바로 세우기 위하여 일하고 있습니다.
한국교회가 안고 있는 현실 문제에 대한 성서적이고
올바른 신학적 해석을 제시함으로써 이 땅의 문화가
그리스도의 이름 아래 세워질 때까지
이 일을 계속해 나가겠습니다.

구약학자의 스가랴서 설교
네 왕이 네게 임하시나니 – 메시아 신앙과 회복의 비전

초판 1쇄 발행 2023년 10월 15일
지은이 배정훈 외 17명
펴낸이 김지철
펴낸곳 도서출판 한국성서학
등록 제2022-000036호. (1991.12.21.)
주소 서울 광진구 광장로5길 25(광장동), 2층
전화 02-6398-3927
이메일 bibleforum@bibleforum.org
홈페이지 http://www.bibleforum.org
총판 비전북(전화 031-907-3927 / 팩스 031-905-3927)
인쇄·제본 성광인쇄

값 15,000원
ISBN 979-11-91619-04-1 03230
ⓒ 배정훈 외 17명 2023

네 왕이 네게 임하시나니

메시아 신앙과 회복의 비전

강성열 김선종 김정훈 김태훈 김흥현 방기민
배정훈 서재덕 양인철 오택현 윤동녕 윤 형
이미숙 조용현 천사무엘 최현준 하경택 허신욱

한국성서학연구소
KOREA INSTITUTE OF BIBLICAL STUDIES

머리글

...

    통합구약학회는 대한예수교장로회^{통합} 소속인 7개 신학교와 교단 산하 대학교에서 구약학을 가르치는 교수들과 박사학위자들의 모임입니다. 이 모임은 저희의 은사 되시는 강사문 구약학 교수님께서 은퇴하시면서 500만원을 기탁하시면서 출범하였습니다. 강사문 교수님은 작은 학회를 통하여 구약학 교수들과 후배들이 함께 연구하며 교제하기를 원하셨습니다. 이 뜻을 기리면서 이 학회에는 본 교단에서 가르치는 구약학 교수들과 박사학위자들이 모였고, 박동현 교수님께서 첫 번째 회장을 맡으시고, 이어서 나이순으로 2년간 회장을 맡으면서 현재까지 모임이 이어져 왔습니다.

    통합구약학회 회원들은 저희가 평생 공부한 구약학을 통하여 한국 교회를 섬기는 일을 찾았는데, 그것이 바로 목회자들의 설교를 돕는 일이었습니다. 특히 설교자들이 설교하기 어려운 본문을 택하여 구약학자의 설교라는 제목으로 목회자들에게 제공해왔습니다. 지금까지 매년 선택한 책과 주제는 시편, 잠언, 소예언서, 종교개혁 등입니다.

    책을 출판하기 어려운 팬데믹 코로나 시절을 보내고 올해부터 이 일을 다시 시작하게 되었습니다. 이번 2023년에 저희는 구약에서 특히 설교하기 어려운 스가랴서를 선택하였습니다. 스가랴서는 학자들의 다양한 견해들이 있어서 목회자들에게는 설교하기 곤혹스러운 책입니다. 저희 구약학자들은 학적인 논쟁은 피하고 목회자들에게 스가랴서를 어떻게 설교해야 하는지 연구하였습니다. 개신교 전통 안에서 교회를 위한 성경해석의 모범적인 길을 제시하려고 노력하였습니다. 구약과 신약의 통일성을 염두에 두고, 스가랴서가 추구하는 회복과 메시아 사상을 잘 전할 수 있도록 준비하였습니다. 앞으로도 저희 구약학자들은 상아탑에 머물지 않고 목회 현장과 성경을 연결하는 일에 최선을 다하겠습니다.

이번 책의 발간을 위하여 필진으로 참여하신 모든 분들, 책의 기획과 편집을 도와주신 통합구약학회 총무이신 윤동녕 교수님, 그리고 책의 발간을 도와주신 한국성서학연구소의 김도현 목사님과 장성민 목사님께 감사드립니다.

2023. 9.

광나루에서

통합구약학회 회장 **배정훈**

목차

스가랴서를 어떻게 설교할 것인가?

...

배정훈

(장로회신학대학교)

스가랴서는 어떤 책인가?

예언자 스가랴의 뜻은 "여호와는 기억하신다"이다. 스가랴의 부친은 베레가이며 조부는 잇도이다슥 1:1. 스가랴서는 12권의 소예언서에 속한 책으로 포로 후기에 쓰인 세 권의 책학개, 스가랴, 말라기 중의 하나이다. 예언자 스가랴는 페르시아 다리오스 1세주전 522-486년 시대에 학개와 함께 활동했다. 스가랴서에서 사용된 연대기는 다리오왕 2년 8월1:1, 11월1:7, 다리오왕 4년 9월7:1 등이다. 유다 백성이 귀환한 후에 시작한 성전 건축이 오랫동안 중단되었다가 다시 시작된 시기이다. 스가랴는 낙담한 귀환자들에게 회복을 기대하면서 모든 불의에서 벗어날 것을 예언하였다. 스가랴서는 총독인 스룹바벨과 대제사장인 여호수아의 두 지도자를 강조한다. 총독인 스룹바벨이 메시아가 될 것을 기대했지만, 알 수 없는 이유로 스룹바벨이 사라지고 대제사장 중심의 체제를 경험한다. 그러나 여전히 싹이라고 불리는 다윗의 후손을 통한 메시아 신앙을 이어간다. 스가랴 9-14장은 1-8장에서의 예언이 성취되는 시대를 보여준다. 오시는 왕을 통한 메시아 시대의 도래와 좌절을 반복하면서 14장에서는 다시금 메시아에 대한 소망으로 마감한다. 기독교는 이 소망이 신약 시대에 예수를 통하여 성취되었다고 고백한다.

스가랴서의 저작 연대

스가랴서는 학개서와 말라기서와 함께 포로 후기의 예언서이다. 페르시아 왕인 고레스가 바벨론을 정복하고 포로들이 귀환하도록 칙령을 발표함으로 유다 백성은 고향인 유다로 돌아올 수 있었다. 주전 6세기 페르시아의 왕인 캄비세스^{주전 530-522년}가 후계자를 정하지 않고 죽은 후에, 후계자들의 각축전으로 혼란스러워진 페르시아로부터 식민지들의 독립 열망이 강해지는 가운데 유다는 메시아에 대한 희망으로 고무된다. 이러한 메시아에 대한 희망은 학개서와 스가랴서를 통해 나타난다.

학개서에 나타난 연대기는 다리오왕 2년 6월^{1:1}, 7월^{2:1}, 9월^{2:10}이고, 스가랴서에 나타난 연대기는 다리오왕 2년 8월^{1:1}, 11월^{1:7}, 다리오왕 4년 9월^{7:1}이다. 학개서와 스가랴서의 상황은 서로 다르다. 어떤 전환이 있었을까? 학개서는 스룹바벨을 통한 메시아의 기대가 있었다^{학 2:23}. 스가랴서는 학개서처럼 메시아에 대한 기대와 아울러 스룹바벨의 사라진 현실을 반영한다. 연대기로 볼 때 학개서는 다리오왕 2년 6월에서 9월까지의 예언이 담겨 있다. 스가랴서는 학개의 예언이 끝나지 않은 다리오왕 2년 8월에 예언을 시작하고, 이어서 학개의 예언이 완성된 이후 다리오왕 4년 9월까지 예언한다. 학개서의 예언이 끝난 후에 쓰인 스가랴서의 예언에는 변화된 상황이 반영된 것이다. 스가랴서는 학개와 마찬가지로 스룹바벨을 통해 메시아 소망이 이루어지기를 기대했고, 스룹바벨이 사라진 후에는 미래에 이루어질 메시아에 대한 소망을 담았고, 이것이 신약에서 나타나는 메시아 소망으로 연결된다.

스가랴서의 구성

스가랴서는 크게 두 단락으로 이루어진다: 전반부^{1-8장}와 후반부⁹⁻¹⁴
^장. 전반부^{1-8장}에는 연대기가 붙어 있어서 쓰인 연대를 알 수 있지만,
후반부^{9-14장}는 따로 연대기가 붙어 있지 않다. 후반부^{9-14장}는 전반부
^{1-8장}와는 다른 연대임에도 불구하고, 새로운 연대를 설정하지 않으면
서 전반부와의 연속성을 강조한다. 후반부^{9-14장}는 전반부^{1-8장}와 마찬
가지로 스가랴 예언자의 권위 아래 메시아 소망이 담겨 있고, 신약 시
대에는 이 소망이 예수 그리스도 안에서 성취되었다고 선포한다.

전반부^{1-8장}는 포로 후 귀환한 이스라엘 백성들을 위한 회복 프로그
램으로 시작한다. 이 회복은 포로기 이전에 솔로몬 성전과 다윗 왕정을
중심으로 성취되었던 프로그램이었다. 포로에서 돌아온 이후에 유다
백성은 성전 재건과 함께 다윗왕의 후손이 통치하고, 제사를 통하여
하나님의 임재 경험을 추구하는 회복을 기대하였다. 그리하여 총독인
스룹바벨이 왕이 되고, 제2성전을 완공함으로 이루어지는 하나님의 나
라를 기대하였다. 그러나 갑자기 메시아로 기대했던 스룹바벨이 사라
짐으로 메시아에 대한 소망을 잃어버렸다. 스가랴서는 다시 싹이라고
불리는 메시아와 대제사장을 기초로 이루어지는 하나님 나라에 대한
소망을 이어간다.

후반부^{9-14장}는 전반부에서 나타난 메시아에 대한 예언이 성취되는
시대로 이해된다. 알렉산더의 등장과 함께 근동 지역에 일어난 변화를
메시아가 다스리는 하나님 나라의 도래로 이해한다^{9-10장}. 그러나 이스
라엘의 위기와 지도자의 무능으로 메시아의 사라짐과 함께 다시금 좌

절을 경험하고[11-13장], 회개를 통하여 메시아를 통하여 이루어질 예루살
렘의 구원을 갈망한다[14장].

스가랴 1-6장의 환상에 나타난 회복 종말론

스가랴 1-6장은 원-묵시문학proto-apocalyptic으로 알려질 정도로 묵시문
학과의 유사성이 주목되지만, 묵시문학과 같은 죽음에의 초월을 보여
주지는 않는다. 최근의 학자들은 이 부분을 역사의 종말이라기보다는
포로 후기 회복을 기다리는 종말론으로 이해한다. 전체적으로 스가랴
1-6장은 다음과 같은 구체적인 회복 청사진을 보여준다.

스가랴가 보는 환상은 하늘 세계와 지상 세계의 관련성을 강조한다.
하늘의 환상에서 본 대로 지상에서 이루어질 것을 강조한다. 이는 묵시
문학으로의 과도기를 보여주지만, 묵시문학과는 달리 실제 이루어지기
를 기대하는 회복 종말론을 보여주는 것이다. 이 회복에 대한 메시지를
위하여 학개는 예언의 양식을 선택하였고, 스가랴는 환상을 선택하였
다. 스가랴는 환상을 통하여 성전 재건과 공동체의 지도력에 관한 계시
를 보여준다A. Finitsis, *Visions and Eschatology*. 첫째 환상은 왜 회복의 시간이 왔
으며, 회복이 어떻게 가능한지를 설명한다. 둘째 환상은 공동체가 적에
대하여 걱정할 필요가 없음을 설명한다. 셋째 환상은 회복의 시기에
여호와께서 예루살렘에 계신다는 징조를 보여준다. 넷째 환상은 왜 신
권이 회복되어야 하는지 예를 보여준다. 다섯째 환상은 공동체의 지도
력이 어떻게 조직되어야 하는지를 제시한다. 여섯째 환상은 여호와께서
인간의 죄를 어떻게 다루셨는지, 그리고 일곱째 환상은 죄와 더러움을
어떻게 다루셨는지를 설명한다. 마지막으로 여덟째 환상은 첫째 환상과
같이 창조주이신 여호와께서 조상들에 대한 분노에서 돌이키셨음을 보

여준다.

첫째 환상은 붉은 말을 탄 사람에 관한 것이다[1:7-17]. 환상의 내용은 "붉은 말을 탄 사람이 골짜기 속 화석류 나무 사이에 섰고 그 뒤에는 붉은 말과 자줏빛 말과 백마가 있는 것"이다. 천사의 해석에 따르면, 이스라엘이 고난을 받은 지 70년이 지났고, 이제 회복이 시작되었다. 예루살렘 위에 먹줄이 친다[1:16]는 것은 새로운 성읍 건축을 말한다. 여호와께서 시온을 위로하며 다시 예루살렘을 선택할 것을 말씀하신다[사 40:1]. 유다와 예루살렘의 재건을 위하여 온 땅이 평화롭다고 선포한다. 여호와의 진노는 끝났고, 하나님이 예루살렘으로 돌아오셨고, 도시와 성전의 재건을 명하셨다. 여호와께서 예루살렘에 계시며, 이제 회복이 이루어질 것이다. 둘째 환상은 뿔 넷과 대장장이 넷[1:18-21]이다. 뿔은 유다와 예루살렘을 무너뜨린 세력들이다. 대장장이는 유다 땅을 흩뜨린 여러 나라의 뿔을 떨어뜨릴 자이다. 하나님을 통해 세계 제국들이 굴복당하는 묵시적인 희망을 선취하시는 것이다[단 2장, 7장과 유사]. 즉, 유다를 흩어버린 강대국들이 합당한 대우를 받고 있음을 보여준다. 셋째 환상은 측량줄을 잡은 사람[2:1-13]이다. 예루살렘이 성곽이 없는 성읍이 될 것이라는 말은 성벽으로 경계를 정할 수 없을 정도로 예루살렘이 발전할 것이며, 여호와께서 몸소 불로 둘러싼 성곽이 되셔서 성읍을 지켜주시고 온 성을 찬란한 영광으로 채우실 것을 약속하신다는 뜻이다[겔 40:3; 이사야 40-66장; 특히 사 49:19-20[예루살렘의 인구 증가]. 이는 예루살렘의 불가침성에 근거하여 하나님이 예루살렘을 다시 선택하시고, 다가온 회복과 영광을 보여준다.

넷째 환상과 다섯째 환상은 대제사장인 여호수아와 총독인 스룹바벨이다. 이 두 지도자가 각각 다른 역할을 맡고 있으며, 초자연적인 세계에 접근할 수 있는 인물로 묘사한다. 넷째 환상[3:1-10]의 목표는 여호수아가 대제사장으로서의 권위를 회복하는 것이다. 아마도 당대에 예언자와 백성이 볼 때 대제사장이 비난의 대상이 되고 있었던 것으로 보인다. 천상회의 환상 중에 사탄이 대제사장 여호수아를 대적할 때 하나님이 사탄을 책망하고 대제사장을 정결케 하신다. 정화를 선포하시고[3:9], 이루어질 낙원을 묘사하신다[3:10]. 대제사장과 짝을 이루는 것은 메시아 주제이다. 대제사장과 메시아는 화복을 위하여 중요한 두 인물이다. 내 종 싹은 원래 다윗 집안의 뿌리에서 싹 트는 메시아를 일컫는 말인데[사 11:1], 이에 대한 다양한 해석이 있지만 스룹바벨을 상징하는 것으로 보인다. 다섯째 환상에서 우선적인 관심은 총독 스룹바벨에 관한 것이다. 스룹바벨은 성전의 기초를 놓았을 뿐 아니라, 성전 건축을 완성할 인물이다. 성전 건축은 그의 능력이 아니라, 하나님의 도우심으로 이루어질 것이다. 순금 등잔대와 두 감람나무[4:1-14]환상은 두 기름 부음 받은 자, 세속적인 지도자인 스룹바벨과 종교적인 지도자인 여호수아에 관한 것이다.

여섯째 환상인 날아가는 두루마리[5:1-4]에서 날아가는 두루마리는 온 땅 위에 내리는 언약적 저주를 담고 있다. 공동체에 남아 있는 도둑과 위증자가 사라질 것이다. 일곱째 환상은 에바 속의 여인[5:5-11]이다. 에바에 갇힌 여인은 악 곧 하나님에 대한 반역을 상징한다. 이 악이 예루살렘의 멸망을 불러들였고, 지금도 존재한다. 이 악이 바벨론으로 이동하고, 바벨론은 하나님의 심판 아래 있다. 여덟째 환상은 네 병거[6:1-15]이다. 네 병거가 하나님으로부터 나와 온 세상에 나간다. 포로가 귀환되고, 이방인들을 이스라엘과 결합하기 위하여 북방에 여호와의 영을 내린다. 마지막 장면[6:9-15]은 포로 후기 시대에 대제사장과 총독으로 이루어지는 이분법적인 행정구조를 통하여 다스려짐을 보여준다. 미래의 왕이 면류관을 쓸 것으로 기대하지만, 대제사장이 면류관을 쓴 것은 포로기 이후 공동체에서 대제사장이 높은 지위를 가진 것을 가리킨다. 스룹바벨의 대관식이 없는 대신 스룹바벨을 대신할 메시아인 싹의 등장을 예고한다. 본문은 느슨한 결말을 보여준다. 제사장이 왕의 보좌 곁에 서 있다는 사실은 대제사장의 지위가 잠정적인 것을 보여준다. 두 사람 사이에는 평화로운 미래가 있을 것을 예언한다. 스룹바벨이 사라진 후에 현실적으로 대제사장에게 권력이 이동하지만, 메시아에 대한 소망이 여전히 존재함을 보여준다.

스가랴 1-8장에 나타난 메시아사상

스가랴서에 메시아사상이 나타나는지에 대해서는 학문적인 많은 논란이 있다. 구약과 신약의 연속성 상에서 스가랴서를 이해할 때 스가랴서에 나타난 메시아사상은 다음과 같이 볼 수 있다. 학개서는 페르시아의 소요의 시작과 함께 스룹바벨을 통한 낙관적인 희망을 반영하고, 스가랴서는 스룹바벨이 사라지면서 메시아에 대한 희망이 좌절되는 것을 목격한다. 학개서에 따르면, 새 시대에 하나님의 대행인인 스룹바벨에게 부여된 "나의 종"이라는 말은 왕적인 권위를 가졌다는 것이며, 인장 반지는 대표자의 기능을 갖는 것을 의미한다^{학 2:23}. 유다의 멸망과 함께 인장 반지가 제거된 후에^{렘 22:24}, 하나님은 에스겔서의 청사진을 따라 왕을 통하여 하나님의 통치의 시작을 의미하는 인장 반지를 회복시키신다.

이러한 경향은 스가랴서에서도 계속된다. 4장에서 성전의 기초가 스룹바벨에 의하여 놓이고, 동시에 스룹바벨에 의하여 마쳐질 것에 대한 기대가 나타난다^{4:9}. 여호와는 예루살렘으로 귀환하고, 성전을 재건할 다윗가의 메시아로 여겨진 스룹바벨^{3:8}의 성전회복은 메시아적인 왕국의 전조로 여겨졌다^{4:6-10}. 스가랴서가 스룹바벨의 소환을 통한 좌절 이후에 왕을 배제하고 제2성전 시대에 존재하는 사독 제사장의 독점 제도를 확립했음을 강조하는 학자들도 있다[P. Hanson]. 물론 페르시아 시대에 왕으로부터 사독으로의 힘의 이동이 일어난 것은 확실하다. 그러나 핸슨의 주장과 달리 스가랴서는 사독 체제를 영원한 것으로 이해하지 않는다. 6장에서 이미 스룹바벨이라는 이름이 사라지고 싹이라고 하는 메시아에 대한 상징이 나타난 것을 보면[6:13], 이미 스룹바벨이 페르시아에 의하여 소환된 것을 알 수 있다. 그렇지만 만약 사독 제사장들이 사독의 독점 체제를 옹호한다면 메시아를 의미하는 싹이라는 상징을 사용하지 않고 제사장에 의한 지배를 강조하는 상징을 사용했을 것이다. 스가랴서가 스룹바벨이 사라진 이후 메시아에 대한 기대를 포기하지 않았다고 주장하는 학자가 많이 있다[Anthony R. Petterson]. 즉, 스룹바벨이 사라진 후에 제사장 중심의 통치체제가 유지되었다 할지라도 메시아에 대한 희망이 사라지지 않은 것이다. 본문은 싹이 등장하여 제사장과 함께 통치할 것을 강조한다.

> "그가 여호와의 전을 건축하고 영광도 얻고 그 자리에 앉아서 다스릴 것이요 또 제사장이 자기 자리에 있으리니 이 둘 사이에 평화의 의논이 있으리라"
> 슥 6:13

스가랴 9-14장에 나타난 메시아사상

스가랴 1-8장에서 제사장의 통치는 메시아를 대체하는 것이라기보다는 메시아가 올 때까지 잠정적으로 통치함을 강조하는 것이다. 스가랴 9-14장에서는 제사장의 통치보다는 메시아의 도래를 강조한다. 스가랴 9-14장은 스가랴 1-8장에서 이루어지지 못한 메시아에 대한 예언이 성취되는 시대이다. 스가랴 9-14장에서는 종말을 매개할 메시아의 도래에 대한 상징이 등장한다.

1. 9장에서 오시는 왕의 등장과 함께 메시아사상이 등장한다.

9장은 회복된 땅9:1-8, 회복된 왕9:9-10, 그리고 회복된 백성9:11-17으로 이루어진다. 먼저 메시아 예언은 땅의 회복으로부터 시작된다. 본문에서 회복된 땅에 관한 진술9:1-8은 한편으로 다윗 시대의 이상적인 경계를 의미하면서, 동시에 알렉산더 대왕의 동방 원정시 정복한 땅들과 일치한다. "여부스 사람"9:7과 "내가 내 집을 둘러 진을 쳐서"9:8이라는 표현은 다윗 시대를 상기시키는 대표적인 어휘이다. 두로의 멸망을 정확하게 언급한 점과 블레셋에 대한 원정길 등의 본문은 알렉산더 대왕 시절의 동방 원정을 상기시킨다. 아마도 다윗이 정복했던 땅을 정복하는 알렉산더 대왕의 동방 원정을 목격하면서 저자는 메시아 시대가 도래했다고 이해한 것으로 보인다.

이러한 배경 가운데 왕의 입성에 관한 본문9:9은 신약에서 예수의 예루살렘 입성을 예언한 본문으로 알려진다.

> "시온 딸에게 이르기를 네 왕이 네게 임하나니 그는 겸손하여 나귀, 곧 멍에 메는 짐승의 새끼를 탔도다 하라 하였느니라" 마 21:5. 요 12:15도 참조

스가랴 9장 9절에 나오는 오시는 왕의 특징은 공의로우시며차딕[צַדִּיק], 구원을 베풀고노샤[נוֹשָׁע], 겸손한 것아니[עָנִי]이다. 구약에서는 왕이 정의와 공의를 행하는 것을 통치의 본질로 여긴다렘 23:5. 구원을 베푼다고 해석한 "노샤"라는 단어의 니팔형 분사를 수동으로 볼 것인지와 재귀형으로 볼 것인지에 따라 해석이 달라진다. 수동으로 볼 경우 왕을 전적으로 하나님께 의존하는 무능력하고 연약한 존재로만 묘사하고, 하나님에 의한 구원이 강조된다. 왕이 하나님의 대행인으로서의 역할을 강조하기 위하여 이 단어는 재귀형으로 해석하여 구원을 베푸는 왕으로 보는 것이 무난해 보인다. 메시아의 또 다른 특징은 나귀 새끼를 타는

겸손이다. 왕이 전하는 평화살롬, 9:10는 전쟁의 부재에서 오는 평화가 아니라 구원의 평화이다. 왕의 통치 범위에 대한 묘사인 "바다에서 바다까지 강에서 땅 끝까지"는 미래의 왕의 통치를 보여준다시 72:8. 이러한 진술은 스가랴 1-8장에서 실패하여 희망으로 남은 메시아사상이 스가랴 9-14장에서 종말론적으로 재해석된다고 보아야 한다. 스가랴 9장은 스가랴 1-8장에서 나타난 미래 왕에 대한 희망의 재해석이다. 예수께서 나귀를 타고 예루살렘에 입성할 때, 많은 이들이 찬송하며 고백한 것은 스가랴서의 전승에 따라 예수께서 입성하시면서 메시아에 대한 희망을 성취하시는 분이라는 것이다.

2. 스가랴 12-14장에는 찔린 자의 묘사와 메시아사상이 등장한다.

12장에는 예루살렘이 멸망하지 않을 것이라는 시온 전승이 나타난다. 마지막 날에 예루살렘 성이 침공을 당하지만 절대 무너지지 않고 안전할 것이다. 히스기야왕 때 하나님이 예루살렘 성을 보호하신 것처럼 하나님께서는 예루살렘과 유다를 완전히 없애려는 모든 대적으로부터 보호하실 것이다. 그런데 이스라엘 백성들은 유다와 예루살렘을 구한 메시아 목자인 다윗 왕조를 거부하고 메시아를 배척하여 찌르므로12:10 마침내 죽임을 당한다. 메시아를 죽인 것은 곧 그들의 미래를 찌르는 것이며, 자신의 등불을 꺼뜨리는 것이다. 그렇지만 이어서 그들은 자신들이 메시아를 찌른 것을 후회하고 애통한다. 그 애통이 얼마나 큰지 므깃도하다드림몬에서 요시야가 죽을 때 온 민족이 통곡하던 때와 유사하다. 그들은 메시아를 죽인 자신의 잘못을 깨닫고 진실한 회개와 간청 안에서 하나님께 돌아오면서 회개 운동이 촉발된다. 이를 위하여 죄와 더러움을 씻는 샘이 주어지는데13:1, 정화의 대상에 우상의 이름, 거짓 예언자, 더러운 귀신이 포함된다13:2-6. 이후에도 메시아 예언은 이어지는데, 하나님은 무고한 메시아를 친 백성들을 그대로 두지 않으신다. 그들은 하나님이 기름 부으신 자를 배척했을 뿐 아니라 마지막에 죽이기까지 하였다. 목자가 흩어지면 양이 흩어진다[13:7]. 목자의 수난과 작은 자들이 함께 겪는 수난 후에 이루어지는 심판은 멸망 자체가 아니라 정화이다. 이들의 정화 과정 가운데 온 땅의 삼분의 이는 망하고 삼분의 일은 남는다. 마침내 하나님은 연단된 하나님의 백성들을 내 백성이라고 말하고, 그들은 여호와는 내 하나님이라고 고백함으로 상호 언약에 기초한 관계가 유지되고 있다. 하나님을 주로 모시는 새로운 공동체의 탄생을 암시한다. 스가랴 14장은 구약의 종말 사상의 절정이다. 종말 직전 최후의 전쟁은 이방 나라들이 예루살렘을 공격함으로 시작되는데, 그때 하나님께서 예루살렘을 보호하시고 남은 자들이 구원을 얻는다. 예루살렘을 친 백성들에게는 저주가 임할 것이며, 그들 중 남은 자들은 하나님을 경배하기 위하여 초막절을 지킨다. 메시아를 중심으로 열방이 모이고, 열방에 대한 심판과 최후 전쟁을 통하여 예루살렘이 중심이 되는 하나님의 나라를 기대하게 되는 것이다.

이 본문에서 중요한 구절은 다음과 같다.

"내가 다윗의 집과 예루살렘 주민에게 은총과 간구하는 심령을 부어 주리니 그들이 그 찌른 바 그를 바라보고 그를 위하여 애통하기를 독자를 위하여 애통하듯 하며 그를 위하여 통곡하기를 장자를 위하여 통곡하듯 하리로다"슥 12:10

"그 날에 죄와 더러움을 씻는 샘이 다윗의 족속과 예루살렘 주민을 위하여 열리리라"슥 13:10

첫 번째 본문에 나타난 "찔린 자"는 신약성경 여러 곳에 등장한다.

"또 다른 성경에 그들이 그 찌른 자를 보리라 하였느니라"요 19:37

"볼지어다 그가 구름을 타고 오시리라 각 사람의 눈이 그를 보겠고 그를 찌른 자들도 볼 것이요 땅에 있는 모든 족속이 그로 말미암아 애곡하리니 그러하리라 아멘" 계 1:7

스가랴 12:10-13:1은 오랫동안 견지해 오던 메시아 희망에 따라 등장한 메시아의 죽음과 애통, 그리고 정결의식에 이르기까지 해석된다. 본문 앞에 있는 스가랴 12장 1-9절에 반복되는 "다윗의 집족속"은 다윗 계열의 왕에 대한 희망, 곧 메시아에 대한 희망이 점점 고조된다. 다윗의 집이 끝내 하나님과 같이 된다는 구절12:8을 통해 점점 강해지는 다윗 계열의 메시아 희망은 갑작스러운 죽음으로 중단된다. 스가랴 12장 1-9절의 전투 이후, 언급되는 "찔린 자"12:10는 다윗의 집과 예루살렘 주민에게 은총과 간구하는 심령을 부어주는 역할을 한다. 여호와의 영을 통해 여호와의 나라가 오고, 성전이 완성되어 올바른 제의적인 관계가 지속되며, 여호와의 영을 통해 새롭게 된 공동체가 여호와와의 관계를 회복하게 된다. 따라서 찔린 자의 죽음은 공동체와 여호와와의 관계를 회복하는 역할을 하게 된다. 그렇다면 찔린 자는 누구인가?

학자들은 스가랴 9장과 관련하여 스가랴 12장의 찔린 자를 왕이라고 결론 내린다. 스가랴 3장에서 오시는 싹은 이 땅의 죄악을 하루에 제거한다3:8-9. 이 표현은 이사야서에 나오는 고난받는 종과 유사한데, 왕의 죽음을 통하여 백성이 정결함을 얻는 것이다. 백성의 속죄는 왕의 죽음과 연결된다. 미래의 다윗 계열의 왕은 제의적인 역할을 하는데, 왕의 죽음을 통하여 백성이 여호와와 새로운 언약을 체결하는 것이다. 결론적으로 찔린 자의 죽음은 백성의 애통과 애곡을 일으키고, 백성을 정결하게 하며, 여호와와 새로운 언약 관계로 나아가게 하는 역할을 한다. 또한 백성은 당대의 찔린 자의 죽음을 통해 실패한 메시아를 바라볼 뿐 아니라, 새로운 메시아의 도래를 희망하게 된다.

3. 메시아를 지칭하는 언어들

스가랴서에는 9장과 12장 이외에도 전승을 활용하여 메시아사상을 언급한다.

"모퉁잇돌이 그에게서, 말뚝이 그에게서, 싸우는 활이 그에게서, 권세 잡은 자가 다 일제히 그에게서 나와서" 슥 10:4

여기에서 사용된 용어들은 모두 지도자를 언급한다. "모퉁잇돌"은 지도자를 은유한다 삿 20:2; 삼상 14:38; 사 19:13. 성막을 고정할 때 사용되는 말뚝도 지도자의 은유이다 사 22:22-25. "싸우는 활"에서 활은 전투의 승리를 가져오며, 요셉의 활도 굳셈을 상징한다 창 49:24. "권세 잡은 자"는 통치하는 왕을 상징한다. 이러한 비유를 통하여 메시아의 도래를 기대한다. 또한 스가랴 11장과 13장 일부에 나오는 목자 모티브는 전형적인 지도자 모티브이고, 왕을 상징한다.

나가는 말

결론적으로 스가랴서는 메시아 도래에 대한 기대와 실패의 틀로 읽을 수 있다. 포로기 이후 유다의 귀환과 더불어 회복을 시도할 때 유다 백성이 가졌던 스룹바벨을 향한 메시아 기대와 실패는 다시 다윗 자손을 통한 메시아 소망의 기대와 실패로 이어지고, 마침내 신약 시대의 메시아 소망으로 자리잡는다. 마지막으로 신약성경의 저자들은 스가랴서에 나타난 메시아 기대에 따라 예수 사건을 해석한다. 제자들은 스가랴서에 나타난 전승에 따라 회복을 기대한다.

"그 날에 그의 발이 예루살렘 앞 곧 동쪽 감람 산에 서실 것이요" 슥 14:4

"그들이 감람산에 모였을 때에 예수께 여쭈어 이르되 주께서 이스라엘 나라를

회복하심이 이 때니이까 하니" 행 1:6

　　신약성서는 예수 사건을 이해하기 위하여 스가랴서를 다양하게 인용하거나 해석한다. 유다가 예수를 은 삼십에 판 사건슥 11:13; 마 27:3, 예루살렘이 이방인의 지배를 받는 일슥 12:3; 눅 21:24, 바울이 예수의 강림 때 성도들이 거룩하게 되기를 간구함 슥 14:5; 살전 3:13, 배에서 생수의 강이 흘러나옴슥 14:8; 요 7:38, 성전에 가나안 사람장사하는 사람이 있지 않을 것슥 14:21; 막 11:15.

회개의 참된 의미

...

스가랴 1:1-6

천사무엘

(한남대학교)

도입

오늘 본문은 스가랴 예언자를 통해서 선포된 하나님의 말씀입니다. 스가랴 예언자는 페르시아의 다리오왕 때 활동했던 예언자로, 학개 예언자와 함께 예루살렘 성전을 재건하는 데 앞장섰습니다. 바벨론 포로에서 돌아온 이스라엘 백성은 경제적으로, 정치적으로, 신앙적으로 어려운 환경에 처해 있었습니다. 흉년이 들 때 배고픔을 참아야 했고, 외부의 적들이 괴롭힐 때 감당해야 했으며, 내부적으로 의견이 갈릴 때 분열을 경험했습니다. 이런 어려운 상황 속에서 예루살렘 성전을 재건한다는 것은 쉬운 일이 아니었습니다.

성전을 재건하려면 돈도 필요하고, 공동체의 협동과 단결이 있어야 했으며, 신앙적으로 성전을 재건해야 한다는 믿음이 있어야 했습니다. 돈이 있고, 협동과 단결이 있지만, 믿음이 없으면 불가능한 일이었습니다. 특별히 당시 이스라엘 백성들에게는 예루살렘 성전이 과거 이스라엘 백성의 죄악 때문에 하나님이 멸망하게 했다는 믿음이 있었습니다. 따라서 파괴된 성전을 재건해야 한다는 믿음을 갖는다는 것은 쉬운 일이 아니었습니다. 그것은 믿음을 새롭게 하는 것이요, 기존에 가지고 있던 성전에 대한 생각을 바꾸는 것이었습니다.

본문 강해

오늘 본문에는 이러한 사고가 반영되어 있습니다. 2절에 보면, "주께서 너희 조상들에게 심히 진노했다"고 말씀합니다. 이것은 하나님의 계명을 거역한 조상들의 죄가 아주 커서 하나님께서 진노하셨고, 그 결과 예루살렘이 멸망했으며 이스라엘 백성이 바빌론의 포로로 잡혀가게 되었다는 의미가 담겨져 있습니다. 예루살렘 성전의 멸망은 하나님의 심판이라는 것입니다. 그러나 3절에서 하나님은 이렇게 말씀하십니다.

> "만군의 주가 말한다. 너희는 나에게로 돌아오라. 나도 너희에게로 돌아간다. 만군의 주가 말한다."

그러나 이제 하나님은 이스라엘 백성에게 자신에게로 돌아오라고 말씀하십니다. 그리고 자신도 이스라엘 백성에게 돌아간다고 말씀하십니다. 여기에서 "돌아오다"나 "돌아간다"는 말은 히브리어로 "슈브"라는 동사가 사용됩니다. 본문에서 이 말은 이스라엘 백성과 하나님께 동시에 적용됩니다. 하나님은 이스라엘 백성에게 돌아오라고 하시면서 자신도 이스라엘 백성에게 돌아간다고 말씀하십니다. 이 동사는 신앙적으로 "회개하다"라는 뜻으로 알려져 있지만, 본문에서 하나님께도 적용되기 때문에 무조건 "회개하다"라는 말로 이해해서는 안 됩니다.

히브리어 "슈브"라는 동사는 "마음이나 생각을 바꾸다"라는 뜻도 있습니다. "슈브"의 이런 뜻을 반영해서 본문을 읽는다면 본문의 의미는 하나님께서 마음을 바꾸어서 이제는 예루살렘을 심판하시는 마음을 이스라엘 백성을 사랑하는 마음으로 바꾸었다는 뜻입니다. 그러기 때문에 이스라엘 백성도 생각을 바꾸어서 심판의 두려움에서 벗어나 희망을 가지고 하나님의 길을 따르라는 말입니다.

이것은 "하나님께로 돌아간다"는 말을 "회개한다"로만 이해할 경우 본문의 뜻을 제대로 파악할 수 없다는 것을 의미합니다. 왜냐하면 회개란 일반적으로 과거의 죄를 고백하고 용서를 구하는 것이기 때문입니다. 그러나 성경에서 가르치고 있는 회개는 더 넓은 의미를 가지고 있습니다.

회개는 두 가지가 있습니다. 하나는 과거지향적인 회개이고, 다른 하나는 미래지향적인 회개입니다. 과거지향적인 회개는 과거에 내가 무엇을 잘못했는지를 찾아내는 것입니다. 지금 무언가 잘못되었다면 그 원인을 알기 위해 과거를 생각하면서 과거의 잘못을 찾고 용서를 구하는 것입니다. 과거를 따져보고 과거의 잘못을 반성하는 것은 필요하고 중요합니다. 그런데 문제는 모든 고통이 과거의 잘못과 연관되어 있지 않다는 것입니다. 모든 실패가 과거의 잘못과 연관되지 않는다는 것입니다. 고통을 당할 때, 이러한 과거지향적인 회개에 빠져 있다가 헤어 나오지 못하는 사람들이 많이 있습니다.

이런 사람들은 죄책감에 시달리면서 자신의 잘못이 무엇인지 깨닫고 싶어 하지만, 그 원인을 찾기 어렵습니다. 그 원인을 찾았다고 하더라도, 반드시 그것 때문에 고통을 당한다고 단정하기도 어렵습니다. 왜냐하면 자기보다 더 열심히 살지 않았다고 생각되는 사람들이 자기보다 더 잘 살고 있고, 심지어 자기보다 더 악하게 사는 사람들이 더 잘 살고 있는 것이 현실이기 때문입니다.

욥의 친구들이 욥에게 원하는 것이 무엇이었습니까? 과거의 잘못을 찾아보라는 요구가 아니었습니까? 과거지향적인 회개를 촉구하지 않았습니까? 엘리바스가 한 말, "내가 본 대로는, 악을 갈아 재난을 뿌리는 자는 그대로 거두더라"욥 4:8는 말이 바로 이런 사고를 나타냅니다. 그러나 현재의 모든 고통을 과거의 잘못으로 여기는 것은 옳지 않다는 것이 바로 욥기의 가르침입니다. 즉 욥기는 과거지향적인 회개의 문제를 지적하면서 그러한 믿음의 한계를 가르치는 것입니다. 물론 과거지향적인 회개도 필요합니다. 과거의 잘못을 철저히 회개하고 용서를 구하는 것이 있어야 새롭게 거듭날 수 있습니다. 그러나 과거에만 머물러 있거나 과거에만 빠져서 미래를 잃어버리는 것은 올바른 회개가 아닙니다.

과거지향적인 회개보다 더 중요한 것은 미래지향적인 회개입니다. 미래지향적인 회개란 과거에 사로잡혀 있는 것이 아니라, 미래에 더 좋은 열매를 맺기 위해서 현재 나의 생각을 바꾸는 것입니다. 세례 요한이 가르치는 것처럼눅 3:8, 회개에 합당한 열매를 맺기 위해서 진부한 나의 생각을 새롭게 하는 것입니다.

물론 나의 생각을 바꾸었다고 다 잘되는 것은 아닙니다. 또 다른 원인 모를 고통이 생길 수도 있습니다, 그러나 지금 당장 해야 할 것은 그러한 시련을 염려하기보다는 오늘 내가 미래의 열매를 위해서 생각을 바꾸고 다시 도전하는 것입니다.

여기에서 "생각을 바꾸다"는 말은 헬라어로 "메타노에오"입니다. 이 동사는 신약성서에서 예수님의 말씀에도 적용되었습니다. 마가복음 1장 15절에서 예수님은 "회개하라! 하나님의 나라가 가까이 왔다"고 말씀하시는데, 여기에서 "회개하라"는 말이 바로 "메타노에오"입니다.

"메타노에오"는 "메타"와 "노에오"가 합쳐져서 만들어진 말입니다. 여기에서 "메타"는 요즘 우리가 자주 듣는 단어 가운데 사용되고 있습니다. 바로 "메타버스"라는 말입니다. "메타버스"라는 말은 "메타"와 "유니버스"를 합성한 것인데, "메타"는 "넘어선", "초월한", "더 높은"을 의미하고, "유니버스"는 우리가 경험하는 "우주", "세계"를 의미합니다. 따라서 "메타버스"는 우리가 "경험할 수 있는 현실 세계를 넘어서는 또 다른 세계" 즉 가상 세계를 의미합니다.

이와 같이 "메타"라는 말은 "넘어선", "초월한"을 의미합니다. 반면에 "메타노에오"에서 "노에오"라는 말은 "생각하다", "깊이 고려하다"라는 뜻이 있습니다. 따라서 "메타노에오"라는 말은 "기존의 생각을 넘어서다", "다르게 생각하다", "생각을 바꾸다", "목적한 바나 의도한 바를 바꾸다"라는 뜻입니다. 기존해 있는 생각을 넘어서는 생각, 즉 이전과는 다른 새로운 생각입니다. 따라서 예수님께서 말씀하신 "회개하라"는 말씀은 "하나님 나라가 가까이 왔으니 너희의 생각을 바꿔라", "하나님 나라를 맞이하려면 기존해 있는 생각을 바꾸고 혁신하라"는 뜻입니다.

우리가 일반적으로 "회개하라"는 말을 할 때 종교적이고 도덕적인 면을 강조합니다. 그리하여 회개한다는 것은 선과 악을 구분하거나, 옳고 그름을 판단하는 데 초점이 맞추어져 있습니다. 그러나 복음서를 읽어보면 예수님의 가르침은 누구를 정죄하거나 사람들의 죄를 들추어내는 데 초점을 맞추는 것이 아닙니다. 예수님은 도덕선생이나 윤리교사가 아니었습니다. 도리어 율법에 얽매인 관습이나 신앙을 혁신하는 데 초점이 맞추어져 있습니다. 하나님이 통치하시는 나라를 이루기 위해서 사람들의 생각과 삶에 대한 태도를 바꾸는데 예수님의 사역에 초점이 있었다는 것입니다.

따라서 오늘날 성서학자들은 "회개하라. 하나님 나라가 가까워졌다"는 번역이 너무 교리적으로 이해되고 있다고 봅니다. 그리하여 도덕적이고 율법적인 의미만 강조한다는 것입니다. 따라서 "회개하라"는 말을 더 폭 넓게 번역하여 영어로 "Think differently", 즉 "생각을 바꿔라!"로 해야 한다고 봅니다.

"기존의 생각을 바꾼다", 즉 과거 유대교의 "묵은 풍속, 관습, 조직, 신앙 따위를 완전히 바꾸어서 새롭게 한다"는 것이 곧 예수님의 가르침이라는 것입니다. 오늘 본문에서 스가랴 예언자가 말씀하신 것도 같은 맥락에서 이해되어야 합니다. 그렇게 해야 회개에 합당한 열매를 맺는 것으로 온전한 회개의 삶이 됩니다.

날마다 회개하면서 날마다 기존의 생각을 새롭게 바꾸는 것은 중요합니다. 그렇게 해야 날마다 거듭난 삶을 사는 것이요 날마다 나의 삶을 새롭게 하는 것이기 때문입니다. 생각을 한 번만 바꾸었다고 온전한 회개가 되는 것은 아닙니다. 날마다 순간마다 하나님의 뜻에 나의 생각과 삶을 맞추어 나가야 합니다. 그럴 때 나의 삶은 날마다 새로워지고, 날마다 나의 삶을 새롭게 창조하시는 하나님을 따라 사는 것입니다.

여러분, 혹시 애플 회사의 광고 중에서 "Think different!"란 광고를 보신 적이 있습니까? 못 보셨다면 유튜브 YouTube 에서 찾아서 보실 수 있습니다. 흑백으로 된 동영상인데 여기에는 여러 사람들의 사진이 등장합니다. 흑인 인권운동가였던 마틴 루터 킹 목사, 인도의 평화주의자 마하트마 간디, 흑인 권투선수 알리, 이 밖에도 비틀즈 가수, 배우, 무용가 등 다양한 사람들이 등장하면서 멘트가 나오는데 그 내용은 이렇습니다.

"여기 미친 이들이 있습니다. 부적응자, 혁명가, 문제아, 모두 사회에 부적격인 사람들입니다. 하지만 이들은 사물을 다르게 봅니다. 그들은 규칙을 좋아하지 않고 현상 유지도 원하지 않습니다. 그들을 찬양할 수도 있고, 그들과 동의하지 않을 수도 있으며, 그들을 찬미할 수도, 비방할 수도 있습니다. 하지만 할 수 없는 일이 딱 한 가지 있습니다. 결코 그들을 무시할 수 없다는 사실입니다. 그들은 뭔가를 바꿔왔기 때문입니다. 그들은 인류를 진보시켰습니다. 다른 이들은 그들을 미쳤다고 말하지만, 저희는 그들에게서 천재성을 봅니다. 미쳐야만 세상을 바꿀 수 있다고 생각하기 때문입니다."

"생각을 바꾼다!"는 것은 바로 이런 것입니다. 예수님께서 "회개하라"고 하신 말씀도 바로 이런 의미입니다. 오늘 스가랴 1장에서 "돌아오라"고 하신 말씀에도 바로 이런 뜻이 담겨져 있습니다. 하나님께서 생각을 바꾸어 진노를 거두셨으니 너희도 과거의 생각을 바꾸어서 하나님의 말씀을 따라 살라는 것입니다. 이제는 죄를 심판하시는 하나님, 예루살렘을 멸망시키신 하나님, 패역한 이스라엘을 떠난 하나님에 대한 믿음에서 벗어나 이스라엘을 다시 부르시고, 다시 사랑하시는 하나님에 대한 믿음을 가지라는 말입니다. 그러한 믿음이 있을 때 하나님이 거하시는 성전을 재건할 수 있고, 하나님을 모시는 성전을 지을 수 있다는 것입니다.

결단의 말씀

사랑하는 성도 여러분!

참된 회개는 과거의 죄를 고백하면서 용서를 구하는 것에서 끝나지 않습니다. 더 나아가 나의 생각과 삶을 하나님의 말씀에 비추어 새롭게 바꾸는 것입니다. 그리하여 하나님에 대한 믿음도 새롭게 하고, 내 생각도 새롭게 하며, 나의 삶도 새롭게 하는 것입니다. 이러한 회개가 있어야 우리는 날마다 새로운 모습으로 하나님께 나아갈 수 있고, 날마다 말씀으로 거듭난 삶을 살 수 있습니다. 주님의 은총이 우리를 참된 회개로 인도하시길 기원합니다.

무너진 삶에 회복을 약속하시는 하나님

...

스가랴 1:7-21

최현준

(대전신학대학교)

도입

사랑하는 성도 여러분, 오늘 우리는 스가랴서 본문에서 스가랴 예언자를 통해 말씀하시는 하나님의 음성을 함께 나누고자 합니다.

예언자 스가랴는 베레갸의 아들로 그의 이름은 "여호와께서 기억하셨다"는 뜻입니다. 스가랴는 잇도의 손자였는데, 잇도는 스룹바벨과 함께 바벨론에서 돌아온 제사장 계열에 속한 사람이었습니다. 이들 세 사람의 이름은 그 의미를 살펴보면 잇도는 "그의 때에", 베레갸는 "여호와의 축복", 그리고 스가랴는 "여호와께서 기억하셨다"는 것인데 이를 합치면 "여호와께서 그의 때에 축복하실 것이다"라는 의미가 됩니다. 이는 이스라엘 백성들이 바벨론 포로에서 해방되어 온 사실과도 연관되어 있다는 것을 알 수 있습니다.

1장 1절에 따르면 스가랴는 바벨론 포로지에서 태어났고 예루살렘으로 돌아와 다리오왕 2년에 성전 재건이 시작된 후 학개와 동시대에 예언 활동을 한 예언자입니다. 그는 예언자 학개와 함께 바벨론에서 귀환한 유다 백성들을 독려하여 성전 재건을 돕는 일을 하였습니다.

본문 강해

먼저 오늘 본문을 이해하기 위해서는 스가랴서와 스가랴 예언자가 활동했던 시대적 배경을 이해할 필요가 있습니다.

스가랴서는 전체로 볼 때 두 부분으로 나누어져 있습니다. 전반부는 1-8장까지이고 후반부는 9-14장으로 이루어져 있는데, 이 두 부분은 당시 시대적 배경도 차이가 있습니다. 오늘의 본문이 속하는 전반부인 1-8장까지는 학개와 함께 활동했던 시기에 해당합니다. 주전 538년 바사왕 고레스의 칙령으로 이스라엘 백성들이 고국의 땅으로 돌아올 수 있었습니다. 바벨론에서 돌아온 이들은 성전 재건을 시작하였으나, 당시 가나안 땅에 살던 기득권자들의 방해로 시작한 지 2년 만에 공사는 중단이 되었습니다. 이때 하나님께서 학개와 스가랴를 부르셔서 그들로 하여금 성전 재건 공사를 재기할 수 있도록 독려케 하셨고, 14년 만에 공사가 다시 시작되어 주전 516년에야 완공이 됩니다.

오늘의 본문인 1장 7절 앞 1-2절부터 스가랴가 활동한 시기를 언급하면서 과거에 하나님께서 이스라엘의 조상들에게 진노하신 것과 그들을 본받지 말라고 말씀하고 있습니다. 이는 유다가 하나님 앞에 죄를 행함으로 바벨론을 들어 그들을 심판하사 나라를 잃게 하시고 포로로 끌려간 것을 언급하고 있는 것입니다. 하지만 하나님은 조상들과 축복의 언약을 맺으셨고 율법을 주어 순종하기를 원하셨으나 이스라엘은 하나님을 배반하고 이방신들을 더불어 섬기는 죄를 범하였습니다. 이스라엘이 타국에서 포로생활을 한 것이 전적으로 하나님께 행한 범죄의 결과이며 하나님의 분노의 직접적인 결과였음을 강조하고 있는 것입니다.

3절에서는 하나님께서 "내게로 돌아오라 … 그리하면 내가 너희에게로 돌아가리라"라고 말씀하시면서 회개를 촉구하고 있습니다. 회개는 죄를 범한 이스라엘이 하나님과 관계를 회복하는 길이며 하나님의 축복을 경험할 수 있는 조건이라는 것입니다. 회개하고 하나님께 돌아오면 하나님은 저주 대신 축복을 주신다는 것입니다.

4절에서 하나님은 "너희 조상을 본받지 말라"라고 하시면서 "그들이 듣지 아니하고 내게 귀를 기울이지 아니하였느니라"라고 말씀하십니다. 여기 조상은 바벨론 포로기 이전 세대를 가리키는 말입니다. 하나님께서 이사야, 예레미야와 같은 예언자들을 통해 회개를 촉구하시고 바벨론 침략과 위협을 경고하셨지만, 이스라엘은 악한 길과 악한 행위를 버리지 못했고 그로 인해 심판을 받게 된 것을 언급하고 있습니다.

그리고 이어지는 5-6절은 조상들이나 예언자들이나 이미 모두 죽었으므로 그들이 선포했던 회복을 보지 못했음을 이야기하고 있고, 비록 예언자들은 사라졌지만 하나님의 말씀은 살아서 성취된다는 사실을 상기시켜 주고 있습니다.

7절부터는 하나님께서 스가랴 예언자에게 보여주신 8개의 환상들이 언급되어 있습니다. 하나님께서 밤중에 스가랴에게 보여주신 환상들이 나타납니다. 그것은 모두 8개의 환상으로, 여기서 하나님은 유다와 예루살렘에 대한 계획을 보여주십니다. 한편, 이들 8개의 환상들의 주요 항목들을 짚어보면, 우선 서론적 말씀이 나오고, 그런 다음 스가랴가 본 환상이 묘사되고 있습니다. 그리고 예언자가 이 환상의 뜻이 무엇인지를 묻는 장면이 등장하고 천사의 설명이 뒤따릅니다.

그 중 8절에서 17절까지 그 첫 번째 환상이 나옵니다. 8절에 "한 사람이 붉은 말을 타고 골짜기 속 화석류나무 사이에 섰고 그 뒤에는 붉은 말과 자줏빛 말과 백마가 있기로"라고 기록하고 있습니다. 여기서 붉은 말을 탄 사람은 11절에 따르면 여호와의 천사임을 알 수 있습니다. 붉은 말은 요한계시록 6장 4절에도 언급되었는데 전쟁과 죽음의 도구인 칼과 관련된 것으로 언급됩니다. 여기에 언급된 화석류나무는 향기가 나는 나무로 초막을 지을 때 사용했다고 느헤미야서는 언급하고 있습니다. 화석류는 약간 건조한 지역에서 잘 자라며 꽃, 잎, 줄기에서 좋은 향이 나므로 향수의 원료나 차^{tea}로 이용됩니다. 유대 처녀들은 남자 친구를 만나러 갈 때 신발 속에 이 잎을 넣어 갔다고 합니다. 걸을 때마다 잎이 비벼져 향기가 나도록 하기 위해서였습니다. 이 구절에서 향기로운 향기가 나는 화석류나무를 언급한 것은 하나님께서 이스라엘에 베푸실 은혜를 암시하고 있는 것입니다.

붉은 말 외에 자줏빛 말과 백마가 언급되고 있는데 10절에 여호와께서 보내신 자들이라고 복수로 언급되는 것으로 보아 각 말에도 탄 자들이 있었음을 알 수 있습니다. 이들은 하나님께서 보내셔서 땅 곳곳을 살피라는 명령을 받은 천사들이었습니다. 고대 왕들은 빠르고 용맹한 사자들을 나라 곳곳에 보내어 다스렸는데, 이 구절은 하나님께서도 그의 사자들을 땅 곳곳에 보내사 다스리시고 그곳에서 일어나는 모든 일들을 알고 계시는 주권자임을 말하고 있는 것입니다.

11절에 하나님이 보내신 사자들이 보고하는 장면이 나옵니다. 말을 탄 자들은 하나님의 군대로 땅을 두루 다녀보고 난 후 온 땅이 평안하고 조용하다고 보고하고 있는데, 당시 바사 제국은 외적으로 평안하였고 침략의 위험도 없어 보였습니다. 그러나 포로에서 돌아온 이스라엘 백성들의 상황은 그렇지 않았습니다. 당시 예루살렘 성전 재건은 중단되었고, 하나님의 사자가 하나님께 간구합니다. 12절을 보겠습니다. "여호와의 천사가 대답하여 이르되 만군의 여호와여 여호와께서 언제까지 예루살렘과 유다 성읍들을 불쌍히 여기지 아니하시려 하나이까 이를 노하신지 칠십 년이 되었나이다". 앞서 말 탄 하나님의 사자들이 열방 중에 평안하고 조용하다고 하였는데 이는 이스라엘 백성들을 실망케 하는 소식이었음에 분명합니다. 이스라엘은 포로에서 돌아오면 시온에 대한 축복과 은혜가 반드시 실현될 것이고, 열방 중에 혼란이 가득하다는 소식이 있기를 기대하고 있었던 것입니다. 그러나 현실은 그들의 기대와는 정반대였기에 그들은 실망하고 좌절할 수밖에 없었던 것입니다.

이어 13-14절에서 하나님은 "천사에게 선한 말씀, 위로하는 말씀으로 대답"하시면서 "예루살렘을 위하여 질투하고 계시며", "안일한 여러 나라들 때문에 심히 진노"하셨다고 말씀하십니다. 하나님은 스가랴의 입을 통해 자신이 택하신 이스라엘을 괴롭히고 멸망케 한 이방 나라들에 대한 진노를 선포하시고 고난받는 이스라엘을 위로하고 계십니다. 하나님께서 이방 나라들에 대해 진노하시는 것은 그들이 하나님의 심판을 위한 도구임을 망각하고 교만하게 행동하였기 때문입니다.

다음 16절에 "그러므로 … 내가 불쌍히 여기므로 예루살렘에 돌아왔은즉 내 집이 그 가운데서 건축되리니 예루살렘 위에 먹줄이 쳐지리라"라고 말씀하십니다. 하나님께서는 '선한 말씀', '위로하는 말씀'을 넘어 보다 긍정적이고 구체적으로 회복을 언급하십니다. 하나님께서는 12절에 언급된 '여호와의 사자'의 간구에 대한 응답으로 예루살렘에 대한 당신의 자비와 은혜를 다시 베푸시겠다고 약속하시는 것입니다.

더 나아가 하나님은 17절에 '이스라엘의 성읍들이 넘치도록 다시 풍부할 것이라'라고 하면서 예루살렘 성전의 회복뿐만 아니라 황폐하고 짓밟혔던 이스라엘 전체의 회복, 미래에 대한 하나님의 축복을 약속하십니다.

18절에서 21절은 두 번째 환상이 언급되고 있는데 '네 개의 뿔'과 네 명의 대장장이에 관해 언급하고 있습니다. 19절에서 이 뿔은 '유다와 이스라엘과 예루살렘을 흩뜨린 뿔'이라고 말씀하고 있는데, 이 뿔들은 이스라엘을 괴롭히고 백성들을 다 흩어버렸던 나라들을 가리키고 있으며, 그들에 대한 하나님의 진노와 심판을 예언하고 있습니다.

20절에서 대장장이 네 명에 대해 언급하고 있는데, 이 대장장이들은 이스라엘을 괴롭혔던 나라들을 심판하기 위해 하나님이 쓰실 나라들을 의미합니다.

결론에 해당하는 21절은 하나님께서 궁극적으로 이스라엘을 괴롭히던 모든 나라들을 하나님이 세우신 나라들로 멸망케 하실 것이며, 이스라엘의 회복을 향하신 하나님의 뜻이 성취될 것임을 선포합니다.

결단의 말씀

그럼, 우리는 스가랴 예언자를 통해 선포된 오늘의 본문을 통해 어떤 교훈을 발견할 수 있을까요?

이스라엘이 하나님의 계명을 무시하고 이방신들을 따라 섬기면서 사회 전반이 타락하는 범죄를 저지름으로 말미암아 하나님께서는 앗수르와 바벨론을 통해 심판하셨습니다. 이로 인해 나라가 멸망하는 비극을 경험하였고 남유다는 멸망과 함께 바벨론에 포로로 끌려가 70년의 포로생활을 하는 아픔을 경험하였습니다. 고레스의 칙령으로 가나안 땅으로 돌아온 후 이스라엘 백성들은 성전을 다시 재건하려고 시도하였으나 가나안 땅에 남아 있던 기득권층이었던 사마리아인들의 방해로 성전 건축은 중단될 수밖에 없는 상황에 처하게 되었고 이 시기에 성전건축을 독려하기 위해 활동했던 예언자들이 학개와 스가랴였습니다.

오늘 살펴본 스가랴의 메시지를 통해 우리는 하나님 나라의 회복을 이루기 위해서 두 가지의 중요한 조건이 있음을 발견하게 됩니다.

첫째로, 하나님 나라와 백성의 회복이 성취되기 위해서는 반드시 먼저 회개가 우선되어야 한다는 메시지입니다. 오늘 본문 앞에 스가랴는 1장 2절에서 "나 여호와가 너희의 조상들에게 심히 진노하였느니라"고 선포합니다. 이스라엘이 고난을 당하고 멸망한 것을 그들이 하나님을 배반하고 떠나 불순종하고 이방신들을 더불어 섬기는 죄를 범했기 때문임을 상기시키면서, 이를 철저히 반성하고 회개하는 모습이 있어야만 회복이 이루어질 수 있다는 것입니다.

이는 성전의 회복에 앞서 이스라엘 백성 즉 사람이 먼저 회복되어야 한다는 뜻입니다. 하나님의 집을 회복하기 전에 먼저 하나님이 택하신 백성들이 회복하시길 원하십니다. 외양적 성전이 먼저가 아니라는 뜻입니다. 하나님이 소중히 여기시는 것은 세상의 피조물 가운데 가장 귀하게 지으신 그의 백성입니다. 그들이 순종할 때 하나님은 제사보다 이를 기뻐하시며, 그들이 불순종할 때 가장 슬퍼하십니다. 그렇기에 하나님과의 관계를 회복하는 길은 피조물인 우리 인간이 먼저 하나님 앞에 겸손하고 철저히 순종하는 모습을 가지는 것이라고 교훈하십니다.

어느 강사가 강의 도중 지갑에서 10만원권 수표를 보여주며 말했습니다.

"이 수표를 갖고 싶은 사람 손 들어보세요."

사람들은 무슨 일인가 의아해하면서도 모두 손을 들었습니다.
그러자 강사는 그 수표를 주먹에 꽉 쥐고 구기더니 다시 말했습니다.

"구겨진 이 수표를 갖고 싶은 사람 손 들어보세요."

이번에도 모든 사람이 손을 들었습니다.

강사가 구겨진 수표를 바닥에 던졌습니다. 수표는 구겨지고 먼지까지 묻었습니다. 그리고 다시 외쳤습니다.

"구겨지고 버려진 수표를 갖고 싶은 사람 손 들어보세요."

역시 대부분 사람이 손을 들었습니다.

그걸 본 강사는 힘찬 어조로 말했습니다.

"제가 수표를 마구 구기고 바닥에 던져 더럽게 했더라도 여러분이 생각하는 그 가치는 전혀 줄어들지 않았습니다. '나'라는 존재의 가치도 마찬가지입니다. 비록 구겨지고 더러워진 '나'일지라도 그 가치는 전과 다르지 않게 소중한 것입니다."

하나님 앞에 우리는 연약한 존재입니다. 하나님께서도 그것을 잘 알고 계십니다. 이스라엘이 하나님 앞에 수없이 죄를 반복했지만, 하나님께서는 그들을 버리지 않으셨습니다. 그들이 죄를 깨닫고 돌아올 때까지 기다리시고 그들에게 복 주시길 그치지 않으셨습니다. 우리가 어떤 모습이든 중요하지 않습니다. 하나님은 우리가 그분을 의지하는 중심을 보시기 원하십니다. 그런 회복이 우리와 한국교회에게 있기를 간절히 소망합니다.

둘째로, 우리에게 주시는 메시지는 나라의 회복을 약속하시며 이를 행하시는 절대적인 주권자이신 하나님께 대한 믿음을 잃지 말고 지키라는 것입니다. 첫 번째 환상에 묘사된 열방의 평온함은 겉으로 보이는 세상일 뿐입니다. 세상의 평온함은 하나님의 주권적 통치를 고대하며 갈망하고 있는 이스라엘 백성들에게는 슬픔이며 낙심일 뿐입니다. 그러나 두 번째 환상은 그들에게 다시금 희망을 줍니다. 이스라엘을 괴롭혔던 나라들의 평온함을 상징하는 네 개의 뿔이 하나님께서 보내실 네 명의 대장장이들에 의해 파멸될 것이며, 이스라엘을 괴롭힌 그들의 죄 값도 반드시 치르게 하실 것이기 때문입니다.

고난에 처한 이스라엘 백성들처럼 우리도 우리가 처한 어려운 상황 속에서 괴로워하면서 하나님께 대한 믿음이 있다고, 반드시 하나님께서 회복시켜 주실 것이라 입으로는 고백하지만 기다림에 지쳐 맘속으로는 초조함과 좌절함으로 하나님께 대한 믿음이 약해져 가는 내 자신을 경험하지 않습니까?

바벨론으로부터 귀환한 이스라엘 백성들은 주변 나라의 민족들로부터 점점 더 강한 압박을 받았습니다. 내부적으로도 성전 건축에 참여코자 했던 사마리아인들이 자신들의 요구가 거절되자 그들은 대적이 되어 이스라엘 백성들을 괴롭히고 성전 재건은 중단이 됩니다. 이런 상황에서 하나님의 약속을 신뢰하고 따르는 일은 결코 쉬운 일이 아니었습니다. 그러나 하나님은 스가랴를 통해 그가 역사를 주관하시는 주되심과 그의 구원의 계획과 실행하심을 선포합니다.

이스라엘 백성들이 느낀 실망과 좌절은 하나님의 뜻을 분별하고도 초조해서 때를 기다리지 못함으로 인해 발생한 불신이었습니다. 때론 하나님의 뜻을 분별하는 것보다 때를 기다리는 것이 더 힘들 때가 있습니다. 이럴 때일수록 자기 생각을 내려놓고 하나님이 이제까지 어떻게 인도하셨고 역사하셨는지를 기억해야 합니다. 지금 당장의 상황에만 집중하게 된다면 결코 하나님을 신뢰하기 어렵습니다.

성경은 우리에게 증언해주고 있습니다. 하나님께서는 자신이 선택한 백성들을 절대로 저버리지 아니하시는 신실하신 분임을요. 신실하다는 말은 히브리어로 '에무나'인데 이는 믿음의 확신을 의미합니다. 그냥 입으로만 상황 따라서 믿는 것이 아닙니다. 성경 속 우리 믿음의 조상들의 고백처럼, 우리 자신의 삶의 여정 가운데 체험했던 하나님의 은혜를 기억해야 합니다.

시편 62편에 "나의 영혼이 잠잠히 하나님만 바람이여"라는 구절이 있습니다. 여기서 "잠잠히"는 히브리어의 '둠미야'라는 단어인데 이는 어떤 것도 하지 않고 기다리는 것을 의미합니다. 시편기자는 내가 문제를 해결하기 위해서 무엇을 하기 전에 하나님께서 역사하시도록 침묵 가운데 기다리는 믿음을 가지라고 말합니다. 우리는 어떤 문제가 생기면 어떻게든 그 문제를 내가 해결하려고 합니다. 그래서 문제를 더 어렵게 만들거나 해결하지 못하는 경우를 경험합니다. 모든 해결책은 하나님께 있음을 기억해야 합니다. 하나님께서 일하시고 해결하시며 선한 길로 인도하실 거라는 확신과 믿음을 지키는 훈련을 해야 합니다. 기다려야 합니다. 기다림이 믿음이며 기다림을 통해 하나님께서는 우리의 마음을 정돈시키시고, 생각을 정돈시키시고, 그리고 행동을 다듬어 가시기 때문입니다.

사랑하는 성도 여러분, 기억하시기를 바랍니다. 역사를 주관하시는 분은 전지전능하신 여호와 하나님이십니다. 모든 것이 그에게서 왔고 그의 뜻 아래 있습니다. 우리 한 사람 한 사람을 향한 하나님의 계획을 신뢰하며 살아가길 바랍니다. 그의 다스림에 의지해서 살아갈 수 있기를 기원합니다. 이러한 믿음으로 기다리며 살아갈 때 비로소 우리의 삶이 부해지며 진정한 화평을 누리는 삶이 될 것이라 확신합니다.

하나님 구원의 파노라마

...

스가랴 1:18-2:13

방기민

(강남대학교)

도입

성경은 하나님 구원의 파노라마를 담고 있는 책입니다. 파노라마라는 단어에는 여러 가지 뜻이 있습니다. 표준 국어사전에 따르면 파노라마의 첫 번째 의미는 "야외 높은 곳에서 실지로 사방을 전망하는 것과 같은 느낌을 주는 사생적 그림을 건물 안에 장치한 것"이라는 의미가 있다고 합니다. 좌우 폭이 넓어서 왼쪽에서 오른쪽으로, 오른쪽에서 왼쪽으로 그림을 보다 보면 꼭 산꼭대기에서 동서남북을 바라보는 것과 같은 느낌이 들게 해주는 그림이 바로 파노라마라는 것이지요. 아마도 여기서 파생된 두 번째 의미가 있는데 그것은 "영화나 소설 따위에서, 변화와 굴곡이 많고 규모가 큰 이야기를 비유적으로 이르는 말"을 뜻한다고 합니다.

구약성경을 하나님 구원의 파노라마를 담은 책이라고 비유할 때 두 가지 의미 모두가 가능합니다. 먼저, 구약성서의 이야기를 읽다 보면 한 사람, 그리고 한 민족의 역사를 높은 곳에서 한눈에 내려다보는 것과 같은 느낌을 받게 됩니다. 성경은 하나님께서 아브라함을 선택하셔서 부르시고 믿음의 조상이 되게 하신 순간부터 구원자 메시아 예수님을 이 땅에 보내주시기까지의 이야기가 담겨 있는 책입니다. 하나님의 백성이 하나님을 잘 섬기고 복을 받던 이야기도 읽고, 그러다가 하나님을 떠나 살면서 방황하고 어려움을 겪는 이야기들도 읽게 됩니다. 성경의 한 부분만 읽다 보면 잘 이해하기 어려운 부분도 첫 번째 의미의 파노라마와 같이 전체를 아우르는 느낌으로 읽다 보면 하나님의 놀라운 섭리와 구원역사를 전망할 수 있습니다.

다른 한 편, 두 번째 의미 역시 많은 깨달음을 줍니다. 변화와 굴곡이 많은 이야기라는 측면에서 성경 이야기는 하나님 백성들의 파노라마입니다. 올라갈 때가 있고, 내려갈 때가 있습니다. 잘되고 형통할 때가 있지만, 고난과 어려움을 통과해야 하는 때도 있습니다. 저는 스가랴서에서 파노라마의 두 번째 의미를 많이 발견합니다. 성전을 새로 재건하는 과정 중에도 힘이 나고 용기가 나는 순간도 있었지만, 좌절하고 절망하는 순간도 있었거든요. 좌절했다가 용기를 얻었다가도 다시 좌절하는 순간들이 반복되기 때문에 스가랴 예언자의 반복된 말씀을 통해 용기를 얻고, 신앙을 점검해야 했습니다. 스가랴서는 그런 점에서 여러 번 반복되는 굴곡을 포함한 책이라고 이해할 수 있습니다.

오늘 저는 스가랴 1장 18절부터 2장 13절까지의 말씀을 통해 하나님의 백성이 겪었던 하나님 구원의 파노라마를 여러분과 함께 살펴보고 싶습니다.

본문 강해

우선 스가랴의 첫 부분^{1-8장}은 산문으로 되어 있고, 1장 1절에서 6절까지의 서문이 나온 뒤에는 이해하기 어려운 일곱 개 혹은 여덟 개의 환상이 1장 7절부터 6장 15절까지 나오게 됩니다. 비록 환상을 통해 말씀하시는 하나님의 뜻을 100퍼센트 다 이해하기는 어렵지만, 문맥을 살피고 배경을 꼼꼼하게 탐구하는 과정을 통해 대략적으로나마 의미를 파악할 수 있습니다.

스가랴의 환상 본문의 특징을 살펴보면 다음과 같은 패턴이 발견됩니다. "밤에 본 것" 또는 "환상"은 스가랴가 보도^{report}하는 형식으로 되어 있고요, 환상들 각각은 (1) 머리말, (2) 상황 묘사, (3) 되물음, (4) 천사의 풀이로 이루어져 있습니다. 이 천사는 뜻을 풀어주는 역할을 맡은 천사입니다. 뜻풀이 천사라고 불리기도 합니다. 오늘 우리가 함께 읽은 말씀은 그중에 두 번째와 세 번째 환상에 관한 내용입니다.

여러분 가운데 어떤 분들은 본문의 범위에 대해 의아해하는 분들이 계실 수 있습니다. 왜 1장 18절부터 21절까지 나오는 두 번째 환상과 2장 1절에서 13절까지 나오는 세 번째 환상을 함께 설교하는 것일까요? 그 까닭은 성경의 장절이 비교적 후대의 산물이기 때문입니다. 교파나 성경 번역에 따라서 장절 구분을 조금씩 다르게 하는 경우가 있습니다. 오늘 본문의 경우 라틴어 성경, 영어 성경, 한글 성경에서 대부분 두 번째 환상을 1장 마지막 네 절로 장 절 구분하고, 세 번째 환상을 2장으로 장 절 구분하지만, 히브리어 성경이나 그리스어 성경, 아람어 성경의 장 절 구분에서는 두 번째와 세 번째 환상을 모두 2장으로 장 절 구분 합니다.

이렇게 미세한 차이가 있을 때는 어떤 구분법이 맞고 틀리냐의 여부로 보는 것이 아니라, "왜 이 번역본에서는 이렇게 장 절 구분하게 되

었을까?", "왜 저 번역본에서는 저렇게 장 절 구분하게 되었을까?" 생각
해보면서, 더 좋은 장 절 구분법을 취사선택하면 되는 부분이라고 할
수 있습니다. 저는 두 환상이 아무 관련 없는 것이 아니라 관련되어
있음을 암시하는 히브리어 성경과 그리스어 성경의 장 절 구분방식이
더 좋다고 느꼈습니다. 두 번째와 세 번째 환상을 구원의 파노라마라는
한 흐름에서 묵상할 때 더 큰 은혜가 되기 때문입니다.

1. 두 번째 환상 ^{뿔 넷과 대장장이 넷}

오늘 읽은 본문의 흐름을 살피면 유다와 이스라엘과 예루살렘의 역
사 스토리텔링이 고난의 역사로부터 시작됩니다. 예언자 스가랴가 환
상을 보는데 네 개의 뿔을 보았습니다[1:18]. 뿔은 다니엘과 같은 묵시문
학에서는 보통 왕을 상징하기도 하지만, 여기에서는 문맥을 고려하고
뜻풀이 천사의 말을 고려할 때 유다와 이스라엘과 같은 하나님의 백성
들을 괴롭히고 고난 가운데 놓이게 만든 사방에 있는 나라들, 세력들,
혹은 왕국들을 말하는 것 같습니다. 앗시리아, 바빌로니아와 같은 나라
들을 대표적으로 생각해볼 수 있겠지요. 날카롭고 위험한 뿔과 같이
이들은 하나님의 백성들을 공격하여 흩어지게 만들고, 눈물 흘리게 했
던 존재들이었습니다[1:19].

이 뿔들은 역사를 운행하시는 하나님의 경륜에 따라 잠시 권력과
힘을 얻었지만 우리는 기억해야 합니다. 그들의 힘은 절대 영원하지
않다는 사실을 말입니다.

환상 속에서 예언자 스가랴는 네 뿔을 보는 동시에 다시 네 명의
대장장이를 보았습니다. 스가랴가 질문합니다. "그들이 무엇을 하기 위
해 왔습니까?"

하나님 혹은 뜻풀이 천사가 대답합니다. "바로 이 뿔들이 유다를 흩

뜨리어 감히 머리를 쳐들지 못하게 했지만, 이 대장장이들은 일찍이 유다 땅을 흩뜨렸던 그 뿔이 돋은 나라들을 혼내주러 온 것이다." 슥 2:4하,

『공동번역개정』

여기 나오는 대장장이는 꼭 금속을 다루는 대장장이만이 아니라 목수, 석공 등의 뜻도 가질 수 있는데, 어떤 물건을 만들거나 다듬기 위해 반복된 망치질을 통해 대상이 되는 물건을 때리는 일을 하는 사람들을 뜻합니다. 뿔, 못, 칼과 같이 뾰족하고 위험한 물건도 대장장이, 목수, 석공의 손에 들리면 꼼짝 못 합니다. 일종의 천적인 셈입니다.

정리하자면 구원의 파노라마를 시작하는 두 번째 환상은 하나님의 백성들이 겪는 고난으로 시작합니다. 그러나 하나님께서는 백성들이 겪는 고난을 만드는 여러 가지 원인을 제압할 존재들, 즉 뿔을 제압할 대장장이와 같은 존재들도 함께 예비하시며 하나님의 구원역사를 진행해나가심을 우리는 배울 수 있겠습니다.

2. 셋째 환상 측량줄을 잡은 사람

오늘 본문의 두 번째 환상이자 스가랴서의 셋째 환상은 측량줄을 잡은 사람에 대한 환상입니다. 혹시 여러분 가운데 땅을 가지고 계신 분들은 더욱 이해가 빠르실 텐데요, 자신의 땅 위에 어떤 건물을 짓기 전에 반드시 해야 하는 일이 있습니다. 그것은 측량을 정확하게 해서 어디까지가 내 땅이고, 어디부터가 다른 사람의 땅인지를 정확하게 파악하는 것입니다. 그래야 자신의 건물이 다른 사람들의 땅을 침범해서 법적으로 곤란을 겪는 상황을 예방할 수 있기 때문입니다.

따라서 측량줄을 가지고 예루살렘에 측량하러 간다는 뜻은 곧 예루살렘을 재건하는 공사를 시작하려는 상황과 깊은 관련성을 가지고 있습니다. 첫 번째 천사는 예루살렘을 측량하러 간다고 하는데2:2, 첫째

천사가 떠나자마자 다른 천사가 측량작업을 하러 가는 천사를 말립니다. 새번역은 이렇게 번역합니다.

> "너는 저 젊은이에게 달려가서 이렇게 알려라. '예루살렘 안에 사람과 짐승이 많아져서, 예루살렘이 성벽으로 두를 수 없을 만큼 커질 것이다. 바깥으로는 내가 예루살렘의 둘레를 불로 감싸 보호하는 불성벽이 되고, 안으로는 내가 그 안에 살면서 나의 영광을 드러내겠다. 나 주의 말이다.'"—슥 2:4-5

간단하게 말하면, 예루살렘을 방어하기 위한 성벽을 건축해야 해서 예루살렘의 폭과 너비를 재려고 했는데, 그럴 필요가 없다는 말입니다. 왜냐하면 예루살렘이 번영하여 사람과 가축이 급격하게 많아질 텐데 성곽이 있으면 지금 짓는 성의 크기가 인구 증가의 규모를 다 따라잡지 못하게 될 것이고, 살 터전이 인구 숫자에 비해 너무 좁아질 것이기 때문에 성벽을 짓는 것이 도리어 불편하다는 말입니다. 그러므로 사람의 손으로 성벽을 짓는 것 대신에 하나님께서 예루살렘을 감싸며 보호하는 불 성벽이 되어주시겠다는 말입니다.

저는 이 지점에서 하나님 말씀의 의미를 생각해보았습니다. 구체적으로, 눈에 보이는 성벽 대신 보이지 않는 하나님을 성벽 삼아 살아가는 것이 어떤 삶일지를 상상해보았습니다. 말로 듣기에 멋있고 담대해 보이지만, 실제로 말씀 그대로 살라고 한다면 여러분 마음속에 제법 다른 의견들이 있을 것 같습니다.

어떤 분들은 하나님이 성벽 되어주신다고 하더라도 눈에 보이는 성벽이 꼭 필요하다고 생각하시는 분들도 있을 것이고요. 다른 어떤 분들은 불 성벽 되시는 하나님 한 분이면 충분하다는 마음으로 살아가는 분들도 계실 것 같습니다. 여러분은 어떻습니까? 정답은 없습니다.

하지만 역사를 살펴보면 놀라운 점이 하나 발견됩니다. 당시 시대를 연구하는 학자들에 따르면 바빌로니아에 의해 주전 586년경 예루살렘

성이 무너진 이후 445년경에 활동하기 시작한 총독 느헤미야의 부임까지 예루살렘에는 성벽이 없었다고 합니다느 1:3 참조. 이 말은 달리 생각해보면 성전 재건 당시 귀환 백성들이 스가랴의 말씀을 듣고 불 성벽 되시는 하나님을 신뢰해서 성전은 지었지만, 70년 뒤 느헤미야 총독이 와서 비로소 예루살렘 성벽을 쌓을 때까지 성벽을 짓지 않고 살아갔다는 것입니다. 물론 성벽을 짓고 싶었지만 여러 방해 때문에 짓지 못했을 수도 있습니다에스라 4장 참조. 또 나중에 결국 성벽을 짓게 되었다는 점에서 그들이 하나님만을 믿고 살아가려 노력하는 중에 여러 가지 시행착오나 어려움도 있었다는 것도 짐작해볼 수 있습니다. 그럼에도 불구하고 저는 당시 귀환 백성들의 불 성벽 되시는 하나님을 의지하는 담대한 믿음을 보면서 도전받습니다.

3. 주님의 말씀 2:6-13

지금까지 하나님 구원의 파노라마를 정리해보면, (1) 뿔로 상징되는 원인으로 인해 하나님의 백성들이 잠깐 고난을 겪는 것으로 시작하지만, 하나님께서는 고난과 동시에 대장장이로 상징되는 해결책도 예비하고 계시며, (2) 하나님께서 곧 예루살렘을 다시 일으키시되, 하나님께서 친히 불 성벽 되어 지켜주신다는 흐름을 볼 수 있습니다. 하나님의 심판 혹은 하나님이 허락하신 고난 이후에 회복을 그리고 있다고 할 수 있습니다.

그런데 하나님의 구원계획은 단순히 한 도시 예루살렘의 회복으로 끝나지 않았습니다. 하나님께서 가지고 계시는 구원계획은 유대 땅뿐만 아니라, 온 세계를 아우릅니다.

먼저 6절과 7절에서 기록된 것처럼 북방 땅, 즉 바빌로니아에서 도피하라고 말합니다. 세계에서 가장 화려한 도시, 번화한 도시이지만 하나님께서 곧 심판하실 것이기 때문에 존 번연J. Bunyan의 천로역정에서 크리스천이 장망성장차 망할 성을 떠나야 했던 것처럼 나와야 한다는 것입니다.

이어서 10절에서 시온의 딸들이 노래하고 기뻐하라고 이야기합니다. 왜냐하면 하나님께서 오셔서 그 가운데 계실 것이기 때문입니다. 하나님께서 백성들의 죄악에 실망하셔서 예루살렘을 잠시 떠나셨지만, 믿음의 백성들을 너무나 사랑하시는 하나님께서는 결국 다시 오셔서 그 안에 함께 계시고 지켜주신다는 약속의 말씀입니다. 하나님의 말씀을 믿으시기를 바랍니다.

마지막으로 아브라함에게 "세상 모든 민족이 너로 말미암아 복을 얻을 것이라" 하였던 말씀처럼 많은 나라가 여호와께 속하여 하나님의 백성이 될 것이며, 하나님께서 유다를 자기 소유를 삼으시고, 다시 예루살렘을 택하신다고 말씀합니다2:12-13.

결단의 말씀

오늘 살펴본 말씀과 하나님 구원의 파노라마를 묵상하고 기도하면서 우리의 상황에 맞게 적용해봅시다.

먼저, 우리 삶의 상황을 살펴봅니다. 우리 삶 가운데에도 우리를 흩어지게 만들고 괴롭게 만드는 뿔들과 같은 고민거리와 어려움들을 한 가지씩은 모두 가지고 있습니다. 그것이 내 삶을 어렵게 만드는 관계의 문제가 될 수도 있고, 우리를 두렵게 만드는 사회의 여러 범죄가 될 수도 있고, 혼란스러운 정치 상황이 될 수도 있고, 그것이 이웃 나라들이 될 수도 있고, 그 외에도 크고 작은 여러 가지 뿔들과 같은 문제들이 있습니다. 그렇지만 명심합시다. 하나님께서는 우리에게 너무 염려하지 말라고 하십니다. 하나님께서는 뿔들로부터 우리를 구원하시기 위하여 대장장이 같은 이들을 함께 예비하고 계시기 때문입니다.

둘째, 하나님께서 하나님의 백성들을 회복시키려 마음먹으시면 그 변화의 폭은 우리의 예측이나 상상을 초월할 수 있습니다. 예루살렘에 사람과 짐승이 셀 수 없이 많아지는 중에 우리의 예측을 바탕으로 쉽사리 성벽을 짓고 한계를 규정한다면, 우리는 하나님께서 주시는 복을 온전히 누리지 못하게 될지도 모릅니다. 성전을 재건한 뒤에도 70년가량 성벽을 짓지 않고 하나님의 계획과 섭리를 기다렸던 귀환 백성들처럼 우리도 하나님께서 복을 내려 주실 때 온전히 다 받아 누릴 수 있도록 불성벽 되시는 하나님을 믿고 신뢰하며 나아가야 하겠습니다.

마지막으로 저는 하나님께서 하나님의 백성들에게 '다시 택하시고' 기회를 주시는 분이심을 확신하게 되었습니다. 오늘 본문 앞에 나오는 첫 번째 환상 보도 마지막에서 하나님께서 이렇게 말씀하셨습니다. "여호와가 다시 시온을 위로하며, 다시 예루살렘을 택하리라"1:17. 그런데 오늘 본문의 결론에 해당하는 12절과 13절에서도 같은 말씀을 거듭하고 계십니다. "여호와께서 장차 유다를 거룩한 땅에서 자기 소유를 삼으시고, 다시 예루살렘을 택하시리니"2:12.

두 구절에 반복되는 내용이 있는데, 다시 하나님의 백성 예루살렘을 택하신다는 말입니다.

이 말씀을 듣고 있는 여러분의 과거 신앙생활 중에 실수가 있었을 수 있습니다. 하나님을 잠시 떠나 하나님을 잊고 살았던 날들이 있던 분들도 있을지 모릅니다. 그래서인지 여러분의 삶 가운데 포로기와 같은 고난의 시간이 있었던 분들도 있을지 모릅니다. 하나님께서 나를 버리셨다고 생각하며 죄책감 가운데 계시는 분들도 있을지 모르겠습니다.

그렇지만 기억하십시오. 하나님께서는 여러분을 사랑하시고, 용서

하시고, 여러분을 거듭 택하시는 분이라는 사실 말입니다. 2,500여 년 전에 예언자 스가랴를 통해 선포되었던 구원의 파노라마가 여러분의 이야기가 되어 여러분의 삶 속에서도 펼쳐지기를 간절히 축원합니다.

대제사장 여호수아의 거룩과 회복의 비전

...

스가랴 3:1-10

이미숙

(장로회신학대학교)

도입

스가랴는 '여호와께서 기억하신다'라는 뜻입니다. 유다 백성은 하나님의 언약 백성임을 망각하고 하나님을 거듭해 배신하다가 성전이 파괴되고 나라가 망하는 형벌을 당했습니다. 유다는 자신들의 죄악을 포로유배 생활을 하면서 정면으로 마주해야 했습니다. 그러나 신실하신 하나님이 유다 백성을 소생시키기 위해 먼저 그들을 기억하셨습니다. 하나님은 예레미야를 통해 70년 포로 생활 후 귀환하도록 해주시겠다고 약속하셨습니다. 하나님의 약속이 마침내 이루어지는 첫 신호탄이 고레스 칙령입니다. 페르시아 왕 고레스는 유다 백성에게 고향으로 돌아가 성전을 재건하라고 명령합니다. 1차 포로귀환 명단은 얼마나 영예스러운지 에스라 2장에 그 이름들이 고스란히 보존되어있습니다. 하나님은 이 포로귀환 공동체를 위해 두 예언자를 함께 보내셨습니다. 그들이 학개와 스가랴입니다. 성전 재건이라는 큰 미션을 두고 학개는 현실적인 예언을 한 반면, 스가랴는 환상을 통해 성전 재건을 독려한 예언자로 알려져 있습니다. 이 시대 최대 미션은 성전 재건이었습니다. 학개와 스가랴가 활동한 시기는 포로귀환 한 지 20여 년이 흘렀지만 여러 정치, 사회, 경제적인 어려움으로 성전 재건이 지지부진했습니다.

스가랴 3장은 1-6장까지 8개의 환상 중 네 번째 것입니다. 앞의 세 환상들과는 구별되는 특징이 있습니다. 뜻을 풀이하는 천사가 따로 없고 난해한 상징이나 인물이 없는 대신 여호수아라는 현직에 있는 역사적 인물이 등장하며 새로운 시대의 지도자와 공동체에 관심을 보입니다. 더욱이 3장 8-10절에서 메시아와 종말론적인 시대로 확장되는 예언이 더해져, 스가랴 3장은 유다의 과거, 현재, 미래 역사가 긴밀하게 연결된 독특한 본문입니다. 포로로부터 귀환해 새로운 시대를 열어가야 했던 유다 공동체에게 먼저 주어진 네 번째 환상이 오늘 우리에게는 어떤 의미가 있을까요? 우리도 그들 못지않은 대전환 시대에 놓여있습니다. 예수님 탄생을 기준으로 주전$^{B.C}$과 주후$^{A.D}$로 나뉜 세계 역사를 지난 3년간의 팬데믹을 겪으면서 코로나 발생 이전과 이후로 다시 나눠야 할 정도로 급변하는 시대를 맞이하고 있습니다. 뉴노멀이라는 완전히 새로운 가치와 문화가 요구되며 인공지능^{AI} 시대를 연 4차 산업혁명은 세속주의와 탈종교 현상을 심화시켜 기독교를 위협합니다. 스가랴는 포로귀환 세대처럼 대격변기에 살아가는 우리의 눈을 지상에서 천상을 바라보도록 인도합니다.

본문 강해

첫째, 스가랴가 본 것은 천상 법정의 대제사장 여호수아입니다$^{3:1-5}$. 뜻밖에도 여호수아는 사탄에게 고발당한 상태이고 불에서 꺼낸 그슬린 나무에 비유될 정도로 무기력한 모습입니다. 여호수아는 더러운 옷을 입고 있습니다. 이는 부정한 상태로 제사장의 직무를 수행하지 못하는 모습입니다. 사실 여호수아는 스룹바벨과 함께 1차 포로귀환 공동체에게 매우 중요한 지도자입니다. 스룹바벨은 학개서와 스가랴 4장에서 메시아급으로 주목받던 정치 지도자입니다. 학개서와 에스라, 느헤미야서에도 항상 스룹바벨 다음으로 여호수아가 언급되고 있고 새로 재건된 성전이 스룹바벨 성전이라고 불릴 만큼 여호수아는 스룹바벨의 그늘에 가려져 있는 인물입니다. 그러나 오늘 스가랴는 대제사장 여호수아를 단독으로 조명하고 있습니다. 여호수아라는 인물을 이해하기 위해서는 그의 가족사를 알아야 합니다. 그의 할아버지 스라야는 열왕기하 25장에서 유다왕국의 마지막 대제사장으로 나옵니다. 스라야는 성전 붕괴 시의 대제사장으로서 그 참화의 한가운데 있던 사람이며 하맛 땅으로 끌려가 느부갓네살에게 죽임을 당했습니다. 스라야에게는 다행히도 아들이 한 명 있었고 그가 바벨론으로 유배되어 살다가 여호수아를 낳은 것입니다. 말하자면 여호수아 가문은 예루살렘성전 파괴와 회복이라는 역사적 사건의 중심에 서 있었던 것입니다.

사탄은 여호수아가 대제사장으로서 자격이 없다는 것을 더러운 옷을 증거로 삼아 고발했을 것입니다. 그러나 하나님은 사탄을 책망하고 여호수아를 전격적으로 대제사장직으로 복위하시겠다고 선포하십니다. 그전에 하나님은 여호수아의 죄를 용서해 주심으로써 죄를 제거하셨습니다. 새로운 시대에 첫 대제사장직을 수행하기 위해서 먼저 그의 죄가 처리되어야 합니다. 그리고 여호수아는 천사들에 의해 '아름다운 옷'으로 갈아입고 머리에는 '정결한 관'을 썼습니다. 본문에서 사용된 아름다운 옷과 관은 제사장 복장이 아니라 왕족이나 귀인이 입는 최고의 예복이며 머리에 쓴 관은 면류관이나 왕관을 뜻합니다. 따라서 여호수아의 예복은 대제사장직의 복위뿐만 아니라 그가 고귀한 신분으로 회복되었음을 말해 줍니다. 그러나 대제사장은 이스라엘을 대리한다는 점에서 궁극적으로 그의 복위는 곧 유다 공동체가 정결한 백성이 되어 제사장의 나라, 거룩한 백성으로서의 소명을 완전하게 회복했다는 뜻입니다.

둘째, 스가랴가 본 것은 여호수아가 하나님의 말씀에 순종한다면 주어질 임무와 특권에 대한 천사의 증언입니다 3:6-7. 첫째 환상은 천상의 법정에서 이루어진 여호수아의 대제사장직과 유다 공동체의 온전한 회복과 영광에 초점이 있습니다. 이에 비해 둘째 환상은 천상의 성소로 장소가 바뀌었습니다. 천상 법정에서 신분이 회복된 대제사장 여호수아는 비로소 하늘의 성소와 관련된 직무를 부여받습니다. 7절에서 하나님은 여호수아에게 "내 집을 다스리고 내 뜰을 지키라"는 새로운 미션을 주십니다. 하나님의 집과 뜰은 성소 내외를 뜻하는 것으로 성전의 제반 업무에 대한 총괄적인 감독과 관리를 여호수아가 맡는다는 의미입니다. 이는 당시 아직 미완성인 성전을 재건한 뒤, 그곳에서 일상적으로 드려질 성전 예배를 기대하게 합니다. 마지막에 여호수아에게 주어진 특권은 이전 대제사장들에게 없던 새로운 것입니다. 그 특권은 "여기서 있는 자들 가운데 왕래하게 해주신다"는 약속입니다. '여기 서 있는 자들'은 천사들을 말하며 천상 회의를 배경으로 하고 있습니다. 하나님과 천사들은 이 천상회의에서 사람들의 운명과 중요한 일들을 결정하는데 이 회의에는 보통 예언자들이 참여해서 그 일을 사람들에게 알려주는데 주로 경고와 관련되어 있으며 재앙을 예방하는 데 목적이 있습니다. 따라서 이 일은 예언자들의 직무입니다. 이스라엘 예언자들 가운데 미가야열왕기상 22장, 이사야이사야 6장, 예레미야예레미야 23장가 천상회의를 목격하거나 참여했다고 증언합니다. 여호수아는 제사장 직무뿐만 아니라 천상회의에 자유롭게 왕래하며 하나님이 하실 일들을 알게 되는 특권을 가지게 된 것입니다. 따라서 포로귀환 시대 대제사장직은 이전과 다른 강화된 영적 권위를 가지게 되었습니다. 물론 이 직무와 특권은 여호와의 도와 규례에 순종할 때라야 주어지는 것임을 명심해야 합니다.

셋째, 스가랴가 본 것은 종말에 일어날 일들과 관련된 예언과 환상입니다3:8-10. 여호수아가 새롭게 받은 말씀은 메시아를 암시하는 "내 종 싹"의 도래와 그 앞에 세워진 7개의 눈을 가진 돌입니다. 천상 법정과 성소를 배경으로 하던 스가랴의 환상은 8절에 이르러 예언으로 바뀝니다. 포로귀환 시대의 대제사장직의 회복이 장차 도래할 종말의 시대와 관련이 있다는 뜻입니다. 여호수아는 미래에 이루어질 하나님의 놀라운 계획을 듣게 됩니다. 이 본문에서 주목되는 말은 '내 종 싹'입니다. 하나님께서는 페르시아 왕 고레스조차 내 종이라고 하신 바가 있지만 '싹'은 다릅니다. '싹', 혹은 '가지'로 번역된 히브리어 '체마흐'는 예언서에서 종종 다윗 계열의 메시아적인 인물을 가리킬 때 나옵니다. 이 메시아적 인물이 누구인가에 대해서는 역사적인 인물로 볼 때는 포로귀환 당시 유다 총독이면서 다윗왕 후손인 스룹바벨로 보는 견해가 많습니다. 실제 스룹바벨은 성전재건을 완성했고 백성 사이에 다윗 왕권 회복에 대한 기대를 한 몸에 받기도 했습니다. 그러나 본문에서 말하는 '싹'은 다윗 왕권 회복보다는 더 궁극적인 메시아적 인물을 가리킨다고 볼 수 있습니다.

9절에서 말하는 '돌'과 '일곱 눈'이라는 상징은 좀 더 수수께끼 같아서 다양한 해석이 있습니다. 최소한 돌과 일곱 눈이 성전과 관계있으며 정결하게 하는 기능과 연결된 이미지인 것은 분명해 보입니다. 죄를 하루 만에 제거한다는 것은 매우 급진적인 현상입니다. 여기에 사용된 죄를 '제거하다'라는 히브리어 동사가 레위기 16장에 나오는 대속죄일의 사면 의식과 구별되고 있어서 이 죄는 영원한 사면, 더 이상의 속죄가 필요 없는 상태의 제거를 강조합니다. '내 종 싹, 메시아가 도래할 때 일시에 죄악이 제거되며 솔로몬 시대의 태평성대를 연상시키는 이상적인 낙원의 모습은 예언자들이 말하는 종말에 완성될 하나님의 나라를 가리킵니다. 미가 4장에서도 전쟁 무기가 농사 도구가 되며 세계 만민이 하나님의 도를 배우기 위해 시온으로 몰려들며 각자 무화과나무와 포도나무 아래 안연히 거하는 시대를 그리고 있습니다.

결단의 말씀

그렇다면 오늘 스가랴의 네 번째 환상 말씀이 우리에게 주는 의미는 무엇일까요? 코로나 팬데믹을 겪으면서 사회적 거리 두기가 예방의 핵심인 환경에서 교회의 전통적인 예배 및 모임이 제한되는 초유의 사태를 맞이했었습니다. 코로나 사태 이전에도 4차 산업혁명의 시대와 함께 탈종교화는 가속화되고 인공지능과 의술의 발달은 신의 절대 영역을 넘보는 시대가 도래한 것처럼 보였습니다. 이를 두고 이스라엘의 유발 하라리라는 역사학자는 7만 년 동안 기아와 질병, 전쟁의 문제를 해결해 온 호모 사피엔스에서 앞으로는 '불멸, 행복, 신성'을 추구하며 신으로 업그레이드하려는 호모 데우스homo deus의 시대가 올 것이라고 전망했습니다. 거침없이 달려가는 인류를 향해 코로나 팬데믹은 휴머니즘에 대한 낙관론을 부수기도 했지만, 예배 공동체라는 교회의 본질에 심각한 타격을 입혔습니다. 오늘 스가랴의 네 번째 환상은 포스트 코로나 시대에 쇠약해진 교회를 재건하고 예배 공동체를 회복해야 하는 우리 그리스도인에게 여전히 소망의 근거와 방향을 제시해줍니다.

첫째, 대제사장 여호수아의 복위와 포로 공동체 회복의 시작은 하나님의 주도권과 용서로부터 출발했다는 사실입니다. 출애굽기 19장 6절에 "제사장의 나라가 되며 거룩한 백성 되라"는 하나님의 부르심에 이스라엘은 실패했지만 그들을 다시 부르신 것은 하나님이십니다. 여호수아의 더러운 옷은 유다 백성이 전혀 자격이 없음을 의미합니다. 우리도 불에서 꺼낸 그슬린 나무, 부지깽이와 같은 쓸모없는 존재들입니다. 한국교회는 개혁의 실패로 신뢰도를 잃어가고 부흥의 원동력을 잃은 지 오래입니다. 회복의 동력은 오직 주님께 있습니다. 불에서 꺼낸 그슬린 나무에서 불씨를 되살려주실 분은 하나님이십니다. 이스라엘은 실패했지만 하나님의 사랑은 실패한 적이 없습니다. 시편 23편 5절의 노래처럼 주님은 원수의 눈앞에서 잔치를 베풀어주시고 환대해 주시는 분입니다. 하나님의 용서와 은혜가 우리와 교회가 회복하는 원동력임을 믿으시길 바랍니다.

둘째, 포로귀환 공동체가 하나님의 언약공동체로 회복하는 구심점에 성전이 있었습니다. 스가랴가 본 하늘의 성소는 오늘날 교회에서 이루어질 일들이기도 합니다. 하늘의 성소에서 여호수아가 받은 직무들은 말씀 순종의 결과로 얻어지는 조건부였습니다. 대제사장 여호수아의 복위가 조건부가 아닌 하나님의 일방적인 은혜와 용서로 시작되었다면 직무는 조건이 있었습니다. 그것은 말씀 순종입니다. 그들은 하나님의 언약공동체이기 때문입니다. 성전의 제반 업무를 다시 맡게 된 것은 예배의 회복을 뜻합니다. 예배가 회복되면 성전에 임재하시는 하나님과의 교류가 가능해집니다. 스가랴 당시의 성전이나 오늘날의 교회는 하나님이 임재하시는 곳이며 하나님의 계획을 알고 볼 수 있으며 그의 통치가 이루어져 가는 곳입니다. 오늘날 교회가 이러한 사명에 충실한지 돌아볼 때입니다.

셋째, 대제사장 여호수아의 복위와 사역이 메시아 시대와 연관되어 있다는 스가랴의 예언은 가장 높으신 대제사장이신 예수님과 그의 재림으로 올 궁극적인 하나님의 나라를 바라보도록 합니다. 대제사장의 중요한 직무가 백성의 속죄입니다. 볼품없고 연약해서 아무도 바라보지 않은 경시된 어린 '싹'은 예수님의 탄생과 부합하며 그의 십자가 죽음으로 인류의 죄가 한꺼번에 속죄됨으로 하나님과 화해를 이루고 그의 면전에 나갈 수 있게 되었습니다. 그래서 신약기자들은 스가랴 본문이 예수님의 사역을 통해 성취된 것이라고 증거했습니다. 히브리서 기자는 구약 시대 대제사장의 제한적인 속죄와 성소 출입을 예수님께서 자기를 제물로 단번에 드림으로써 이미 새 언약에 참여한 그리스도인들은 천상의 성소에 참여하며 하나님의 면전에서 왕래할 수 있는 특권이 주어진 것이라고 말합니다히 9:23-28. 무화과나무와 포도나무 아래 서로 초대하는 모습은 예수님께서 목마른 자들은 다 내게서 와서 마시라는 구원의 초청과 같습니다. 모든 열방이 예수님의 구원 초대에 응답하여 함께 친밀하게 교제하며 거주하는 날이 지금 교회를 통해 이루어지고 있으나 아직은 아닙니다. 예수님의 재림으로 그 나라가 완성될 것입니다.

사랑하는 성도 여러분! 스가랴는 네 번째 환상 속에서 하나님이 이루실 일들을 미리 보았습니다. 스가랴는 혼돈과 위기에 서 있는 미약한 포로귀환 공동체에게 영광스러운 미래가 지상에서 이루어질 것을 확신하라고 외쳤습니다. 오늘날에도 그의 외침은 유효합니다. 우리 그리스도인들은 예수 그리스도의 피 값을 주고 산 교회에 소망이 있으며 이곳에서 하나님의 통치가 이루어질 수 있다는 확신을 가져야 합니다. 우리가 불 속에서 꺼낸 그슬린 나무처럼 아무 쓸모 없다고 느껴질 때 스가랴처럼 눈을 들어 천상에서 이루어 놓으신 하나님의 계획을 바라보아야 합니다. 그리고 그 계획을 다시 우리의 삶 속에서 교회 안에서 주님의 통치가 이루어지도록 애쓰고 분투해야 합니다. 하나님께서 코로나 사태 이후 여러 위기를 맞아 쇠퇴해 힘을 잃어가고 있는 그리스도인과 교회에게 오늘 말씀을 통해 격려해 주십니다. 우리를 부르신 하나님을 신뢰하고 그리스도인과 교회가 하나님의 언약공동체라는 사명과 책임을 다하고 하나님의 통치를 증언하는 일에 물러서지 않을 때 이 험난하고 어려운 시대를 헤쳐 나갈 힘을 얻게 될 것입니다.

오직 하나님의 영으로!

...

스가랴 4:1-14

김정훈

(부산장신대학교)

도입

오늘 우리는 말 그대로 정보의 홍수 속에 노출되어 있습니다. 현대인이 하루에 접하는 정보의 양을 책으로 환산하면 90쪽 정도의 분량이 된다고 합니다. 현대는 정보를 접하는 통로가 대중매체는 물론, 특히 인터넷을 통해서 예전과 비교할 수 없을 정도로 많습니다. 어떤 사람들은 현대인이 하루에 접하는 정보가 18세기에 평범하게 살던 사람이 평생 접할 정도의 양이라고 말하기도 합니다. 이 많은 정보를 우리는 어떻게 매일 매 순간 처리합니까? 그것들을 어떻게 판단하고 선택합니까?

그뿐 아닙니다. 어쩌면 우리 삶은 매 순간이 결정의 갈림길에 서 있는 듯합니다. 아침에 알람이 울리면, 눈을 뜰지 그대로 좀 더 있을지를 결정해야 합니다. 아침을 먹을지 말지, 어떤 옷을 입고, 어떤 매무새로 나설지도 결정해야 합니다. 출근하거나 어떤 일을 하더라도 결정하지 않고 해결되는 일은 아무것도 없습니다. 저녁에 잠이 드는 그 순간까지 우리 삶은 끊임없는 결정에 내몰립니다. 이것은 개인의 삶에만 제한되지 않습니다. 어떤 공동체든, 크게는 어떤 나라든 수많은 정보 가운데서 가장 적절한 정보를 판단하여 선택하고, 매번 매 순간 결정해야 합니다.

여러분, 이런 우리 삶에서, 특히 하나님의 백성으로서 우리는 우리에게 다가오는 정보들, 상황들을 어떻게 판단하고 선택합니까? 그리고 어떤 결정을 어떻게 내려서 어떤 삶을 살아가고 있습니까? 그 판단과 선택과 결정의 기준은 무엇이고, 어떻게 그 기준들을 설정합니까? 너무 넓게 볼 것 없이, 우리 교회는 어떤 상황에서 어떤 결정을 할 때, 어떤 정보를 어떻게 판단하여 선택합니까? 물론 우리는 막연하든, 어느 정도는 구체적이든 정답을 알고는 있습니다. 하나님의 뜻에 따라야 한다는 것이지요. 그런데 그것이 무슨 뜻입니까? 구체적으로 매 순간 우리의 결정을 어떻게 하는 것이 하나님의 뜻에 따르는 것입니까? 또 하나님의 뜻은 우리가 어떻게 알 수 있습니까? 이런 질문은 수많은 정보의 홍수 속에서 하나님 앞에서 하나님의 백성으로서 올바르게 판단하여 선택하고 결정하여 행동하는 데 결정적입니다. 오늘은 스가랴서 본문을 통해 이런 질문에 대한 하나님의 말씀에 함께 귀 기울여봅시다.

본문 강해

예언자 스가랴는 앞에 있는 학개, 뒤에 있는 말라기와 함께 바벨론 유배기가 끝난 뒤인 페르시아 시대에 활동했습니다. 스가랴가 예언자로 부르심을 받아 활동하던 때는 주전 587년에 바벨론 임금 느부갓네살이 무너뜨린 예루살렘 성전의 재건이 가장 우선하는 문제였습니다. 성전이 이스라엘 백성들의 신앙과 정신에 구심점이었기 때문입니다.

주전 539년에 바벨론을 무너뜨린 페르시아 임금 고레스는 바벨론 제국에 사로잡혀와 있던 유다 백성들을 해방하고 성전 재건을 허락했습니다. 하지만 이 일은 한동안 이루어지지 않고, 지지부진했습니다. 드디어 스룹바벨이라는 지도자와 여호수아라는 대제사장이 이 일에 앞장섰습니다. 그리고 예언자 학개와 스가랴가 성전 재건과 관련한 하나님의 말씀을 전했습니다.

특히 스가랴서는 1-8장까지의 말씀에서 이때를 배경으로 하는 신탁이 집중해서 전해집니다. 그 가운데서도 오늘 본문 말씀이 든 1장 7절부터 6장 8절까지의 큰 단락에서는 예루살렘의 미래와 관련한 여덟 가지 환상이 전해집니다. 1장 8절에서 "내가 밤에 보니"로 시작하여 "한밤의 환상"이라고 일컫기도 합니다.

이 환상들 가운데서 오늘 본문 말씀인 4장은 예루살렘 성전 재건의 일을 도맡아 이끌었던 지도자 스룹바벨과 대제사장 여호수아에 관한 환상입니다. 말씀드린 대로 이때 예루살렘 성전 재건은 무엇보다 중요한 일이었기 때문에, 그 지도자와 관련한 환상이 여덟 환상 가운데 한가운데 자리 잡고 있다고들 여깁니다.

오늘 본문 말씀을 포함해서 스가랴서의 환상 본문들에서는 예언자 스가랴에게 환상을 해석해 주는 "천사"가 있다는 점이 무엇보다 눈에 띕니다. 이런 현상은 다니엘서에서도 찾아볼 수 있는데, 포로기 이후 시간이 가면 갈수록 점점 더 뚜렷해진 예언의 특징이기도 합니다. 여기서 천사라고 옮긴 말은 "말르아크"מַלְאָךְ인데, 글자 그대로 번역하면, "사자, 심부름꾼" 정도로 새길 수 있습니다. 다음 책인 "말라기"라는 제목에서도 쓰인 말입니다. 그러니 이 천사가 어떤 모습을 하고 있었든지 하나님이 보이신 환상을 해설해 주는 역할을 한다는 점이 가장 중요합니다. 본문에서는 예언자 스가랴가 어떤 환상을 보면, 천사가 그 뜻을 아는지 묻습니다. 스가랴는 다시 그 뜻을 천사에게 가르쳐 달라고 요청합니다. 그런 뒤에 천사가 환상의 뜻을 해설해 주는 식으로 본문이 이어집니다. 사실 스가랴서에 있는 모든 환상이 비슷하게 이루어져 있습니다.

본문을 한 번 살펴봅시다. 1-3절을 보면, 앞선 환상들에서도 스가랴와 이야기를 나눈 천사가 스가랴에게 무엇이 보이는지 묻습니다. 이 물음에 스가랴는 2절과 3절에서 자신이 본 것 두 가지를 묘사합니다. 2절에서 스가랴는 일곱 등잔이 있는 "순금 등잔대"를 보았다고 말합니다. 3절에서는 그 등잔대 곁에 감람나무 두 그루가 있는 것을 보았다고 말합니다. 그러자 4절에서 스가랴는 그 환상이 무슨 뜻인지 다시 묻습니다. 그러나 5절에서 천사의 되물음에 스가랴는 환상의 뜻을 알지 못한다고 대답합니다.

이어서 6절부터 천사의 말이 이어집니다. 6절을 함께 읽어봅시다.

> "그가 내게 대답하여 이르되 여호와께서 스룹바벨에게 하신 말씀이 이러하니라 만군의 여호와께서 말씀하시되 이는 힘으로 되지 아니하며 능력으로 되지 아니하고 오직 나의 영으로 되느니라"

그런데 이렇게 시작한 이 단락을 가만히 읽어 보면, 이 말씀은 6절에서 보듯 스룹바벨을 향한 신탁입니다. 그러니 천사의 이 말은 스가랴가 본 환상에 대한 직접적인 해설은 아닌 셈입니다. 6절에서는 예루살렘 성전을 재건하는 데 지도자 역할을 할 스룹바벨이 어떤 마음가짐을 가져야 할지를 가르쳐 줍니다. 오늘 설교의 제목처럼 인간의 힘이나 능력이 아니라 오로지 하나님의 영으로 가능하다는 점을 분명히 해 두라는 것이지요. 7절은 실제로 성전 재건을 시작하는 모습을 그려줍니다. 7절 첫머리에서 말하는 "큰 산"이 "평지"가 되는 일은 성전 건축을 위해 돌을 떠오는 모습을 그려준다고 새길 수 있습니다. 이어지는 본문에서는 성전의 머릿돌 하나를 놓을 때도 하나님의 은총을 간구하는 정성스러운 모습을 그려줍니다. 8-9절에서 성전을 건축할 스룹바벨은 하나님이 직접 보내셨음을 강조하여 그 권위를 높여줍니다. 그리고 10절 앞부분, 그러니까 "작은 일의 날이라고 멸시하는 자가 누구냐 사람들이 스룹바벨의 손에 다림줄[1]이 있음을 보고 기뻐하리라"까지의 말씀은 성전 건축을 주도할 스룹바벨의 영적 권위를 마무리합니다.

흥미롭게도 스가랴가 본 환상에 대한 설명은 10절 뒷부분에서 "이 일곱은 온 세상에 두루 다니는 여호와의 눈이라 하니라"라는 말씀에서 시작합니다. 이 말씀은 스가랴의 환상에 나왔던 일곱 등잔의 의미를 풀어줍니다. 이 말씀은 창조주요 통치자이신 하나님이 성전 재건을 추진하는 예루살렘뿐만 아니라, 온 세상을 주의 깊게 살피신다는 뜻이 있겠습니다.[2] 등잔으로 상징한 성전에 임재하시는 하나님이 세상을 통치하신다는 사실을 빗대어 표현한 말이겠습니다.

이어지는 11-12절에서 스가랴는 다시 천사에게 등잔대 좌우에서 본 두 감람나무의 뜻이 무엇인지 질문합니다. 13절에서 천사는 스가랴가 정말 그 뜻을 모르는지 다시 확인한 후, 14절에서 그 뜻을 간단히 설명합

---

1) 우리말 성경에서 "다림줄"로 옮긴 히브리어 본문 הָאֶבֶן הַבְּדִיל 하에벤 하브딜의 뜻은 명확하지 않다. 이 표현은 돌을 뜻하는 אֶבֶן 에벤과 은이나 놋쇠 등의 합금을 뜻하는 명사 בְּדִיל 브딜이 연이어 쓰였는데, 문법적으로 명사가 이어진 이른바 연계 상태라면 "돌" 앞에 정관사가 있는 것이 어색하다. 뜻으로 보아도 돌과 금속이 함께 쓰이는 것이 어울리지 않는다. 그래서 히브리어 성경 편집자는 이 본문이 원래 "머릿돌"הָאֶבֶן הָראשׁה이었을 것으로 추측하지만, 이 또한 그리 개연성이 높아 보이지는 않는다. 아마도 주석을 추출하는 광석tin stone을 표현할 수 있을 것이며, 아마도 지금은 알려지지 않았지만, 고대 건축과 관련한 전문용어terminus technicus였을 가능성이 크다. 이 낱말에 대한 논의는 C. L. Meyers/E. M. Meyers, *Haggai, Zechariah 1-8*, AB 25B (Garden City/New York: Doubleday & Company, 1987), 253 참조.

2) 참조. 앤드류 E. 힐/유창걸 옮김, 『학개, 스가랴, 말라기』, 틴데일 구약주석 시리즈 28 (서울: CLC, 2014), 218.

니다. 이 두 감람나무는 기름부음받은 자들, 그러니까 본문에서 드러내서 언급하지는 않지만, 대제사장 여호수아와 유다 총독 스룹바벨을 뜻할 것입니다. 결국 성전을 상징하는 등잔에 불을 켤 수 있는 기름을 공급하는 역할로 이 두 지도자를 감람나무에 빗대었다고 할 수 있습니다.

본문은 이렇게 마무리하여, 성전 재건을 앞둔 유다 백성들을 향해서 이 일을 주도할 두 지도자의 권위와 중요성, 그리고 성전 재건의 필요성을 강조하는 환상임을 알 수 있습니다.

결단의 말씀

여러분, 스가랴의 이 환상을 통해서 오늘 우리는 어떤 교훈을 새겨볼 수 있을까요? 여러 가지가 있겠지만, 오늘 우리는 환상을 전하는 이 본문의 구성과 잘 알려진 6절의 말씀을 통해서 하나님이 오늘 우리에게 주시는 음성을 두 가지로 새겨보겠습니다.

1. 질문하는 신앙

앞서 말씀드린 대로 스가랴의 환상 본문은 예언자에게 주어진 환상의 신탁과 그것을 해석해 주는 천사 사이의 질문과 대답으로 이루어져 있습니다. 이 현상은 하나님의 말씀을 그대로 받아서 전했던 초기 예언자들에게서는 찾아볼 수 없는 독특한 형태입니다. 앞서 말씀드린 대로, 헬레니즘 시대까지 책이 서서히 완성되어갔던 것으로 보이는 다니엘서에서 이런 현상을 찾아볼 수 있고, 신약성경으로 가면 요한계시록에서도 찾아볼 수 있습니다. 아마도 바벨론 포로기 이후 신구약 중간시대로 가면서, 헬레니즘 철학에서 묻고 답하는 식의 교육에 익숙한 사람들에게 전하는 말씀의 새로운 형식으로 볼 수도 있습니다. 특히 이때 천사의 존재가 두드러지게 강조되기 시작했다는 점에서 예언자와 하나님의 신탁을 이어주는 존재로 천사가 등장했을 수도 있습니다.

어쨌거나 오늘 우리의 눈길을 끄는 점은 대화입니다. 사실 스가랴서에 나오는 환상들, 다니엘서에 나오는 환상들로 드러난 신탁들은 직관적으로 이해하기에는 매우 어렵습니다. 상징적인 이런 신탁은 천사들이 해석해 주는 과정이 필수였습니다. 이런 해석과정을 통해서 상징은 현실에 구체화하고, 적용될 수 있는 교훈으로 살아나게 되었습니다.

여러분, 오늘 우리에게 성경은 과연 어떻습니까? 설교 첫머리에서 저는 여러분에게 매일 홍수처럼 쏟아지는 수많은 정보 가운데서 하나님의 백성답게 올바른 선택을 하며 살아가야 하는 과제를 말씀드렸습니다. 이 과제를 수행하는 데 가장 중요한 지표는 당연히 성경입니다. 만약 기독교인이 성경을 멀리한다면 그 사람은 절대로 올바른 신앙생활을 이어갈 수 없을 것입니다. 특히 우리 한국교회는 이 말씀 사랑의 바탕 위에 세워졌습니다. 여러분도 잘 아시듯, 20세기 초반 우리나라 교회 선교 초기에 원산과 평양을 중심으로 부흥의 불길이 뜨겁게 일었습니다. 이때 그 부흥을 이끌었던 구심점은 말씀을 향한 열기, 성경공부의 열기였습니다. 1905년 2월 13일자 대한매일신보는 평양에서 있었던 성경공부의 열기를 이렇게 보도하였습니다.

> "음력 11월 20일(양 1904.12.26)경에 평양 야소교회당에서 성경공부를 시작할제 평양 량도의 일반 교인들이 구름가치 모혓난대 그 시에 착한 사업에 경영이 만하 회당 교회는 익익 왕성한다 하니라."

이런 전통을 우리는 당연히 오늘 우리 교회에서도 이어가야 하겠습니다. 당연히 우리 신앙의 기초는 말씀이 되어야 하겠습니다. 그런데 성경을 한번 읽고 다 이해한다는 말은 거짓으로 여겨도 될 정도로 성경 본문은 대번에 이해하기에는 어렵습니다. 무엇보다 지금부터 적게는 이천 년, 많게는 삼천 년 전의 역사와 문화와 사회를 배경으로 하는 이 본문들을 우리가 어떻게 한 번에 읽고 다 이해할 수 있겠습니까?

여러분은, 더 나아가서 한국교회의 교인들은 과연 성경을 읽으시면서, 또 설교를 듣거나 성경공부를 하시면서 얼마나 질문을 해 보았을까요? 신학교에서 저는 성경을 해석하는 방법을 다루는 과목에서 항상 본문을 향해 질문하는 데서 시작하라고 힘주어 부탁합니다. 이것은 여러분에게도 마찬가지입니다. 성경을 읽고 올바르게 이해하고 적용하는 첫걸음은 본문을 향한 질문에서 시작합니다. 물론 그 질문에 대한 해답을 스가랴 예언자의 경우처럼 천사가 해 주면 좋겠는데, 오늘 우리에게는 그 천사의 역할이 지도자와 함께 성경 말씀을 공부해가는 과정이겠습니다. 오늘 하나님은 우리 가운데서 말씀을 두고 묻고 열띠게 답을 찾아가고 함께 적용하며 나누는 모임이 뜨거워지기를 바라십니다. 1900년대 초반의 그 뜨거운 성경공부의 열기가 다시 이 땅에 일어나기를 바라십니다. 그러면 우리 주님께서는 스가랴에게 환상으로 신탁을 주셨듯이 오늘 우리에게도 우리가 발 딛고 서 있는 이 땅을 향한 말씀을 생생히 들려주실 것입니다.

2. 모든 선택과 결정, 실행은 오로지 하나님의 영으로만 가능합니다.

오늘 본문 말씀은 사실상 성전 재건의 중요성과 그 지도자인 대제사장 여호수아와 총독 스룹바벨의 신적 권위를 강조하고 있습니다. 그런데 앞서 살펴본 것처럼 6-10절 전반절은 환상에 덧붙여서 성전 재건을 실제로 이끌어갈 스룹바벨을 향한 말씀이 들어가서 도드라져 보입니다. 스룹바벨은 성전 재건을 이끌어갈 신적 권위를 하나님께 부여받았습니다. 그런데 이 일은 하나님의 임재, 하나님의 세상 통치와 관련한 하나님의 일입니다. 그러므로 그 일의 주도권은 여호수아도, 스룹바벨도 아닌 하나님께 있음을 분명히 인정해야 하는 것은 당연합니다. 잘 알려진 6절 말씀이 이것을 강조하는데, 이 말씀을 다시 봅시다.

> "그가 내게 대답하여 이르되 여호와께서 스룹바벨에게 하신 말씀이 이러하니라 만군의 여호와께서 말씀하시되 이는 힘으로 되지 아니하며 능력으로 되지 아니하고 오직 나의 영으로 되느니라"

이 말씀에서 우리는 먼저 신앙인으로 어떤 일을 결정하는 데 조심해야 할 것 두 가지를 먼저 배울 수 있습니다. 첫째, "힘"חיל, 하일에 의지하려는 태도입니다. 이 낱말은 구약성경에서 실제로 물리적인 힘을 뜻하기도 하지만, 사회적 영향력창 47:6; 출 18:21, 25; 사 5:22이나 재산을 뜻하기도 합니다창 34:29; 사 10:14; 욥 20:15. 더 나아가서 군사력출 14:28; 15:4을 뜻하기도 합니다. 그러니 이런 태도는 외적 조건으로 어떤 일을 결정하려는 태도를 생각할 수 있겠습니다. 둘째, "능력"כח, 코아흐에 의지하려는 태도입니다. 이것도 마찬가지로 물리적인 힘도 의미하지만, 앞선 낱말처럼 영향력단 1:4; 대상 26:8이나 재물욥 6:22; 36:19; 잠 5:10; 스 2:69을 뜻할 수도 있습니다. 흥미롭게도 이 낱말은 구약성경에서 부정적 의미로 폭력이나 횡포, 학대를 뜻하기도 합니다전 4:1. 이는 겉으로 드러나는 힘을 쓰는 데 사람을 잃더라도 어떤 수단이든 상관없다는 태도를 생각해 볼 수 있습니다.

물론 이런 힘과 능력은 하나님의 일을 하는 데 중요한 수단입니다. 하지만, 이 힘과 능력에 하나님의 영이 빠지면 그것은 하나님의 일이 아닙니다. 성경에서 하나님의 영은 우리에게 생명을 주시는 능력입니다욥 27:3; 33:4; 시 104:30; 창 1:2; 6:3; 사 34:16. 하나님의 영은 우리가 지혜롭게 판단하여 결정할 수 있도록 이끌어 주시는 힘입니다욥 32:8. 더불어 하나님의 영은 좋은 결과로 이끌어 주시고시 51:12, 가르쳐 주십니다학 2:5; 시 143:10; 느 9:20. 구약성경에서 군사이든지 통치자이든지, 예언자이든지 하나님의 영은 이 모든 사람이 맡은 분야에서 잘 판단하여 결정하고 행동할 수 있도록 이끄셨습니다. 그러니 오늘 우리도 개인의 삶에서건, 교회의 일에서건 성령님의 이끄심에 따르려는 간구가 가장 우선해야 하겠습니다. 이를 위해서 앞서 살펴본 대로 말씀을 향한 열정에서 시작하여 일의 결정과 실행에 앞서 성령의 임재를 위해 간구하는 일에 힘써야 하겠습니다. 오늘 우리 한 사람 한 사람은, 또 우리 교회는 무엇을 결정하려고 하고 있습니까? 그 결정에 앞서 우리 주님이 우리에게 오로지 하나님의 영으로만 가능하다고 하시는 말씀을 귀 기울여 들어야 하겠습니다.

주님의 사랑하시는 성도 여러분!

오늘 우리는 삶 가운데서 어떤 정보를 어떻게 선택하여, 삶의 행보를 결정하고 있습니까? 오늘 다시금 우리의 결정에 말씀이 기준인지 되돌아볼 수 있어야 하겠습니다. 그리고 한 걸음 더 나아가서 그 말씀을 얼마나 진지하게 읽고, 이해하고 적용하려고 노력하는지 돌아보아야 하겠습니다. 그럴 때 우리 주님의 성령이 우리 가운데서 주님의 일을 주님의 뜻대로 아름답게 이루어주실 것입니다.

죄악을 제거하시는 하나님

...

스가랴 5:1-11

허신욱

(영동교회)

도입

한국교회는 1907년 평양 대부흥을 기억합니다. 교회 공동체 앞에서 각자의 죄악을 고백하며 자신의 죄악된 행동을 멈추고 하나님에게 돌아섰던 그때, 하나님이 주셨던 영적 부흥의 순간을 기억합니다. 그리고 그 부흥이 언제고 다시 일어나기를 소망하고 지내왔습니다. 그래서 2007년 평양 대부흥 100주년을 맞이하여 한국교회는 "평양대부흥 100주년 기념대회"를 성대하게 치렀습니다. 10만 명에 달하는 성도들이 함께 모여 가슴을 치며 회개했고, 당시 행사에 순서를 맡으셨던 목사님들 또한 대표기도 자리에서 여러 가지 죄목에 대해 간절한 회개기도를 드렸습니다. 하지만 이 회집 이후 16년이 흐른 현재 한국교회는 어떤 상황입니까? 통계적으로 볼 때 200만 명 이상의 성도가 감소했을 뿐 아니라, 지금도 지속적으로 성도 수가 줄고 있습니다. 숫자만 줄어든 것이 아니라, 교회의 대 사회적 신뢰도 또한 바닥을 치고 있습니다. 교회 지도자에 대한 존경과 믿음은 회복이 어려운 상태로 향해 가고 있습니다. 교회가 사회에 던지는 현안들은 더 이상 사람들의 마음에 감동을 주지 않고 있습니다. 교회가 사회의 소망과 대안이 아니라, 사회가 교회를 걱정하는 현상까지 일어나고 있습니다.

오늘날 한국교회가 처해 있는 상황이 스가랴 예언자가 살던 시대와 어쩌면 유사하다 할 수 있습니다. 다윗 왕조의 영광은 오래전에 끝이 났고, 나라는 쇠락해 가다가 결국 앗수르와 바벨론에 의해 나라는 망하고 자신들은 포로로 잡혀갔습니다. 하지만 하나님의 약속의 말씀에 따라, 오랜 포로생활이 끝나고 주전 538년 고레스왕의 칙령에 의해 일부 포로민들이 고향 땅으로 귀환했습니다. 그들은 하나님의 성전을 재건할 꿈을 가지고 귀환했습니다. 다윗 왕조의 영광이 재현되기를 기대하였습니다. 성전 기초를 놓았고, 조국을 다시 회복시키실 하나님의 역사를 기대했습니다. 하지만 상황은 쉽게 흘러가지 않았습니다. 경제적인 빈곤으로 힘들어했습니다. 농업에 기반한 생산수단은 척박한 땅에서 풍요로움을 가져다주지 못했습니다. 과도한 세금으로 그들의 삶의 무게는 더욱더 무거워졌습니다. 사회는 나뉘어 있었습니다. 유대 땅에 남아 있었던 이들과 포로지에서 돌아온 이들 간에 하나 될 수 없는 큰 간격이 있었습니다. 사마리아에서 권력을 행사하고 있던 이들은 성전이 재건되면 자신들의 영향력이 줄어들 것을 우려하여서 어떻게 하든지 성전 재건이 성공적으로 마쳐지는 것을 막으려고 하였습니다. 이들의 획책으로 결국 성전 재건은 도중에 중단되었습니다. 귀환민들을 꿈에 부풀게 했던 성전 재건의 위대한 목표가 사라져 버렸습니다. 성전이 재건되면 위대한 다윗 왕조의 영광을 재현할 수 있을 것이라고 믿고 고국 땅을 밟았는데 그것이 허황된 꿈이 되어버린 것 같았습니다. 이제 그들은 성전 재건을 포기하고 각자의 삶으로 돌아가 어떻게 하면 그 척박한 땅에서 잘 살 수 있을까 생각하며 현실과 타협하는 중이었습니다. 성전을 짓는 것이 아니라 자신의 집을 잘 짓기 위해 애쓰는 상황이었습니다. 무너져 있는 성전을 방치하고 자신의 집을 올리려는 생각에 매몰되어 있었습니다^{학 1:4}. 이런 상황에서 하나님은 스가랴 예언자를 통해서 하나님이 꿈꾸고 계신 미래를 이스라엘 백성들에게 들려주십니다.

당시 귀환 공동체에 울려 퍼진 스가랴 예언자의 말씀은 오늘 우리가 새겨들어야 할 하나님의 말씀입니다. 교회가 세상의 놀림이 된 이 상황에서도 우리는 여전히 하나님의 일하심을 기대하고 기도합니다. 참된 부흥을 꿈꾸며 온전한 회복을 소망하고 있습니다. 교회가 회복되길 원하고 있습니다. 그런데 무엇을 통해서 주님이 세우신 몸된 교회가 회복될 수 있을까요?

본문 강해

1. 하나님의 계획

우리는 먼저 명확한 하나님의 계획을 보아야 합니다. 하나님의 계획은 회복이었습니다. 스가랴 5장은 스가랴 예언자가 보았던 연속적인 밤의 환상들에 속해 있습니다. 하나님은 스가랴 5장에 언급된 두 환상에 앞서서 연속적인 밤의 환상 속에서 분명한 당신의 계획을 말씀하셨습니다.

하나님은 이스라엘 백성들에게 돌아오겠다고 확언하셨습니다. 그리고 예루살렘에 하나님의 성전이 세워질 것이라고 말씀하셨습니다^{1:16}. 그리고 예루살렘 성에는 사람들이 많아져서 그 경계가 확장될 것이라고 하셨습니다²:⁴. 대제사장 여호수아가 입고 있던 더러운 옷을 벗기고, 깨끗하고 아름다운 옷을 입힐 것이라 하셨습니다. 그리고 그의 머리에는 깨끗한 관을 씌우셨습니다 ³:⁴⁻⁵. 성전의 기초를 놓았던 스룹바벨이 성전을 완성할 것이라고 말씀하셨습니다 ⁴:⁹. 스가랴 1-4장에 기록된 환상 속에서 하나님은 당신이 계획하고 계시고, 당신이 이루실 예루살렘의 회복에 대해서 말씀하신 것입니다. 공사가 중단되었던 성전이 다시 지어져 완성될 것이고, 그 성전이 있는 예루살렘 성을 사람들로 붐비게 할 것이고, 정결케 된 대제사장이 그곳에서 제사장 직무를 수행하면서 이스라엘을 다시금 하나님의 거룩한 나라로 세워갈 것임을 말씀하셨습니다. 이것이 하나님의 중심에 있는 계획이었습니다. 이스라엘이 나라의 멸망을 경험하였고, 포로됨을 경험하였고, 성전 재건의 계획이 중단되는 것을 경험하였지만, 하나님은 이러한 절망적인 상황에서도 예루살렘을 회복하고 성전을 완성하겠다는 당신의 계획을 천명하고 계신 것입니다. 이러한 하나님의 계획을 이스라엘은 마음에 품고 있어야 합니다.

동일하게 오늘날을 살아가고 있는 우리도 이 땅을 향한 하나님의 계획이 소망임을 분명히 인식해야 할 것입니다. 하나님은 말씀하셨습니다. "너희를 향한 나의 생각을 내가 아나니 평안이요 재앙이 아니니라 너희에게 미래와 희망을 주는 것이니라"렘 29:11. 교회가 세상의 비난이 되는 이 상황에서도, 성도 수가 줄고 있고, 다음 세대가 사라지고 있는 이 순간에도 하나님은 예수 그리스도의 피로 세운 교회를 향해서 말씀하고 계십니다. "내가 이 반석 위에 내 교회를 세우리니 음부의 권세가 이기지 못하리라"마 16:18. 하나님이 주인 되신 교회는 결코 망하지 않고 세상 속에서 빛으로 드러날 것입니다.

2. 그러나 잠깐

이스라엘을 향한 하나님의 계획이 예루살렘의 번성과 성전의 재건이라면, 그러한 내용이 선포된 스가랴 4장에서 환상은 마쳐도 되지 않겠습니까? 부흥과 회복을 꿈꾸는 이스라엘 백성들이 듣고 싶은 말들은 다 선포된 것이 아닙니까? "불타 무너져버린 성전을 내가 지을 것이다! 예루살렘 성은 번성할 것이다! 위대한 대제사장이 일어날 것이다! 나 여호와도 너희들에게 돌아가겠다!" 이 말씀 외에 더 무엇을 귀환 공동체가 듣고 싶어 했겠습니까? 어떤 말씀이 더 필요했겠습니까? 하지만 하나님의 말씀은 회복에 대한 약속에서 멈추지 않습니다. 예언자가 보는 환상은 멈추지 않았습니다. 하나님은 또 다른 환상을 스가랴에게 보여주셨습니다. 여전히 들어야 할 하나님의 말씀이 남아 있는 것입니다.

3. 예언자의 태도: 하늘을 향하여 눈을 들다

하나님이 보여주신 또 다른 환상을 통한 하나님의 마음을 이야기하기 전에 우리는 예언자의 태도에 주목할 필요가 있습니다. 성전과 예루살렘성의 회복에 대한 말씀을 들은 스가랴 예언자는 이제 하나님의 말씀을 다 들었다고 여기지 않은 듯합니다. 그는 다시 눈을 들어 봅니다. "내가 다시 눈을 들어 본즉"5:1. 하나님이 보라고 말씀하신 것이 아닙니다. 4장에서 이미 하나님으로부터 말미암는 국가 회복의 말씀은 다 들었지만, 어찌 된 일인지 스가랴 예언자는 여전히 눈을 들고 하늘을 바라봅니다. 무언가 더 들어야 하는 하나님의 말씀과 이상이 있다고 여기는 태도이지요. 이 태도가 중요합니다. 하나님의 사람들이 가져야 할 태도입니다. 하나님의 말씀을 따라 삶의 방향을 정하는 이들이 취해야 하는 태도입니다. 예언자는 세상의 상황을 보면서 절망에 빠지는 사람이 아닐 뿐 아니라, 또한 하늘의 소리를 들었다고 해서 이제 다 되었다 만족하면서 더 이상 하늘의 소리에 귀를 닫는 이가 아닙니다. 예언자는, 하나님의 사람은 항상 하늘을 향해 눈을 들고 하나님에게 주목하는 사람이 되어야 합니다. 하나님이 보여주시고 들려주시는 그 말씀과 이상에 집중해야 합니다. 상황이 어려운 때에라도, 성전이 완공되지 않고 버려진 상태에도 스가랴 예언자는 하늘의 소리를 듣기 위해 귀를 기울이고 있었습니다. 또한 회복의 약속이 환상 속에서 선포된 순간에도 그는 만족하지 않고, 여전히 들어야 할 하나님의 말씀이 없는지, 하나님이 보여주시기를 원하시는 이상은 없는지 하나님에게 주목하는 사람이었습니다. 오늘날 한국교회에도 하늘과 대화를 하는 사람이 필요합니다. 자기 생각을 마치 하나님의 뜻인 양 소리소리 높이는 사람이 아니라, 하늘을 향하여 눈을 들고 귀를 열고 하나님에게 집중하는 이들이 있어야 합니다. 그리고 우리는 물어야 합니다. 하나님 이것은 무슨 뜻입니까? 이것을 통해 하나님이 말씀하고자 하시는 것은 무엇입니까? 이것이 바로 스가랴 예언자가 보여주는 예언자의 참 태도입니다.

4. 예언자가 본 것: 날아가는 두루마리와 여인을 품은 에바 곡물 바구니

이제 스가랴 예언자가 무엇을 보았는지 살펴보겠습니다. 5장에서 스가랴 예언자는 두 가지 환상을 봅니다. 첫 번째 환상은 날아가는 두루마리이고 두 번째 환상은 에바 속에 있는 한 여인에 관한 것입니다. 첫 번째 환상에서 등장한 날아가는 두루마리 양편에는 저주의 말씀이 기록되어 있습니다. 하나님의 언약의 계명들을 지키지 않는 이들에게 임할 저주가 기록된 두루마리입니다. 특별히 도둑질하는 자와 하나님의 이름으로 헛되이 맹세하는 자, 즉 거짓 맹세자 혹은 위증자에 대한 저주의 말씀입니다. 하나님은 이 두루마리를 직접 보내셨고[5:4], 이 두루마리는 도둑질하는 자와 거짓 맹세하는 자의 집에 가서 그 집에 머무르면서 그 집을 완전히 파괴해 버릴 것이라고 말씀하십니다. 두 번째 환상에서 예언자는 그가 스스로 무엇인지 파악할 수 없는 그 무엇을 봅니다. 천사는 그것이 곡식을 담는 바구니인 에바임을 알려줍니다. 그리고 그 안에 한 여인이 앉아있는데 그 여인은 악이라고 말씀하십니다. 악이라 불리는 이 여인이 곡물 바구니에서 나오려고 할 때, 그 천사는 여인을 다시 곡물 바구니에 던져 놓고 그 입구를 납으로 닫아둡니다. 그러고는 날개 달린 두 여인에 의해서 시날 땅으로 옮겨가 그를 위해 준공된 처소에 머물게 될 것이라는 이야기를 듣습니다.

5. 두 환상의 의미: 악을 제거하시는 하나님

이 두 환상은 하나님이 악에 대해서 어떤 일을 하고자 하시는지 알려줍니다. 이 환상은 하나님의 행동을 드러냅니다. 날아다니는 두루마리는 하나님의 말씀입니다. 에스겔 예언자는 두루마리를 받아먹고 하나님의 말씀을 전했고[겔 3:1], 예레미야 예언자는 하나님이 전하는 말씀을 바룩을 통해 두루마리에 적었습니다[렘 36:4]. 두루마리는 다름 아닌 하나님의 기록된 말씀을 나타냅니다. 동일하게 스가랴 예언자가 본 날아가는 두루마리에도 온 땅에 영향을 미치는 하나님의 말씀이 적혀 있는데, 특별히 이 두루마리에는 세상의 죄에 대한 저주의 말씀이 적혀 있습니다. 많은 저주의 말씀 중 특별히 이 두루마리에는 도둑질하는 자와 하나님의 이름으로 거짓 맹세를 하는 이에게 임할 저주의 말씀들이 기록되어 있고, 이 두루마리는 이들의 집으로 가서 그 집을 다 무너뜨립니다. 하나님이 도둑들과 위증자들에게 어떻게 하실 것인지를 말씀하고 계십니다. 도둑들과 위증자들이 거짓과 약탈로 세운 집을 부수어 그 악을 제거하고자 하시는 것입니다.

성전을 재건하고자 하는 이스라엘 귀환 공동체에 요구되는 것이 무엇이었을까요? 하나님이 성전을 재건하시고 예루살렘 성을 회복시키고자 하실 때, 선행되어야 하는 것이 무엇이었겠습니까? 그것은 바로 죄악의 소멸입니다. 그리고 그 죄악은 일반적이고 두리뭉실한 죄악이 아니라 구체적으로 지적되고 분명하게 드러나야 할 행동들입니다. 스가랴 5장에서는 특별히 도둑질과 위증하는 죄악에 주목합니다. 그 죄악에 대하여 하나님은 특별하게 말씀하고 계십니다.

열왕기상 21장에 도둑질과 위증이 복합적으로 드러나는 한 예를 발견할 수 있습니다. 바로 나봇의 포도밭을 갈취한 아합왕의 행동입니다. 아합왕은 이스르엘에 있는 그의 왕궁 가까이에 있는 나봇의 포도밭이 너무나도 좋게 보였습니다. 그래서 그것을 정당한 방법을 통해 매입하거나 교환하려고 하였습니다 왕상 21:2. 하지만 이것이 세상의 시장 논리에서 볼 때는 정당한 제안이었지만, 하나님의 율법에 따른 관점에서는 바른 제안이 아니었습니다. 나봇은 조상으로부터 받은 그 기업을 파는 것이 하나님이 기뻐하는 것이 아님을 알았기에 아합의 제안을 거절하였습니다 왕상 21:3. 이에 아합왕의 아내 이방 여인 이세벨은 "나봇이 하나님과 왕을 저주하였다"는 거짓말이 적힌 편지를 아합왕의 이름으로 인봉하여 나봇이 사는 성의 장로들에게 보내었고, 공식적인 재판자리에서 거짓된 증인을 내세워 나봇을 죽이고 그의 포도밭을 빼앗아버립니다. 이세벨은 위증을 통한 도둑질로 나봇의 포도밭을 아합왕에게 바쳤습니다. "경계표를 옮기지 말라"는 하나님의 율법을 따른 나봇은 위증과 도둑질을 아무렇지도 않게 일삼는 이세벨과 아합왕에 의해 죽임을 당하게 됩니다. 이런 모습이 귀환 공동체인 이스라엘 사회에도 있었으리라 여깁니다. 새로이 성전을 짓고 회복을 꿈꾸는 하나님의 백성

공동체에서 이런 악이 제거되어야 합니다. 하나님은 친히 그 악을 제거하겠다고 말씀하시는 것입니다.

두 번째 환상에서 악이라고 불리는 한 여인을 담은 곡물 바구니는 우상을 섬기는 귀환민들의 삶의 모습을 투영합니다. 풍성한 수확으로 곡물 바구니를 넉넉히 채우기 위해 이스라엘 백성들은 대대로 바알과 아스다롯을 섬겨왔습니다. 심지어 애굽으로 피난한 공동체는 하늘의 여신을 섬기는 것을 멈추었을 때부터 우리에게 궁핍이 임하고 우리가 칼과 기근에 망했다렘 44:17-18고 말할 정도로 이스라엘 사회 안에서 풍요를 위한 우상 숭배는 일상이었음을 알 수 있습니다. 귀환 공동체에게도 같은 문제들이 반복되었던 것 같습니다. 귀환민들이 돌아온 그 땅에서, 척박한 그 땅에서, 먹을 것이 없어서 힘든 하루하루를 보내는 그 상황 속에서 그들은 풍성한 수확을 얻기 위해 우상을 섬긴 것이었고, 이제 하나님은 그 악을 약속의 땅이 아닌 시날 땅이라고 명명되는 이방의 땅으로 그 여인 우상이 머물러 있어야 할 곳으로 보내버리겠다고 말씀하셨습니다. 하나님은 여인을 품은 에바 환상을 통해서 하나님이 이스라엘 사회에 만연한 풍요를 위한 우상 숭배를 제거할 것임을 선언하셨습니다. 이스라엘 귀환 공동체에서 풍요를 누리기 위해 섬겼던 우상을 제거하신 것처럼, 하나님은 오늘날 우리가 우리 안에서 풍요를 누리기 위해 섬기는 우상을 제거하고자 하십니다. 이 하나님의 마음에 우리가 순응하고 우리가 그 풍요의 우상을 우리 삶의 현장에서 제거해야 합니다.

오늘날 한국교회 안에 널리 퍼진 부인할 수 없는 병폐는 삶의 풍요가 하나님의 복이라는 인식입니다. 무의식중에 교회의 수적 증가와 헌금의 증가가 하나님의 일하심의 증거라고 여기고 있습니다. 대형교회 목사들의 목회는 성공한 목회요 개척교회 목사들의 목회는 실패한 목회라고 여깁니다. 세상과 교계 안에서 인정받는 방식으로 교회를 부흥시키기 위해 목회자들은 고군분투합니다. 교회를 외형적으로 부흥시킬 수 있는 능력이 있는 목사를 청빙하기 위해 교회의 장로들은 목회자들의 외형적 스펙을 비교하며 평가합니다. 이러한 모습들이 곡물 바구니를 채우기 위해 우상을 섬기는 이스라엘 백성들과 너무나도 흡사합니다. 이 곡물 바구니 안에는 악이라고 불리는 여인이 똬리를 틀고 있습니다. 이 여인이 있어야 할 곳은 하나님의 성전이 아니라 시날 땅입니다. 번영신학이 있어야 할 곳은 하나님이 세우시는 교회가 아닙니다.

도둑질과 거짓 맹세, 악이 똬리를 틀고 있는 곡물 바구니와 같은 것들은 하나님 아닌 다른 것을 추구하는 삶의 모습입니다. 하나님이 주신 것에 만족하지 못하고 더 가지기 위해 우상을 섬기면서까지 풍요를 추구하고 거짓말을 통해 남의 것을 빼앗으면서까지 나의 풍요를 추구하는 그 삶의 모습을 우리는 제거해야 합니다.

이 두 환상을 통해 하나님이 귀환 공동체에 하신 말씀은 너희가 온전한 회복을 누리기 위해서는, 성전 재건을 무사히 마무리 짓고 여호와의 영광이 다시 돌아오게 하기 위해서는 너희 속에 있는 죄악된 행동들과 풍요을 위해 우상을 섬기는 삶의 태도를 버려야 함을 말씀하고 계신 것입니다.

6. 하나님의 심판의 의미

우리는 하나님이 내리시는 복과 회복에 대한 약속의 말씀들은 듣기 즐겨하지만, 심판에 관한 말씀들은 받기 거북해합니다. 왜냐하면 심판은 하나님으로부터 버림받고 멀어지는 것을 의미한다고 여기기 때문일 것입니다. 하지만 하나님의 심판의 목적은 결코 버리기 위함이 아닙니다. '저주'[5:3]로 번역된 히브리어 '알라'는 언약을 의미하기도 합니다. 하나님은 당신의 약속을 온전히 이루시기 위해 '알라'를 실행시키십니다. 하나님은 거룩하신 분이시기에 죄악과 함께 거하실 수 없습니다. 그 죄악을 없애야 합니다. 하나님은 하나님의 백성과 함께하시기 위해 그들의 죄악을 철저하게 징벌하시고 제거하시는 것입니다. 도둑질과 위증하는 행동이 하나님의 언약의 저주에 의해 끊어지는 것이 바로 이스라엘의 사회가 정결해지는 길입니다. 그러하기에 날아가는 두루마리의 목적은 저주를 위함이 아니라 정화를 위함입니다. 도둑질하고 헛되이 맹세하는 자들을 정화시켜서 성전을 짓는데 합당한 이들로 만들기 위함입니다. 스가랴 5장에 언급된 저주는 이방신들이 내리는 한 개인을 망하게 하는 저주가 아니라 한 사람을 살리는 정화의 작업입니다. 또한 '끊어지다'5:3로 번역된 히브리어 '니카'는 '비난받지 않는 상태'를 뜻하기도 합니다. 죄된 행동을 그대로 두면서 비난하지 않는 것이 아니라, 죄를 없앰으로써 비난 받지 않는 상태로 만드는 것을 의미합니다. 하나님이 이스라엘의 죄를 드러내시고 벌을 주시는 목적이 바로 거룩한 하나님의 백성으로 살아가게 하기 위함임을 우리는 기억해야 합니다.

7. 이 일을 이루시는 분은 하나님

감사하게도 이스라엘의 죄악을 없애시는 분이 하나님이심을 말씀은 분명히 이야기합니다.

하나님은 말씀하셨습니다. "내가 이것을 보냈다"5:4. 도둑과 위증자의 집을 무너뜨리기 위해 하나님이 언약의 저주가 담긴 말씀을 성전에서 보내어 하나님의 입에서 나간 그 말이 역사하도록 하였다고 하십니다. 또한 악이 들어있는 그 곡물 바구니, 그것을 채우기 위해 끊임없이 우상을 섬겼던 이스라엘 백성들의 마음을 바꾸기 위해 하나님이 날개 달린 두 여인을 보내어서 그것을 시날 땅으로 보내버리시고 그곳에 유배시키십니다. 그리고 유대 땅을 다시 거룩하게 만드십니다.

8. 일의 결국

스가랴 5장의 환상을 보여주고 난 이후 6장에서 다시 한번 하나님은 여호와의 전이 건축될 것을 언급하십니다. 싹이라 이름하는 사람이 돋아나서 여호와의 전을 건축할 것이고[6:12], 먼 데 사람들이 와서 여호와의 전을 건축할 것[6:15]이라고 말씀하십니다. 하나님의 전이 온전히 완공되는 데 필수적인 것이 바로 이스라엘 귀환 공동체에 만연한 악의 제거임이 다시 한번 확언됩니다.

결단의 말씀

하나님은 악을 제거하시는 분이십니다. 그러하기에 하나님의 백성들 또한 그 마음에서, 그 삶의 자리에서, 악을 제거해야 합니다. 그 악은 구체적으로 거짓을 통해 남의 것을 빼앗으면서까지 자신의 삶을 윤택하게 만들고자 하는 악이며, 풍요로운 삶을 위해 하나님 아닌 우상을 섬기고 의지하는 마음입니다. 이러한 악에서 떠남으로 인해 하나님의 마음에 품고 계신 하나님 나라를 이루어가고, 주님의 몸된 교회를 든든히 세워나가는 신앙 공동체가 되기를 소망합니다.

하나님의 음성을 진실로 듣는다면

...

스가랴 6:1-15

양인철

(장로회신학대학교)

도입

누군가의 음성을 "경청하다"는 것은 어떠한 의미를 가지고 있을까요? 국립국어원의 정의에 따르면 "경청하다"는 "다른 사람이 말하는 것을 귀를 기울여 듣다"를 뜻합니다. 즉, 내가 누군가를 경청한다는 것은 말하는 사람의 말을 들을 때, 다른 생각을 하지 않고, 귀를 쫑긋 세우고, 그의 생각에 집중한 모습을 연상하게 합니다. 우리가 상대방의 말을 경청하게 되면, 화자와 청자 사이에 서로에 대한 신뢰가 생깁니다. 청자는 화자의 말을 오해하지 않고, 그 말을 실천할 수 있는 길이 열리게 되는 것입니다. 레리 바커는 『마음을 사로잡는 경청의 힘』에서 현대사회에서 경청은 매우 피곤한 일이 되어버렸다는 현실을 지적합니다. 현대인은 언제나 쉽게 온라인 검색을 통해 정보를 검색하고, 다양한 정보의 홍수에 빠져 있습니다. 그래서 막상 그들에게 필요한 메시지를 경청하는 자세가 점점 부족해지고 있음을 알 수 있습니다.

이러한 복잡다단한 사회에서 사는 우리 그리스도인은 어떻습니까? 과연 우리는 하나님의 음성에 경청하는 훈련이 되어 있을까요? 매 주일 강단에서 선포되는 말씀으로 영의 양식을 받았지만, 한 주 동안 생활의 현장에서 하나님의 말씀을 멀리하고 있지 않습니까? 오늘 스가랴 6장의 본문이 우리에게 주는 메시지는 분명합니다. "하나님의 음성을 진실로 경청하라"입니다. 하나님의 음성을 경청한다면, 하나님의 주권이 온 세계를 다스리는 힘이 있음을 알 수 있습니다. 하나님의 음성을 경청한다면, 우리는 어두운 세상에 평화의 말씀을 선포하는 그리스도 공동체를 세울 수 있습니다.

스가랴는 무너진 나라를 재건하고자 하는 포로 공동체를 위해 가장 필요한 말씀은 "하나님의 음성"을 경청하는 것임을 알고 있었습니다. 주전 587년 남유다는 바벨론에 의해 멸망하였고, 50년이 지난 주전 538년에 이르러 바벨론은 페르시아의 고레스왕에 의해 멸망하였습니다. 50년 간의 포로 생활을 경험했던 유다 공동체에게 희망의 길이 열립니다. 주전 520년경 고레스의 사위였던 다리오왕은 포로로 끌려왔던 유다 공동체가 예루살렘으로 가서 성전을 지을 수 있도록 허락하였습니다[1]. 스가랴는 사독 계열 제사장이었던 잇도의 손자였으며, 그의 이름은 "야훼께서 기억하신다"를 의미합니다. 스가랴는 그의 이름대로 야훼께서 바벨론에서 포로로 끌려갔던 공동체의 아픔을 기억하시고, 그들이 예루살렘으로 돌아와 새롭게 그들의 나라를 재건할 수 있는 희망의 메시지를 선포하였습니다. 스가랴는 귀환 공동체에게 그들의 조상이 행했던 죄에서 벗어나야 함을 선포합니다[6:4]. 또한, 스가랴는 1장에서 6장에 걸친 여덟 개의 환상을 통해 바벨론이라는 거대 도시를 무너뜨린 것은 하나님이며, 세상의 주권자임을 그가 받은 환상을 통해 선포합니다. 그리고 새롭게 재건될 사회에 대제사장과 다윗 왕가의 새로운 "싹", 지도자의 평화로운 관계를 통한 안정적인 사회를 선포합니다 6:9-15. 이와 같은 하나님의 메시지를 진심으로 경청한 유다 공동체는 무너진 나라를 다시 세울 수 있었습니다.

본문 강해

스가랴 6장은 두 개의 단락으로 구분해서 설명할 수 있습니다. 첫 단락은 6장 1-8절이며, 스가랴의 마지막 여덟 번째 환상이 기록된 단락입니다. 이 단락에서 스가랴는 붉은 말들, 검은 말들, 흰 말들, 얼룩말들이 온 세상으로 흩어져서 하나님의 심판을 수행하는 장면을 묘사합니다. 두 번째 단락은 6장 9-15절이며, 스가랴는 바벨론으로부터 귀환한 공동체가 세울 하나님의 성전에서 대제사장 여호수아가 그들의 미래의 지도자인 "싹"과 평화롭게 조화를 이루며 함께 일하는 환상을 기록하고 있습니다. 그리고 6장의 마지막 구절인 15절에서 스가랴는 이 일의 성취의 조건을 이야기합니다. "만약 너희가 너희의 하나님 야훼의 음성을 진실로 듣는다면 이 일이 이루어지리라." 성전 재건의 조건은 하나님의 음성을 진실로 들어야 가능하다는 것을 스가랴는 강조한 것입니다. 특히, 6장에서 스가랴는 하나님의 천사에게 질문하고, 듣는 과정을 통해, 하나님의 말씀을 경청하는 방법을 몸소 실천하고 있는 것입니다6:4.

6장에서 스가랴가 선포하는 하나님의 음성은 "하나님의 구원", "하나님의 심판", "하나님의 회복", "하나님의 평화"에 관한 말씀입니다. 각 구절에 기록된 말씀을 의미를 살펴보며, 오늘 우리에게 향한 하나님의 뜻을 함께 살펴보도록 하겠습니다.

첫째, 온 세상을 향한 하나님의 구원 섭리를 경청해야 합니다[6:1]. 1절 말씀에 스가랴는 구리로 만든 두 산 사이로부터 나오는 네 개의 병거에 대한 환상을 봅니다. 두 개의 산은 하나님께서 거주하는 장소를 의미합니다. 스가랴 8장 2절에서 온 이스라엘이 예루살렘으로 돌아오는 환상에서 하나님은 시온 산 예루살렘 도성에 거주하시고, 하나님께서 거주하는 산은 "거룩한 산"으로 표현됩니다. 스가랴 14장 4절에서 하나님께서 이방 나라들과 싸우실 때, 예루살렘 동편 올리브 산 위에 거주하시는 장면이 등장합니다. 이때 올리브 산이 두 개로 나뉘어져 산의 반쪽은 북쪽으로, 나머지 반 쪽은 남쪽으로 갈라지게 됩니다. 두 산이 구리로 만들어졌다는 것은 하나님의 구원과 관련되어 있습니다. 민수기 21장에서 이스라엘 백성이 광야 길을 걷다가 하나님을 원망합니다. 이때 하나님께서 보낸 불뱀으로 인해 죽음이 임합니다. 그들의 죽음 앞에서 모세가 백성의 중재자가 되어 하나님께 간구하였을 때, 하나님은 모세에게 구리로 만든 뱀을 나무에 달라고 명령합니다. 그리고 이 구리로 만든 뱀을 보았을 때, 백성들은 살아나는 역사를 경험하게 됩니다[민 21:9]. 스가랴 6장 1절에서 묘사된 하나님의 임재는 거룩한 하나님의 성전에서 임하는 구원을 의미합니다. 스가랴는 하나님이 이방 민족이 세상을 어지럽게 하는 것을 방관하지 않으시고, 하나님의 주권과 구원을 선포하는 것입니다.

오늘 우리 그리스도인에게 하나님의 구원은 어떠한 의미로 다가오고 있습니까? 하나님이 거주하시는 거룩한 교회에서 하나님의 임재를 경험하고 있습니까? 나를 위해 십자가에 달려 죽으신 예수 그리스도의 구원을 기억하고 있습니까? 우리는 온 세상을 다스리시는 하나님의 주권을 인정해야 합니다. 겉으로 보면 온 세상의 주권은 강력한 군대와 권력을 기반으로 세상을 지배하는 강대국 위주로 돌아가는 것 같습니다. 그러나 그 강력했던 바벨론, 페르시아, 헬라, 로마 제국 모두 흥망성쇠를 경험하였습니다. 역사의 주관자이신 하나님의 주권을 우리는 인정해야 합니다. 그리고 하나님은 우리를 위해 자신의 아들 예수 그리스도의 희생을 통한 구원을 예비해주셨습니다. 하나님의 주권과 구원을 우리는 인정해야 합니다.

둘째, 하나님은 온 세상에 임재하심을 경청해야 합니다 6:2-8. 구리로 만든 두 개의 산 사이로부터 등장한 존재는 네 개의 병거였습니다. 네 개의 병거를 끌고 가는 동물은 말이었고, 각각 붉은 색, 검은 색, 흰 색, 어룽진 색으로 표현되었습니다 6:2-3. 6장에서 스가랴의 환상 속 말은 1장에 등장한 말의 연장선상에서 이해되어야 합니다. 1장 10절에서 하나님의 천사는 말의 역할에 대해 "온 땅을 두루 다니면서 땅을 살펴보라고 하나님께서 보내신 말들"이라고 언급합니다. 마찬가지로 6장에 등장한 말들은 하나님의 명령에 따라 온 땅을 두루 다니며 살펴보는 역할을 합니다. 붉은 색 말은 1장에서 언급했기 때문에, 6장에서는 검은 색, 흰 색, 어룽진 색 말의 위치만 기록하였습니다. 검은 색 말은 북쪽을 향하고, 흰 색 말은 그 뒤를 따르고, 어룽진 색 말은 남쪽 땅으로 나아갑니다 6:6. 개역개정판에서는 "남쪽"으로 번역하였지만, 히브리어로 기록된 마소라 본문에서는 "데만"으로 표기하였습니다. "데만"은 하박국 3장 3절에서 하나님의 임재와 관련되어 등장하며, 남쪽 광야에 위치한 지역으로 이해됩니다. 온 세상으로 흩어진 말들은 모두 건장하며, 1장에서처럼 온 땅을 두루 살피며 하나님의 존재를 널리 알립니다 6:7. 다만 1장과 달리 6장은 이 땅이 평안하게 된 원인을 8절에 기록하였습니다. 1장 11절에서 온 땅을 두루 살핀 말들이 "온 땅이 조용하고 평안하다"고 표현하되, 왜 온 땅이 평안하게 되었는지 설명하지 않았습니다. 그러나 6장 8절에서 "북쪽을 향해 달려간 자들이 하나님의 영을 안식하게 하였다"고 기록된 것을 통해, 온 땅에 안식이 도래하는 방법을 알 수 있습니다. 8절의 "영"은 히브리어로 "루아흐"이고 "바람" 혹은 "영"으로 번역이 되며, 하나님께서 천지 창조를 하실 때, 수면 위에 운행하실 때 처음으로 등장합니다. "안식하게 하였다"로 번역된 히브리어 "누아흐"는 창세기 6-9장의 대홍수 사건에 등장한 "노아"의 어원과 관련되어 있습니다. 창세기 6장에서 온 인류의 죄악으로 인해 하나님이 물로 심판을 결심하였지만, 당대의 의인이며 하나님과 동행했던 노아로 인해 하나님은 안식하실 수 있었습니다. 이와 마찬가지로 스가랴 6장에서는 북쪽을 향해 달려간 말들이 북쪽을 심판함으로 하나님의 영이 안식하게 됨을 의미합니다. 그렇다면 북쪽에 위치한 나라는 무엇일까요? 5장에서 시날 땅 바벨론에 대한 심판을 예고한 것을 보았을 때, 6장 8절의 북쪽에 위치한 나라는 바벨론이며, 하나님의 심판이 바벨론에게 임할 것임을 알 수 있습니다.

하나님의 영이 북쪽 땅의 심판 이후 안식하게 되었다는 표현은 오늘날 우리 그리스도인에게 시사하는 바가 있습니다. 6장의 북쪽을 향한 말들은 하나님의 명령에 따라 움직이는 창조물이고, 그들은 온 땅에 위협이 되는 바벨론을 심판합니다. 그들의 심판은 하나님의 영을 평안하게 하였습니다. 우리는 어쩌면 하나님의 명령에 따라 이 땅에 평화를 가져오는 존재입니다. 그런데 우리 스스로 바벨론처럼 세상에 위협을 가져오는 존재가 아닌지 생각해 볼 필요가 있습니다. 창세기 1장에서 인간은 하나님의 형상대로 아름답게 창조되었습니다창 1:27. 즉, 우리는 하나님의 대리자로 자연을 아름답게 가꾸고 관리하는 역할로 창조된 것입니다. 그러나 온 세계는 인간의 자연 파괴로 인해 몸살을 앓고 있습니다. 환경오염으로 고통 받는 이 땅의 신음하는 소리는 마치 8절에서 천사가 스가랴에게 외칠 때 사용된 히브리어 동사 "짜아크"를 연상하게 합니다. 히브리어 동사 "짜아크"는 구약성경에서 이집트에서 고난을 압제 당하였던 이스라엘 백성들이 하나님께 구원을 부르짖을 때 사용된 동사입니다. 이 땅의 신음소리를 듣고 하나님은 외면하지 않으십니다. 이 땅에 하나님의 영원한 안식을 위해 우리에게 임할 심판의 목소리를 우리는 주목해야 할 것입니다.

셋째, 하나님의 부르심을 받은 자들은 하나님의 존재를 인정한 자들임을 경청해야 합니다. 두 번째 단락6:9-15에서 스가랴는 포로민으로부터 특별히 "헬대와 도비야와 여다야"로부터 금, 은을 받아 대제사장 여호수아를 위한 왕관을 만들 것을 이야기하고 있습니다6:10-11. 여기서 포로민으로 번역된 히브리어 "골라"는 바벨론 포로로 끌려간 유대 공동체를 지칭하며, 그들 중에서 하나님은 특별히 "헬대와 도비야와 여다야"를 언급합니다. 헬대는 구약성경에서 스가랴서와 역대상에만 등장하며, 역대상 27장 15절에서 옷니엘 자손 출신으로 다윗의 용사로 활동했던 자로 기록되었습니다. 도비야는 느헤미야서에서 느헤미야의 정책을 반대했던 암몬 자손의 지도자로 등장합니다느 6:17. 여다야는 제사장 가문으로 역대상과 느헤미야서에 등장합니다대상 9:10; 느 7:39. 그러나 성경 속 이름만으로 정확하게 스가랴가 예언했던 인물들을 파악할 수 없습니다. 다만 각각의 이름이 갖는 상징성을 우리는 기억할 필요가 있습니다. "헬대"는 "세상"을 의미하는 히브리어 명사 "헬레드"의 복수형 명사이며, 1인칭 단수 접미어와 결합된 형태입니다. 이를 직역하면 "나의 세상들"입니다14절에서 "헬대"는 "강함"을 의미하는 히브리어 명사 "헬렘"으로 바뀌어 등장합니다. "도비야"는 히브리어 형용상 "토브"와 "야훼"를 의미하는 히브리어 명사 "야"가 결합되어 "야훼는 선하시다"를 의미합니다. "여다야"는 "무언가를 알고 있다"를 의미하는 히브리어 동사 "야다"와 "야훼"를 의미하는 히브리어 명사 "야"가 결합되어 "야훼를 알다"를 의미합니다. 이처럼 하나님의 성전을 재건하기 위해 선택된 자들은 "하나님이 이 세상을 다스리시고, 하나님은 선하시며, 하나님에 관한 지식으로 충만한 자들"임을 알 수 있습니다. 그들이 하나님의 성전을 재건하는 데 앞장섰으며, 그들이 가진 재산을 아끼지 않고 하나님께 드릴 수 있었습니다. 이들이 바벨론으로부터 돌아와 찾아간 곳은 스바냐의 아들 요시아의 집입니다6:10. 스바냐는 시드기야왕 시대에 부제사장으로 활동했던 자입니다왕하 25:18; 렘 37:3. 바벨론 포로로부터 돌아온 자들은 제사장 출신 스바냐의 아들 요시아의 집으로 찾아갑니다. 여기서 주목할 점은 10절의 "요시아"는 "야훼께서 치유해 주신다"를 의미한다는 점입니다 14절에서 "요시아"는 "은혜"를 의미하는 히브리어 명사 "헨"으로 바뀌어 등장합니다. 남유다 마지막 왕 시드기야 시대에 남유다는 바벨론 제국에 의해 멸망하면서, 부제사장 스바냐는 바벨론 땅으로 끌려갑니다. 그러나 바벨론 제국이 멸망한 이후 "하나님이 이 세상을 다스리시고, 하나님은 선하시며, 하나님에 관한 지식으로 충만한 자들"을 통해 하나님의 재건을 명령하시며, 요시아의 집에서 하나님의 치유를 경험할 수 있었습니다.

이 세상이 온갖 인간의 죄악으로 무너졌다면, 이 무너진 세상을 재건하는 자들이 바로 우리 그리스도인입니다. 스가랴 6장에서 선포한 것처럼 우리 그리스도인은 "하나님이 이 세상을 다스리시고, 하나님은 선하시며, 하나님에 관한 지식으로 충만한 자들"이어야 할 것입니다. 이러한 마음을 가진 자들을 통해 하나님은 이 세상을 치유할 수 있습니다.

넷째, 영원한 하나님의 나라에서 다스리시는 하나님의 아들 예수 그리스도의 평화를 경청해야 합니다. 6장 11-14절에서 스가랴는 새롭게 재건될 성전에서 대제사장 여호사닥의 아들 여호수아와 성전을 통치할 다윗의 자손인 "싹"의 역할에 대해 언급하고 있습니다. 스가랴 3장에서 대제사장 여호수아는 더러운 옷을 입고, 그를 대적하는 사탄과 등장합니다. 그러나 그의 더러운 옷은 아름다운 옷으로 바뀌고, 정결한 왕관을 쓰게 됩니다[3:5]. 3장과 마찬가지로 6장에서 대제사장 여호수아는 새롭게 재건될 성전에서 바벨론 포로 공동체가 만들 왕관을 쓰게 됩니다[6:11]. 스가랴 4장에서 성전의 기초를 놓는 역할을 다윗의 후손이며, 포로로 끌려간 여호야긴의 손자인 스룹바벨에게 주어질 것을 이야기합니다. 그런데 스가랴 6장에서는 스룹바벨을 명시하지 않고, "싹"이라 이름하는 사람이 성전을 지을 것을 선포합니다[6:12]. "싹"이라 번역된 히브리어 명사 "쩨마흐"는 이사야 4장 2절에서 야훼의 날에 이스라엘의 살아남은 자들과 더불어 등장하는 단어이다. 특히, 다윗의 자손을 통해 하나님의 영원한 통치를 약속할 때에도 사용된 단어입니다[시 132:17]. 이는 성전의 회복은 스룹바벨에만 한정되어 있지 않고, 미래의 다윗의 후손인 "싹"을 통해 가능함을 보여주고 있습니다. 그리고 미래에 재건될 성전에서 대제사장 여호수아와 통치자 간에 갈등이 없고, 화평의 조언이 있을 것을 스가랴는 선포합니다[6:13]. 제사장과 왕이 평화롭게 공존하는 세상을 스가랴는 환상을 통해 본 것입니다.

그렇다면 과연 그가 본 하나님의 성전은 단순히 지상에서 새롭게 재건될 성전의 모습으로 국한 지을 수 있을까요? 아닙니다. 스가랴가 꿈꾸던 성전은 다윗의 후손 예수 그리스도의 통치가 임하는 곳이며, 그곳에 진정한 하나님의 평화가 선포된 곳입니다. 사실 제2의 예루살렘 성전은 주전 515년에 완성되었지만[스 6:15], 헬라 제국의 안티오쿠스 에피파네스 4세에 의해 예루살렘 거민은 대학살을 경험하였습니다. 이후 하스모니안 왕조의 헤롯왕에 의해 재건되었지만[주전 19년], 주후 70년에 로마 장군 티투스에 의해 성전은 다시 무너지게 됩니다. 로마제국에 의해 성전이 무너질 것에 대해 예수님은 이미 예고하셨습니다.^{마 24:1-2.} 사실 예수님이 말씀하시는 하나님의 성전은 단순히 지상 통치자에 의해 만들어지는 외적인 건물이 아니었습니다. 예수님이 선포하시는 하나님의 나라는 우리 안에 임하시며, 영원한 하나님의 통치가 이루어지는 곳입니다. 또한, 영원한 하나님의 나라에는 모든 피조물의 평화가 선포되는 공간입니다. 우리 그리스도인은 다윗의 후손이며, 모든 무너진 것들을 재건하는 "싹"이신 예수 그리스도께서 다스리시는 하나님의 나라를 이 땅에 선포할 책임이 있음을 기억해야 할 것입니다.

　다섯째, 말씀의 성취는 말씀을 진심으로 듣는 자들에게 임할 것을 경청해야 합니다. 스가랴는 미래에 재건될 성전을 예언하며, 그 예언의 성취를 위한 조건을 15절 하반절에 다음과 같이 선포합니다. "너희가 만일 너희의 하나님 여호와의 말씀을 들을진대 이같이 되리라." 히브리어 동사의 특이점은 동사 앞에 절대형 부정사가 연달아 사용되면, "정말로 무언가가 있을 것이다"로 번역이 됩니다. 15절에서는 "듣다"를 의미하는 "쉐마"라는 히브리어 동사 앞에, "쉐마"의 히브리어 절대형 부정사가 사용되었습니다. 따라서 15절 하반절의 히브리어 문장을 직역하면 다음과 같이 번역할 수 있습니다. "그러므로 이루어지리라 만약 너희가 진실로 너희의 하나님 야훼의 음성을 진실로 듣는다면." 바벨론으로부터 귀환한 포로 공동체가 하나님의 음성을 정말로 듣는 마음을 가질 때, 스가랴가 꿈꾸었던 환상들이 현실로 이루어질 수 있음을 알 수 있습니다.

　암울한 이 시대에 하나님의 나라를 선포하고, 하나님의 평화를 선포하기 위해서 우리는 하나님의 음성을 진심으로 경청하는 마음을 품어야 합니다. 솔로몬왕은 첫 번째 하나님의 성전을 건축한 자이며, 그가 하나님께 인정받을 수 있었던 것은 "하나님의 음성을 듣고자 노력한 자"였음을 기억해야 할 것입니다. 성전이 건축되기 전에 기브온에서 솔로몬은 꿈 속에서 하나님을 만납니다. 그 때 하나님은 솔로몬이 원하는 것이 무엇인지 질문하였을 때 솔로몬은 다음과 같이 응답합니다.

"누가 주의 이 많은 백성을 재판할 수 있사오리이까 듣는 마음을 종에게 주사 주의 백성을 재판하여 선악을 분별하게 하옵소서" 왕상 3:9

하나님은 그의 고백에 감동하셨고, 그에게 지혜를 주셨습니다. 그리고 솔로몬왕은 하나님의 성전을 최초로 지은 자로 성경에 기록되었습니다. 이처럼 우리는 하나님의 음성을 진심으로 듣고, 실천하는 믿음의 자세를 가져야 할 것입니다.

결단의 말씀

주전 587년 바벨론으로 포로로 끌려간 유다 공동체는 예언자 예레미야가 선포한 대로 70년이 지난 주전 515년에 이르러 하나님의 성전을 재건할 수 있었습니다. 70년의 긴 세월 동안 포로 생활을 하면서, 유다 공동체는 하나님의 말씀에 대한 불신이 생겼을 수도 있었습니다. 그러나 하나님은 그때마다 예언자를 보내서서 하나님의 말씀을 들려주었습니다. 바벨론 포로 시기에는 에스겔을 통해, 하나님의 영광이 예루살렘으로 다시 임하고, 하나님의 성전을 하나님의 생수가 끊임없이 흘러 넘치는 에덴동산으로 묘사하였습니다 겔 47:1-12. 바벨론 제국이 페르시아 제국의 고레스 황제에 의해 멸망하고, 다리오 황제 시기에 포로로부터 귀환할 시기에는 학개, 스가랴와 같은 예언자를 보내서서 대제사장 여호수아와 다윗의 후손 스룹바벨이 무너진 성전을 재건하리라는 말씀을 선포하게 하셨습니다. 결국 이들 예언자의 예언은 성취로 이어졌습니다. 그런데 이 성취에 있어서 하나님께서 이스라엘 백성들 모두에게 요구한 것이 있습니다. 그것은 유다 공동체가 하나님의 음성을 진심으로 듣고, 그들의 조상이 이방신을 섬겼던 죄에서 벗어날 것을 강조하였습니다. 즉, 하나님을 향해 자신의 마음을 되돌릴 때, 하나님의 주권과 하나님의 성전이 재건될 것임을 확인할 수 있는 것입니다. 스가랴 6장 1절을 보십시오. 스가랴가 마지막 환상을 받기 위해, 그가 먼저 한 것은 돌이켜 하나님을 향해 눈을 드는 행동이었습니다. 1절에서 "돌이키다"로 번역된 히브리어 동사 "슈브"는 하나님을 향한 "회심"을 의미합니다. 호세아 6장 1절에서 북이스라엘 예언자 호세아가 배역한 이스라엘 백성들을 향해 가장 먼저 강조했던 것이 무엇입니까? 바로 하나님을 향한 회심입니다.

이 회심은 하나님의 음성을 진심으로 듣고자 할 때, 이루어질 수 있습니다. 성 어거스틴은 "고백론" 제8권에서 그가 하나님의 음성을 듣고 난 후 회심한 내용을 기록하고 있습니다. 어거스틴은 젊었을 때 방탕한 생활을 한 죄에 대해 마음으로부터 통회하고 울고 있었습니다. 그때 갑자기 어거스틴은 이웃집에서 한 어린아이의 음성을 들을 수 있었습니다. "들고 읽어라, 들고 읽어라."^{Tolle Lege, Tolle Lege} 그는 곧 눈물을 그치고, 일어서서 성서를 펼쳤습니다. 성서를 펼쳤을 때, 처음 그의 눈에 들어온 말씀은 로마서 13장 13-14절의 말씀이었습니다.

> "낮에와 같이 단정히 행하고 방탕하거나 술 취하지 말며 음란하거나 호색하지 말며 다투거나 시기하지 말고 오직 주 예수 그리스도로 옷 입고 정욕을 위하여 육신의 일을 도모하지 말라"

이 말씀을 들고 난 어거스틴은 자신이 과거에 지은 죄를 철저히 하나님께 고백하고 회개하였습니다. 그의 회심은 하나님의 말씀을 들음을 통해 이루어질 수 있었습니다.

　하나님의 말씀을 진심으로 듣는 우리에게 영원한 하나님의 나라가 우리 앞에 펼쳐질 것입니다. 하나님은 온 세상에 임하시며, 하나님을 거부하는 자들에게 명백한 심판을 하십니다. 끊임없이 탄식하는 이 땅 앞에서 하나님의 형상을 지닌 우리 그리스도인은 하나님의 영원한 안식을 가져오는 역할을 하는데 힘을 써야 할 것입니다. 또한, 우리는 "하나님께서 이 세상을 다스리시며, 하나님의 선하심을 인정하고, 하나님을 아는 자들"임을 기억하고, 우리를 통해 하나님께서 무너진 이 땅을 회복시켜주실 것을 확신해야 할 것입니다. 결국, 하나님께서 새롭게 만들어가실 하나님의 나라에서 영원한 제사장이요, 통치자이신 예수 그리스도께서 영원한 평화를 이루어주실 것입니다. 이러한 약속의 말씀을 우리가 진심으로 경청할 때 약속의 성취를 확인할 수 있을 것입니다.

목적을 상실한 경건

...

스가랴 7:1-7

윤동녕

(서울장신대학교)

도입

신문이나 방송에 로켓이나 위성이 땅으로 떨어진 사고가 자주 보고됩니다. 이 때문에 인명 사고가 나기도 하고 건물이 파괴되기도 합니다. 로켓이나 위성은 인간의 삶을 더 편리하게 만들기 위해 우주로 발사한 것입니다. 하지만 이들이 목표를 상실하게 될 때 인간에게 해악을 끼칩니다. 신앙도 이와 비슷합니다. 신앙은 모범적인 삶을 살 수 있게 합니다. 하지만 목적을 잃은 신앙은 개인과 공동체를 파괴합니다. 역사상에 벌어졌던 수많은 종교전쟁이 바로 신앙 때문에 벌어진 일입니다. 아마도 역사상 세계 최초의 종교전쟁을 들라 하면 가인과 아벨의 갈등일 것입니다. 가인은 세속적 욕심 때문에 동생을 살해하지 않았습니다. 하나님께서 동생의 제사만 받고 자신의 제사를 받지 않는다는 이유 때문입니다. 즉 그의 살해 동기는 신앙이자 종교입니다. 이처럼 목표를 잃은 신앙과 목적을 상실한 경건은 그 어떤 폭력보다 위험한 결과를 낳게 됩니다. 오늘의 본문에도 목적을 상실한 신앙인이 등장합니다. 바로 벧엘에서 온 사람들입니다. 이들은 스스로 경건한 신앙인이라 자부했지만 그들의 경건은 목적을 상실하여 방향을 잃고 있었습니다. 이들이 어떻게 목표를 잃었는지 본문을 묵상하며 알아보겠습니다.

본문 강해

1. 예루살렘을 방문한 벧엘 사람들 7:1-2

스가랴는 페르시아의 왕 다리오가 즉위한 지 4년째 9월 4일에 하나님의 계시를 받았습니다. 이날은 오늘날의 달력으로 계산하면 주전 518년 12월 7일입니다. 1절의 "여호와의 말씀이 임하니라"라는 문구는 예언자들에게 하나님의 말씀이 임할 때 자주 사용되는 문구입니다. 보통은 예언자의 이름만 등장하지만, 스가랴의 경우 다른 예언서와는 달리 정확한 시간이 기록되어 있습니다. 스가랴 1장 1절과 7절에도 같은 방식이 사용되고 있는데, 이에 따르면 첫 번째 계시가 임한 지 약 2년 만에 여호와의 말씀이 다시 스가랴를 통해 선포되고 있습니다. 하지만 오늘의 본문은 앞의 본문들과는 다른 방식으로 전개되고 있습니다. 이 문구 다음에 예언이 선포되는 대신 벧엘에서 방문한 손님들의 일화가 이어지고 있습니다.

2절에 "사레셀과 레겜멜렉과 그의 부하들"이 찾아왔다고 말씀하고 있습니다. 본문은 사레셀과 레겜멜렉이 누구인지 밝히지 않고 있습니다. 그들은 방문단을 이끈 대표로 보입니다. 때문에, 그들과 함께한 "부하들"은 신하가 아니라 동료 방문단원입니다. 이들은 여호와께 은혜를 구하기 위해 방문했습니다. 이들이 은혜를 구한 것은 단순히 하나님의 자비를 원했다는 뜻이 아닙니다. 왜냐하면, '은혜를 구하다'라는 히브리어 단어 '할라는 '기도하다' 혹은 '간구하다'로 해석할 수 있기 때문입니다. 이들은 하나님의 뜻을 알고자 예루살렘 성전에 올라갔습니다.

2. 벧엘 사람들의 질문7:3

3절에 따르면 벧엘 사람들은 예루살렘 성전의 제사장들과 예언자들에게 "내가 여러 해 동안 행한 대로 오월 중에 울며 근신하리이까"라고 질문하였습니다. 여기에서 사용된 주어 '나'는 개인을 의미하지 않습니다. 벧엘 대표단 전체를 가리킵니다. 그래서 새번역은 '우리'라고 번역하고 있습니다. 유대력 오월은 양력으로 팔월입니다. 주전 587년 8월에 예루살렘이 무너졌습니다. 예레미야애가 1장 16절에 이날에 대해 "이로 말미암아 내가 우니 내 눈에 눈물이 물 같이 흘러내림이여"라고 하였습니다. 이날 벧엘 사람들은 예루살렘의 멸망을 기억하며 애곡을 하였습니다. 이들은 애도만 한 것이 아닙니다. 그들은 근신도 하였다고 했습니다. '근신'이라는 단어는 나실인을 뜻하는 히브리어 단어 '나자르'에서 나온 단어입니다. 민수기 6장에 따르면 나실인은 서원 기간 포도의 산물을 금하고, 시체를 접촉하지 않고, 머리를 기르며 근신하였습니다. 이러한 철저한 절제 행동은 하나님에 대한 온전한 헌신으로 여겨졌습니다. 따라서 벧엘 사람들은 질문하는 척하며 은근히 자신들의 경건한 행위를 자랑한 것을 알 수 있습니다.

이들의 은근한 자랑은 "여러 해 동안 행한 대로"라는 문구에도 잘 나타나 있습니다. 그들은 그동안 빠지지 않고 정규적으로 애도와 근신 행위를 지속해 왔음을 자랑했습니다. 물론 애도의 절기를 지키고 근신한 것은 칭찬할 만합니다. 하지만 이들의 자랑은 약간 불손한 느낌이

듭니다. 무엇보다 이들이 예루살렘 성전에 올라와 질문한 의도가 순수해 보이지 않습니다. 벧엘 사람들은 북이스라엘에 거주하던 사람들입니다. 이들은 예루살렘의 귀환민들과는 달리 유다 멸망 이전부터 그 땅에 머물면서 신앙을 지키던 사람들입니다. 이들은 포로로 끌려갔다 귀환한 사람들을 하나님의 심판을 받은 자로 정죄하고, 그 땅에 남은 자신들을 하나님의 은혜를 받은 사람이라고 자부하였습니다. 이들은 질문을 가장해 약속의 땅에서 쫓겨났던 예루살렘 사람들이 절기를 제때 지키지 않았음을 지적하는 한편, 타국에서 외국 종교와 문화에 영향받아 근신하지 못하였음을 질책하고 있습니다.

하지만 벧엘 사람들이 자랑하기 위해 내세운 "여러 해 동안"이라는 문구에는 그들의 문제점도 드러나 있습니다. 왜냐하면, 매년 반복적으로 행하는 애도와 근신은 형식적인 행사로 끝나기 쉬웠기 때문입니다. 그들은 슬픔을 표현하기 위해 옷을 찢고 재를 뒤집어썼습니다. 하지만 그들의 애도가 단순히 슬픔을 표현한 것이라면 큰 의미가 없습니다. 애도는 회개의 표현입니다. 요엘 2장 13절에 "너희는 옷을 찢지 말고 마음을 찢고 너희 하나님 여호와께로 돌아올지어다"라고 하였습니다. 마음을 찢는 회개가 동반되지 않는 애도는 눈물을 흘리며 목소리를 높여 곡하는 행사에 불과합니다. 한편, 그들이 행한 근신도 형식적이지 않았나 생각해보아야 합니다. 한 연구에 따르면, 근신과 유사한 나실인 제도가 후대로 갈수록 형식적으로 변질되거나 어떤 잘못이나 죄를 모면하기 위한 수단으로 오용되는 경우가 많았다고 합니다. 여러 해 동안 반복하다 보니 근신은 외적 경건 행위로 전락하기도 하였습니다.

3. 질문을 통한 하나님의 응답 7:4

벧엘 사람들은 무언가 궁금해서 질문한 것이 아닙니다. 스스로를 자랑하고 예루살렘 귀환민들을 책망하기 위해 질문을 이용한 것입니다. 하지만 이런 다소 불순한 질문에 대해 제사장들과 예언자들은 제대로 답변하지 못했습니다. 아마도 답변했더라도 벧엘 사람들을 만족시키지 못해 여전히 문제가 제기된 상태인지도 모릅니다. 이때 하나님께서 스가랴 예언자를 통해서 직접 답변하셨습니다. 스가랴는 4절에서 "만군의 여호와의 말씀이 내게 임하여 이르시되"라고 하며 입을 열었습니다. "만군의 여호와"는 온 우주의 하나님이며, 세상의 모든 군대의 주인이신 하나님이십니다. 벧엘 사람들은 예루살렘에 올라 성전에 계신 하나님께 묻고자 하였지만, 하나님께서는 제사장을 통해 답변하지 않으셨습니다. 하나님께서는 형식과 외적 경건에 눈먼 제사장이 아닌 예언자 스가랴의 입을 통해 답변하셨습니다. 하나님의 답변은 세 가지인데 모두 의문문으로 되어 있습니다.

4. 나를 위하여 한 것이냐 [7:5]

첫 번째 답변은 "나를 위하여 한 것이냐"라는 질문입니다. 5절에 "땅의 백성과 제사장들에게 이르라 너희가 칠십 년 동안 다섯째 달과 일곱째 달에 금식하고 애통하였거니와 그 금식이 나를 위하여, 나를 위하여 한 것이냐"라고 하셨습니다. 하나님께서는 벧엘 사람만이 아니라 모든 땅의 백성과 제사장들을 대상으로 답변하셨습니다. 땅의 백성은 이스라엘 전역의 거주민들을 말합니다. 이들은 벧엘 사람들과 유사한 자부심을 지니고 있던 사람들입니다. 제사장들은 이들의 질문에 마땅한 답변을 해야 했으나 하지 못했습니다. 왜냐하면, 벧엘 사람들이 지킨 절기의 정확성과 반복성은 형식적으로는 아무런 문제가 없었기 때문입니다. 때문에, 하나님의 답변은 형식적 제의에 머물러 있던 제사장들을 향한 경고이기도 합니다.

하나님은 벧엘 사람들이 매년 오월과 칠월에 금식하고 애통한 것을 회상하며 한편으로는 그들의 행위를 칭찬하셨습니다. 유대력 오월은 앞에서 말씀드린 대로 예루살렘이 멸망한 팔월이며, 유대력 칠월은 전통적으로 대속죄일인 칠월 십일이 포함된 절제와 근신의 달입니다. 그 땅의 백성들과 제사장들은 제의의 절차나 형식적인 면에서 흠잡을 데가 없었습니다. 이들은 나라가 멸망했음에도 불구하고 칠십 년 동안 잊지 않고 정해진 기간에 절기를 정확하게 지켜왔습니다. 이들이 빠뜨리지 않고 매년 절기를 지킨 것은 칭찬받을 만합니다. 하지만 하나님께서는 그들의 행위의 대상과 목적에 대해 의문을 가지셨습니다. 그래서 "그 금식이 나를 위하여, 나를 위하여 한 것이냐"라고 질문하셨습니다. 히브리어 원문에 따르면 이 질문은 두 개의 '금식'과 두 개의 '나'라는 명사로 구성되어 있습니다. 이 질문은 답변을 얻기 위한 것이 아닙니다. 금식이 하나님을 위하여 한 것이 아님을 강조하기 위한 수사학적 질문입니다. 하나님께서는 벧엘 사람들이 하나님이 아닌 자신들을 위하여 금식을 하였다고 말씀하십니다. 때문에, 그들의 목적은 인간적이었습니다. 그들은 자기만족을 위해 금식하고 외적 경건을 자랑하기 위해 근신하였습니다.

이사야 58장 4절에 "보라 너희가 금식하면서 논쟁하며 다투며 악한 주먹으로 치는도다 너희의 오늘 금식하는 것은 너희의 목소리를 상달하게 하려는 것이 아니니라"라고 말씀하셨습니다. 금식의 목적이 하나님과 사람에게 보이려고 하는 것이라면 참다운 금식이라 할 수 없습니다. 시편 69편 10절에 "내가 곡하고 금식하였더니 그것이 도리어 나의 욕이 되었으며"라고 하였습니다. 금식의 목적이 하나님이 아니라면 오히려 금식 때문에 해가 될 수 있다는 말씀입니다. 마태복음 6장 16절에 "금식할 때에 너희는 외식하는 자들과 같이 슬픈 기색을 보이지 말라 그들은 금식하는 것을 사람에게 보이려고 얼굴을 흉하게 하느니라 내가 진실로 너희에게 이르노니 그들은 자기 상을 이미 받았느니라"고 하셨습니다. 예수님께서는 목적과 바른 방향을 상실한 금식은 자기 자랑일 뿐 결코 하나님이 기뻐하시는 참된 경건의 모습이 아니라고 말씀하십니다.

5. 너희만 먹고 마시는 것이 아니냐[7:6]

하나님의 두 번째 답변은 "너희만 먹고 마시는 것이 아니냐"입니다. 6절에 "너희가 먹고 마실 때에 그것은 너희를 위하여 먹고 너희를 위하여 마시는 것이 아니냐"라고 하였습니다. 이 답변은 앞의 답변과 대조를 이루고 있습니다. 앞의 답변은 금식에 대한 것이고 이번 답변은 먹고 마시는 것에 대한 것입니다. 앞의 답변이 나, 즉 하나님을 위한 것이냐에 대한 질문이라면, 이번 답변은 너희를 위한 것이냐에 대한 질문입니다. 이번 답변은 라마단처럼 낮에는 금식하고 밤중에 먹고 마시는 일에 탐닉하는 행동을 경고한 것이 아닙니다. 또한 이 답변은 겉으로는 금식하는 체하면서 뒤돌아서 음식을 탐하는 일에 대한 경고도 아닙니다. 이 답변은 금식의 목적이 하나님이듯이 먹고 마시는 일의 목적도 하나님이어야 하지 않느냐를 견책하는 질문입니다. 이 질문은 일상생활에서 취해야 할 태도에 대해 질문하고 있습니다. 혹자는 하나님을 위하여 금식한다고 생각할 수 있습니다. 하지만 먹고 마시는 일을 하나님을 위해 한다고 생각하기란 쉽지 않습니다.

벧엘 사람들은 금식과 같은 종교적 행위는 명목상으로라도 하나님을 위해 하려고 하였습니다. 하지만 일상생활은 오직 자신들의 이익에 급급하였습니다. 그들은 먹고 마실 때 자신의 배만 생각했고 굶주리고 헐벗은 이웃을 생각하지 않았습니다. 느헤미야 5장은 당시의 삶이 얼마나 궁핍했는지를 자세히 증언하고 있습니다. 어떤 사람은 자녀가 많아 양식이 충분하지 않았고, 어떤 사람은 포도원과 집을 저당 잡아 곡식을 마련해야 했으며, 어떤 사람은 밭과 포도원으로 빚내서 세금을 바쳤습니다. 심지어 빚을 갚지 못해 자기 자녀들을 종으로 팔기도 하였습니다느 5:2-5. 이런 모습을 목격한 느헤미야는 그 형제의 궁핍을 돌아보지 않는 자들을 향해 "이 말대로 행하지 아니하는 자는 모두 하나님이 또한 이와 같이 그 집과 산업에서 털어 버리실지니 그는 곧 이렇게 털려서 빈손이 될지로다"느 5:13라고 하였습니다.

벧엘과 그 땅의 사람들은 절기를 빠뜨리지 않고 준수하는 데는 성공했습니다. 하지만 평상시에 이웃과 함께 먹고 마시는 데는 성공하지 못했습니다. 그들은 자신들만을 위해서 먹고 마셨습니다. 이 때문에 그들이 지켰던 금식과 근신의 의미도 퇴색하게 되었습니다. 고린도전서 10장 31절에 "그런즉 먹든지 마시든지 무엇을 하든지 다 하나님의 영광을 위하여 하라"고 하셨습니다. 금식의 목적이 하나님의 영광이듯이, 먹고 마시고 무엇을 하든지 다 하나님의 영광을 위하여야 합니다. 로마서 16장 18절에는 "우리 주 그리스도를 섬기지 아니하고 다만 자기들의 배만 섬기는" 자들에 대한 경고가 있습니다. 이들은 이웃이 목마른지 굶주리는지 관심이 없는 사람들입니다. 이처럼 이웃에 대해 관심이 없는 자들은 그리스도를 섬기는 자라 말할 수 없습니다. 마태복음 25장은 예수께서 나그네 되었을 때 영접한 자들과 그렇지 않은 자들을 대조하고 있습니다. 그러면서 45절에 "이 지극히 작은 자 하나에게 하지 아니한 것이 곧 내게 하지 아니한 것이니라"라고 말씀하셨습니다. 이웃이 무엇을 먹고 마시는지 관심이 없는 자는 경건의 목적을 상실한 자입니다. 이웃이 먹고 마시는 일에 관심을 두는 것이야말로 그리스도인이 지향할 경건의 참된 목표이자 목적입니다.

6. 과거를 기억하느냐[7:7]

세 번째 답변은 "과거를 기억하느냐"라는 질문입니다. 7절에 "예루살렘과 사면 성읍에 백성이 평온히 거주하며 남방과 평원에 사람이 거주할 때에 여호와가 옛 예언자들을 통하여 외친 말씀이 있지 않으냐 하시니라"라고 하였습니다. 7절은 과거를 기억하라는 명령입니다. 과거에는 예루살렘과 사면에 백성들이 거주하고 성읍과 남방과 평원에 사람들이 거주하던 때입니다. 이때는 많은 사람들이 평안하게 지낼 때입니다. 하지만 지금은 그때와 달리 곳곳이 황폐하고 백성들은 굶주림에 허덕이고 있습니다. 하지만 과거를 기억하라는 하나님의 명령은 과거의 솔로몬과 같은 영화와 풍요를 기억하라는 말씀이 아닙니다. 부유하고 평온했을 때 예언자를 통하여 선포된 말씀을 기억하라는 말씀입니다.

과거 예루살렘 사면 성읍에 백성들이 평안하게 거주했을 때 벧엘도 풍요로운 삶을 누리고 있었습니다. 아모스 예언자는 여로보암 2세 당시 부유했던 벧엘을 "바산의 암소"[암 4:1]와 "상아 침대"[암 5:4] 같은 단어를 통해서 잘 표현하고 있습니다. 하지만 당시 벧엘은 범죄의 온상이었습니다. 부자들은 가난한 자를 압제하고, 강한 자들은 약자들을 학대했습니다. 그럼에도 불구하고 부자들과 강한 자들은 예배를 게을리하지 않았습니다. 그들은 금식과 절기를 철저히 지켰고, 십일조와 헌금을 열심히 드렸으며, 정기적으로 성전에 나가 예배를 드렸습니다. 하지만 하나님께서는 이들이 예배에 참석할수록 죄를 더하게 되고[암 4:4-5], 그들이 드리는 찬양은 소음이라고 말씀하셨습니다[암 6:5]. 왜냐하면 그들은 절기를 자기 체면을 세우는 데 악용하였고, 자기 몫을 챙기느라 이웃을 돌아보지 않았기 때문입니다. 그래서 하나님께서는 아모스 5장 21절에서 "내가 너희 절기들을 미워하여 멸시하며 너희 성회들을 기뻐하지 아니

하나니"라고 선언하시며 그들의 패망을 예고하셨습니다.

과거를 돌아보라는 하나님의 명령은 하나님의 심판에도 불구하고 여전히 신앙과 삶의 태도가 바뀌지 않은 벧엘과 땅의 사람들에 대한 경고입니다. 하나님께서는 가난하고 황폐한 지금이든, 부유했던 과거이든 여전히 예언자들을 통해 말씀하고 계십니다. 에스겔은 바벨론 포로지에 잡혀있는 유다 백성에게 하나님의 말씀을 선포하기 위한 예언자를 남겨두었다고 거듭해서 반복하였습니다. 하나님은 부유했을 때나, 포로기나, 가난하고 황폐한 지금이나 여전히 그의 백성이 회개하여 주께 돌아오기를 호소하고 있습니다.

결단의 말씀

1. 본문이 주는 교훈들

오늘의 본문은 벧엘 사람들뿐 아니라 우리에게도 적용될 중요한 교훈들을 선포하고 있습니다. **무엇보다 외적 경건에 집착해서는 안 됩니다.** 금식이 하나님을 위한 것이듯이, 우리의 신앙도 하나님의 영광이 목적이어야 합니다. 빌립보서 3장 12절에 "푯대를 향하여 그리스도 예수 안에서 하나님이 위에서 부르신 부름의 상을 위하여 달려가노라"라고 하였습니다. 우리의 목표는 그리스도의 십자가입니다. 십자가는 하나님께서는 우리를 부르신 목적입니다.

둘째, 나만 위해서 살아서는 안 됩니다. 하나님은 하와를 창조하시고 그를 "돕는 배필"이라고 선언하셨습니다.^{창 2:18.} 또 아담은 그를 향해 "내 뼈 중의 뼈요 살 중의 살이라"^{창 2:23}라고 말하였습니다. 이는 인간이 관계적 존재임을 밝힌 것입니다. 인간은 서로 도와야 하는 존재이며, 서로 의존해야 하는 존재입니다. 서로 부족한 것을 채울 때 이 관계가 온전히 유지될 수 있습니다.

셋째, 어떤 상황이든 하나님의 말씀에 귀 기울여야 합니다. 하나님께서는 과거 예루살렘이 부유했을 때뿐 아니라, 황폐하고 곤궁한 포로 후기에도 예언자를 통해 말씀하셨습니다. 하나님은 우리가 부유하고 평온할 때만 함께 하시는 하나님이 아닙니다. 하나님은 우리가 곤궁하고 낙담할 때도 우리와 함께하십니다. 만일 하나님의 음성이 들리지 않는다고 생각한다면, 과거 하나님께서 말씀하셨던 순간을 회고해야 합니다. 하지만 하나님께서 당시 우리에게 말씀하셨던 내용은 설탕같이 달콤한 것이 아니었음을 기억해야 합니다. 그 말씀은 교훈과 책망을 통해 바른길로 인도하시려 했던 쓰디쓴 말씀이었음을 기억해야 합니다.

2. 본문의 현대적 적용

스가랴 예언자는 오늘의 본문에서 목회자적 예언자의 역할을 하고 있습니다. 스가랴 예언자는 단지 교훈과 책망의 말씀만 선포하고 있지 않습니다. 벧엘에서 온 사람들의 질문에 성실히 응답하고 있습니다. 그의 응답은 제사장의 율법처럼 규범적이거나 형식적이지 않습니다. 그는 목회자로서 그들이 안고 있는 현안을 함께 고심하며, 이에 대한 하나님의 응답을 선포하고 있습니다. 스가랴는 금식과 근신이 불필요하다고 말하지 않습니다. 단지 그들이 잊고 있던 목적과 목표를 재조정할 뿐입니다. 스가랴는 또한 먹고 마시는 일을 부정하지도 않습니다. 단지 자신의 배만 불릴 것이 아니라 이웃과 함께 나누기를 권하고 있습니다. 아울러 스가랴는 하나님의 말씀이 어느 시대나 상황에 상관없이 여전히 유효함을 밝히고 있습니다. 그 말씀은 위로나 평안뿐 아니라 교훈과 책망이 포함되어 있으며 이를 늘 기억할 것을 강조하고 있습니다.

하나님께서는 우리에게 예언자적 사명만 맡기신 것이 아닙니다. 잘 못을 교정하고 목표를 다시 바로 세울 수 있도록 돕는 목회적 사명도 맡기셨습니다. 하나님께서는 우리 교회만 잘 되는 것이 아니라 이웃과 공동체도 함께 성장하기를 원하십니다. 하지만 우리에게 맡겨진 가장 중요한 사명은 교훈과 책망의 말씀을 통해 죽음으로 달려가는 자들을 생명으로 이끄는 일입니다. 벧엘 사람들과 스가랴의 대화를 통해서 우리의 사명을 다시 한번 되새기는 여러분이 되기를 간절히 축원합니다.

하나님 나라에 대한 기대와 소망

...

스가랴 7:8-14

조용현

(호남신학대학교)

도입

어느 세탁소 앞에 붙어 있는 문구입니다.

> "마음의 얼룩을 지우고 아픈 기억을 지워드려요. 당신이 행복해질 수 있다면 구겨진 마음의 주름을 다려줄 수도, 얼룩을 빼줄 수도 있어요. 모든 얼룩을 지워드립니다. 주인 백."

마음의 얼룩을 지우고 아픈 기억을 지워주는 마음세탁소! 이곳에 저마다의 마음의 얼룩과 아픈 기억을 가진 사람들이 찾아옵니다. 그동안 자신을 힘들게 했던 마음의 얼룩과 아픈 기억을 마음세탁소에서 지우고 새로운 삶을 살아갑니다. 그런데 또 어떤 사람은 고민 끝에 아픈 기억을 그대로 간직하기로 결정합니다. 이것은 윤정은 작가의 『메리골드 마음 세탁소』라는 소설에 나오는 내용입니다. 만약 이런 마음세탁소가 있다면 여러분은 여러분 마음에 있는 얼룩과 아픈 기억을 지우고 싶습니까?

만약 지우고 싶다면 어떤 마음의 얼룩과 아픈 기억을 지우고 싶습니까? 지난 삶을 돌아보면 우리에게는 늘 행복했던 시간만 있는 것은 아닙니다. 때로는 기억에서 지우고 싶은, 아픈 시간도 있습니다. 그래서 우리는 우리의 기억 속에서 사라졌으면 하는 저마다의 마음의 얼룩과 아픈 시간이 있습니다. 만약 개인이 아니라 민족이나 나라의 아픈 역사를 지울 수 있다면, 우리는 우리나라의 어떤 역사를 지우려고 할까요? 아마도 온 국민이 코로나로 힘들었던 지난 몇 년을 지우려고 할 것입니다. 또한 경제위기로 온 국민이 고통받았던 1990년대 말의 IMF 시대, 신군부의 무력 진압으로 광주의 수많은 시민이 희생당했던 1980년 5월, 36년간 나라를 빼앗기고 일본의 통치를 받았던 일제강점기. 이처럼 우리 민족이 겪었던 수많은 아픈 역사를 지우려고 할 것입니다.

본문의 이스라엘 백성에게도 마찬가지로 지우고 싶은 역사가 있었습니다. 그것은 나라를 잃고 타국에서 포로로 살아가야 했던 지난 날입니다. 북이스라엘은 주전 722년에 앗수르에게 멸망했고, 남유다는 주전 586년에 바벨론에게 멸망했습니다. 이스라엘 백성은 나라의 멸망이라는 매우 비극적인 사건을 겪으면서 또한 하나님께 예배드렸던 성전이 하나님을 모르는 사람들에게 무참히 파괴되는 것도 직접 눈으로 봤습니다. 더욱이 이스라엘 백성 중 상당수는 머나먼 바벨론에 포로로 끌려가 나라를 잃은 서러움을 품고 살아야 했습니다. 다만, 주전 538년 바사의 왕이었던 고레스가 예루살렘으로 돌아가 성전을 다시 세우라는 칙령을 발표하면서 이스라엘 백성은 꿈에 그리던 고향으로 돌아올 수 있었습니다. 스가랴는 바로 이러한 시대적 배경에서 하나님의 말씀을 선포했던 예언자였습니다. 과거에 무너졌던 성전을 다시 세우며 회복을 기대했던 이스라엘 백성에게 나라의 멸망부터 바벨론에서의 포로 생활까지 치욕스러운 과거였기에 지울 수만 있다면 깨끗이 지우고 싶었을 것입니다.

그런데 뼈아픈 역사에 대한 기억을 깨끗이 지웠다고 해서 이스라엘의 역사가 완전히 달라졌을까요? 마찬가지로 우리 인생에서 마음의 얼룩과 아픈 기억을 지운다고 해서 우리가 지금과는 완전히 다른 삶을 살 수 있을까요? 아픈 역사와 기억을 지워 마음에 있는 상처가 없어질 수는 있으나 고통의 시간에 우리와 함께하시며 우리를 위로해 주시고 신실하게 인도해 주신 하나님께 감사했던 신앙의 경험을 잃을 수도 있습니다. 어제의 고통이 끝났다고 해서 오늘부터 우리의 삶에 고통이 전혀 없는 것은 아닙니다. 그렇게 우리가 오늘 또 다른 고통과 고난을 마주하면서도 삶을 살아갈 수 있는 원동력은 당신의 아들을 주시면서까지 우리를 구원하시고 지난 고통에서 우리를 건지셨으며 지금의 고난에서도 함께하시는 하나님에 대한 믿음입니다. 이러한 믿음이 있기에 우리는 앞으로 펼쳐질 우리의 삶과 이 땅에 도래할 하나님 나라에 대한 기대와 소망을 가지고 오늘을 살 수 있습니다. 스가랴 7장 8-14절을 통해 하나님 나라에 대한 기대와 소망을 품고 살아가는 우리가 하나님께서 주신 오늘을 어떻게 살아가야 하는지 함께 살펴보고자 합니다.

본문 강해

1. 하나님을 영화롭게 하고 하나님을 즐거워하기

첫째, 하나님은 우리가 하나님을 영화롭게 하고 하나님을 즐거워하기를 원하십니다. 웨스트민스터 소요리 문답의 첫 질문, "사람의 제일 되는 목적은 무엇입니까?"에 대한 답은 "하나님을 영화롭게 하고 영원토록 그를 즐거워하는 것입니다"입니다. 하나님께 지음을 받아 생명을 얻은 피조물로서 창조주이신 하나님을 영화롭게 하고 영원토록 하나님을 즐거워하는 것이 우리의 제일 되는 목적이요, 삶의 이유이며 가장 큰 기쁨입니다. 본문에 언급된 이스라엘 백성은 나라가 멸망한 상황에서도 절기를 준수하고 금식하였지만, 정작 그들의 절기 준수와 금식은 하나님을 영화롭게 하지도 않았고 하나님을 즐거워하는 데서도 비롯되지 않았습니다. 왜냐하면 이스라엘 백성은 절기 준수와 금식으로 하나님께 회개를 드렸다는 사실에 만족했지 정작 하나님을 영화롭게 하거나 하나님을 즐거워하는 데에는 관심이 없었기 때문입니다.

스가랴 7장 1-3절에 따르면 벧엘 사람이 사람들을 보내 여호와의 전에 있는 제사장들과 예언자들에게 "내가 여러 해 동안 행한 대로 오월 중에 울며 근신하리이까"라고 물었습니다. 여기서 "오월 중에 울며 근신"한다는 표현은 당시 이스라엘 백성이 다섯째 달에 울며 금식하는 절기를 뜻합니다. 구체적으로는 주전 586년 5월 7일에 예루살렘 성전이 바벨론에 의해 파괴되었다는 사실을 기억하기 위한 절기였습니다. 이스라엘 백성에게는 떠올리고 싶지 않은, 치욕스러운 날이었지만, 그들은 울고 금식하며 성전이 파괴된 사실을 기억하는 절기를 성전이 파괴된 이후로 칠십 년 동안 지켜 왔습니다. 그런데 스가랴 당시의 이스라엘 백성은 지금까지와 같이 앞으로도 성전이 파괴된 사실을 기억하는 절기를 준수하며 울고 금식해야 하는지를 질문했습니다. 그 이유는 스가랴 당시 이스라엘 백성은 파괴된 성전을 다시 세우려고 했기 때문입니다. 따라서 스가랴 당시 이스라엘 백성에게는 곧 다시 세워질 성전에 대한 기대, 그리고 그 성전에서 하나님께 드릴 예배에 대한 소망이 있었습니다. 이스라엘 백성은 자연스럽게 '곧 성전이 다시 세워질텐데 굳이 지난 뼈아픈 과거를 기억하며 금식할 필요가 있겠느냐?'라는 물음을 갖게 되었습니다. 다시 세워질 성전, 곧 회복될 성전에 대한 기대와 열망을 갖고 사는 것이 중요하지, 성전이 파괴된 지난 사건을 계속 기억하면서 슬픔에 잠길 필요는 없다고 생각했습니다. 지난 과거를 잊어서도 안 되지만, 과거에 발목 잡혀 미래에 소망 없이 사는 것도 안 된다는 점에서 이스라엘 백성의 질문은 합리적이고도 자연스러운 물음이었습니다.

하나님께서 이 질문에 대한 답을 스가랴 7장 5-6절에서 주셨습니다.

> "온 땅의 백성과 제사장들에게 이르라 너희가 칠십 년 동안 다섯째 달과 일곱째 달에 금식하고 애통하였거니와 그 금식이 나를 위하여, 나를 위하여 한 것이냐 너희가 먹고 마실 때에 그것은 너희를 위하여 먹고 너희를 위하여 마시는 것이 아니냐"

이스라엘 백성이 칠십 년 동안 성전 파괴를 기억하며 금식하고 애통하였는데 그것은 하나님을 위한 것이 아니라 정작 그들 자신을 위한 것이었다는 하나님의 말씀입니다. 이스라엘 백성은 금식하고 애통하며 부끄러운 과거의 죄악을 참회하는 것처럼 보였지만, 그들의 금식과 애통은 하나님께 드린 회개가 아니라 자신들의 불편한 마음을 진정시키기 위한 행위였습니다. 하나님께서는 이스라엘 백성이 무엇을 위해, 누구를 위해 금식하고 애통했는가, 즉 금식하고 애통했는지의 행위보다는 그 동기와 그에 임하는 자세를 주목하셨습니다.

금식禁食은 말 그대로 음식을 금하여 먹지 않는다는 뜻으로 금식하면 배가 고픕니다. 그런데도 이스라엘 백성은 왜 금식했을까요? 구약성경에서 이스라엘 백성은 주로 고통 중에 하나님께 참회할 때, 또는 고인에 대한 애도와 슬픔을 표시할 때, 그리고 하나님께 절박하고 간절한 기도를 드릴 때 금식했습니다. 그러다 보니 금식은 예로부터 경건한 신앙을 나타내는 행위 중 하나로 인식되었고 금식을 많이 할수록 신앙이 좋은, 경건한 사람으로 간주하기도 했습니다. 결국 이스라엘 백성은 금식의 동기보다는 금식의 행위에 더 많은 관심을 가졌습니다. 금식은 본래 하나님을 위한 것이어야 하는데 다른 사람에게 보여주기 위한 행위로 변질하였습니다. 예수님께서는 마태복음 6장 16-18절에서 바로 이 점을 지적하셨습니다.

> "금식할 때에 너희는 외식하는 자들과 같이 슬픈 기색을 보이지 말라 그들은 금식하는 것을 사람에게 보이려고 얼굴을 흉하게 하느니라 내가 진실로 너희에게 이르노니 그들은 자기 상을 이미 받았느니라 너는 금식할 때에 머리에 기름을 바르고 얼굴을 씻으라 이는 금식하는 자로 사람에게 보이지 않고 오직 은밀한 중에 계신 네 아버지께 보이게 하려 함이라 은밀한 중에 보시는 네 아버지께서 갚으시리라"

예수님은 당시 다른 사람에게 보이려고 슬픈 기색을 보이거나 얼굴을 흉하게 하지 말라고 강조하셨습니다. 금식은 다른 사람에게 보여주기 위해서가 아니라 은밀한 중에 계신 하나님께 드리는 것이라고 단언하셨습니다.

경건의 모양을 겉으로 드러내 다른 사람에게 인정받기 위해 금식하고 애통했던 이스라엘 백성의 모습이 우리에게도 있지는 않은지 우리 자신을 되돌아보아야 합니다. 우리는 하나님을 위해 예배드리고, 기도하고, 금식한다고 얘기하지만, 결국 우리 자신의 만족을 위해, 다른 사람들에게 보이기 위해 예배드리고 기도하고 금식하고 있지는 않습니까? 우리의 예배, 기도, 금식은 과연 하나님을 영화롭게 하고 하나님을 기쁘시게 하며 하나님을 즐거워하는 데 초점이 맞춰져 있습니까? 오히려 우리를 다른 사람들 앞에서 영화롭게 하고 우리를 즐겁게 하는 데 있지는 않습니까? 예배드리고 기도하고 금식하는 것도 중요합니다만, 그것이 하나님을 영화롭게 하고 하나님을 기쁘시게 하는 것이 아니라면 우리는 이스라엘 백성처럼 스스로 만족할지는 몰라도 하나님은 우리의 예배와 기도와 금식을 기쁘게 받지 않으실 것입니다. 이스라엘 백성에게 말씀하셨듯이 우리에게도 "그 예배와 기도와 금식이 나를 위하여, 나를 위하여 한 것이냐"라고 물으실 것입니다. 우리는 하나님의 피조물이며 하나님 나라의 백성입니다. 그렇기에 우리는 하나님을 영화롭게 하고 하나님을 즐거워할 때 복된 삶을 살 수 있습니다. 우리의 예배, 기도, 금식, 삶이 하나님을 영화롭게 하고 하나님을 기쁘시게 하는 것인지, 아니면 우리의 만족을 위한 것인지 질문하며 사시기를 바랍니다.

2. 하나님 사랑과 이웃 사랑

둘째, 하나님은 우리가 하나님 나라의 백성으로 하나님을 사랑하고 이웃을 사랑하기를 원하십니다. 앞서 살펴봤듯이 스가랴 당시 이스라엘 백성은 성전이 파괴된 것을 기억하며 금식하고 애통하는 관습을 칠십 년 동안 지켜왔습니다. 또한 파괴되었던 성전은 아직 완벽히 복구되지는 않았지만, 곧 완성될 성전을 꿈꾸며 하나님께 계속 예배를 드렸습니다. 비록 나라는 멸망했지만, 이스라엘 백성은 계속해서 하나님께 예배를 드리고 금식하며 애통하는 등 하나님의 백성으로서의 신앙을 나름대로 유지해 왔습니다. 그러다 보니 이스라엘 백성은 하나님을 사랑하라는 계명과 말씀을 잘 지키고 있다고 생각했을 것입니다. 북이스라엘과 남유다가 멸망한 주된 원인이 하나님을 사랑하라는 계명을 어기고 우상을 숭배했던 점이라는 사실에 근거할 때 스가랴 당시 이스라엘 백성은 자신들의 조상 및 이전 세대와는 달리 하나님을 사랑하라는 계명과 말씀에 순종한다고 여겼을 것입니다. 물론 스가랴 당시의 이스라엘 백성이 온전한 성전이 없는 상황에서도 하나님께 예배를 드리고 금식하고 애통하는 신앙의 관습을 잘 지켜온 것은 칭찬받아 마땅한 행동이었습니다. 그러나 하나님께서는 이스라엘 백성을 칭찬하시기보다는 예전에 예언자들을 통하여 이미 외친 말씀을 다시 들려주시며 하나님께서 원하시는 것은 하나님을 사랑할 뿐만 아니라 이웃도 사랑하는 삶이라고 알려 주셨습니다.

특히 하나님께서 옛 예언자들을 통해 이스라엘 백성에게 이웃을 사랑하라고 강조하셨던 말씀이 스가랴 7장 9-10절에 자세히 언급되는데 총 네 개의 명령으로 이루어져 있습니다. 첫째, 9절의 "진실한 재판을 행하며"라는 명령입니다. 재판은 사람들 사이에 일어난 사건이나 갈등과 관련해 옳고 그름을 따져 판단하는 일입니다. 그러므로 이스라엘 백성은 편견이나 치우침이 없이 공정하고 진실한 판결을 내려 이웃이 억울한 일을 당하지 않도록 해야 했습니다. 둘째, 9절의 "서로 인애와 긍휼을 베풀며"라는 명령입니다. 인애는 히브리어로 '헤세드'인데 구약성경에서 주로 하나님의 신실한 사랑을 뜻합니다. 긍휼은 자궁을 뜻하는 히브리어 단어 '레헴'에서 파생되어 깊은 곳에서 나오는 자비를 뜻합니다. 인애와 긍휼 모두 하나님께서 하나님의 백성을 향해 베푸시는 신실하고도 무조건적인 사랑과 관련됩니다. 이스라엘 백성이 하나님께 신실하고 무조건적인 사랑을 받았으니 이들도 이웃에게 조건없이 사랑을 성실하게 베풀어야 했습니다. 셋째, 10절의 "과부와 고아와 나그네와 궁핍한 자를 압제하지 말며"라는 명령입니다. 과부와 고아와 나그네와 궁핍한 자는 이스라엘뿐만 아니라 어느 사회에서나 약자로 간주하여 보호받아야 하는 대상입니다. 그런데 구약성경 중 신명기는 이들이 단순히 불쌍하여서 보호받을 존재가 아니라 하나님께서 이들을 위해 정의를 행하시고 사랑을 베푸시기 때문에 압제하지 말아야 한다고 강조합니다. 신명기 10장 17-18절입니다. "너희의 하나님 여호와는 신 가운데 신이시며 주 가운데 주시요 크고 능하시며 두려우신 하나님이시라 사람을 외모로 보지 아니하시며 뇌물을 받지 아니하시고 고아와 과부를 위하여 정의를 행하시며 나그네를 사랑하여 그에게 떡과 옷을 주시나니." 이스라엘 백성도 하나님처럼 고아와 과부를 위해 정의를 행하고 나그네와 궁핍한 자를 압제하지 말고 사랑과 선을 베풀어야 했습니다. 넷째, 10절의 "서로 해하려고 마음에 도모하지 말라"는 명령입니다. 다른 사람을 미워하여 해치는 행동을 하지 말라는 것뿐만 아니라 그런 생각을 마음에 계획하지 말라는 것입니다. 왜냐하면 마음으로 이웃을 해하려고 계획한다면 곧 행동으로 나타나 실제 이웃의 생명을 해칠 수 있기 때문입니다. 최근 우리나라에서 이상동기 범죄가 심각한 사회 문제로 대두되고 있습니다. 이상동기 범죄는 과거에 '묻지마 범죄'로 불렸던 것으로 뚜렷하지 않은 동기를 가지고 불특정 다수를 향해 벌이는 폭력적 범죄를 뜻합니다. 이상동기 범죄를 저지르는 대부분은, 평소에 가지고 있던 불만을 해소하기 위해 미리 계획합니다. 다른 사람에게 실제로 폭력을 가하지 않았더라도, 마음으로 다른 사람을 해하려고 도모하고 있다면 언젠가 행동으로 옮겨질 가능성이 컸기에 이스라엘 백성은 서로 해하려고 마음에 계획하지 말아야 했습니다.

"너희는 진실한 재판을 행하며 서로 인애와 긍휼을 베풀며 과부와 고아와 나그네와 궁핍한 자를 압제하지 말며 서로 해하려고 마음에 도모하지 말라"는 명령은 이스라엘 백성이 하나님의 백성으로 마땅히 지켜야 했던 말씀이었습니다. 그러나 이웃을 사랑하라는 하나님의 명령은 이스라엘 백성이 의무감으로만 지켜야 했던 말씀은 아니었습니다. 하나님께서 이스라엘 백성에게 이웃을 사랑하고 명령하셨던 근거는 하나님께서 그들을 사랑하셨다는 점이었습니다. 하나님께서 이스라엘 백성에게 치우침 없이 공정하고 진실한 재판을 행하셨습니다. 또한 하나님께서는 신실하신 사랑과 깊은 곳에서 나오는 자비를 이스라엘 백성에게 베풀며 끝까지 사랑하셨습니다. 그리고 하나님께서는 이스라엘의 과부와 고아와 나그네와 궁핍한 자를 긍휼히 여기시어 돌보셨습니다. 마지막으로 하나님께서는 이스라엘 백성을 해하려고 도모하시지 않고 그들을 구원하려고 하셨습니다.

마찬가지로 우리가 하나님의 말씀에 따라 이웃을 사랑해야 하는 이유와 사랑할 수 있는 원천은 우리가 하나님께 받은 사랑에 있습니다. 우리가 이웃을 사랑할 수 있고 사랑해야 하는 이유는 하나님께서 우리를 사랑하시고 우리에게 인애와 긍휼을 베푸시기 때문입니다. 그리스도인이라고 해서 나면서부터 심성이 착하거나 인격이 훌륭해서 이웃을 사랑할 수 있는 것이 아닙니다. 그리스도인은 갚을 수 없는 은혜와 신실하신 사랑과 한이 없는 긍휼을 아무런 조건 없이 하나님께 받았기에, 그저 받은 대로 이웃에게 나누고 전하며 사랑할 수 있습니다. 정한욱 님은 『믿음을 묻는 딸에게, 아빠가』라는 책에서 "타인의 고통에 대한 공감의 정도는 한 사람이 얼마나 성숙한 인간이자 신실한 그리스도인인지 가늠할 수 있는 리트머스 시험지"112쪽라고 했습니다. 하나님께서 죄악으로 고통받는 우리를 외면하지 않으시고 우리의 고통에 공감하시고 예수 그리스도를 십자가에 내어주심으로 우리에 대한 사랑을 확증하셨듯이, 우리도 이웃의 고통에 민감하게 반응하며 사랑을 베풀때 성숙한 그리스도인으로 살아갈 수 있습니다. 그리고 이러한 그리스도인이 모여 하나님께 받은 사랑과 인애와 긍휼을 서로 베풀며 사랑하는 공동체가 하나님 나라입니다. 아직은 완전하지 않지만, 하나님께서 완성하실 사랑과 인애와 긍휼의 나라를 함께 꿈꾸며 기대하고 소망하면서 지금 우리의 삶의 자리에서 하나님께 받은 사랑을 이웃에게 베푸시기를 바랍니다.

3. 하나님의 말씀에 순종하기

셋째, 하나님은 우리가 우리를 향한 하나님의 자비와 은혜를 확신하며 하나님의 말씀에 순종하기를 원하십니다. 하나님을 믿는 하나님 나라의 백성이 하나님의 말씀에 순종하는 것은 당연해 보입니다. 그러나 하나님의 말씀에 순종하는 것이 말처럼 쉽지는 않습니다. 이스라엘 백성도 하나님의 말씀에 순종하려고 했지만, 하나님의 말씀에 귀 기울이지 않고 불순종했습니다. 스가랴 7장 7절에 기록되었듯이 하나님께서 이미 "옛 선지자들을 통하여" 이웃을 사랑하고 말씀하셨습니다. 여기서 옛 예언자들은 아직 북이스라엘과 남유다가 멸망하기 전에 활동하던 이사야, 호세아, 아모스, 미가 등을 가리킵니다. 하나님께서는 이러한 예언자들을 통해 하나님께서 이스라엘에게 사랑을 베푸셨듯이 그들도 이웃을 사랑하라고 강조하셨습니다. 그러나 하나님께서 예언자들을 통해 외치실 때마다 이스라엘 백성은 하나님의 말씀을 들으려고 하지 않았고 하나님을 사랑하기보다는 눈에 보이는 우상을 숭배했고 이웃을 사랑하기보다는 그들을 압제하여 이익을 취했습니다. 그렇다면 이스라엘 백성은 왜 하나님의 말씀에 순종하지 않았을까요? 하나님께 사랑받았듯이 이웃을 사랑하라는 말씀을 실천하기 어려워서 그랬을까요? 물론 그랬을 수 있습니다. 이기적이고 탐욕으로 가득 찬 인간이 이웃을 자신과 같이 사랑하라는 하나님의 말씀을 실천하려면 자기의 것을 포기해야 했는데 그러기는 매우 어려웠을 것입니다.

　그러나 하나님께서는 스가랴를 통해 이스라엘 백성에게 말씀하시기를, 이웃을 사랑하라는 말씀을 실천하기 어려워서가 아니라 그들이 하나님의 말씀을 듣기를 싫어하기 때문이라고 하셨습니다. 스가랴 7장 11-12절입니다.

> "그들이 듣기를 싫어하여 등을 돌리며 듣지 아니하려고 귀를 막으며 그 마음을 금강석 같게 하여 율법과 만군의 여호와가 그의 영으로 옛 선지자들을 통하여 전한 말을 듣지 아니하므로 큰 진노가 만군의 여호와께로부터 나왔도다"

이스라엘 백성이 하나님의 말씀을 얼마나 듣기를 싫어했으면 등을 돌려 듣지 않으려고 귀를 막았다고 말씀하셨습니다. 그런데 이스라엘 백성은 등을 돌려 귀를 막아 하나님의 말씀을 듣지 않은 데서 그치지 않았습니다. 그들은 더 나아가 자신들의 마음을 금강석 같게 하였습니다. 금강석은 다이아몬드와 비슷한 성질의 광석으로 유리를 자르는 데 쓰일 정도로 매우 단단합니다. 이스라엘 백성이 하나님께서 예언자들을 통해 전하시는 말씀을 얼마나 듣기 싫었던지 마음을 금강석처럼 단단하게, 완고하게 만들었습니다. 이스라엘 백성이 등을 돌리고 귀도 닫고 마음도 금강석처럼 만들었으니 하나님께서 아무리 말씀하셔도 들을 수 없었습니다.

　이스라엘 백성이 이렇게 하나님의 말씀을 듣기 싫어하자 결국 하나님께서 진노하셨습니다. 13절과 같이 하나님께서 이스라엘 백성을 불러도 그들이 듣지 않았던 것처럼 이제는 하나님의 진노를 당해 고통 가운데 이스라엘이 하나님을 아무리 애타게 불러도 하나님께서 듣지 않겠다고 단언하셨습니다. 결과적으로 하나님께서는 14절과 같이 이스라엘 백성을 여러 나라에 흩으셨고 아름답고 젖과 꿀이 흐르던 이스라엘의 땅을 황폐하게 만드셨습니다. 북이스라엘과 남유다가 왜 각각 앗수르와 바벨론에게 멸망 당해 많은 사람이 머나먼 타국에 포로로 끌려가게 되었는지에 대해 하나님께서 친히 설명하셨습니다. 하나님이 앗수르와 바벨론, 그들이 믿는 신보다 약해서 하나님의 백성 이스라엘이 멸망한 것이 아니라 이스라엘이 하나님의 말씀을 듣기 싫어 등을 돌려 귀를 막았고 마음을 금강석 같게 하여 완고하게 함으로써 불순종했기 때문에 하나님의 심판을 받아 멸망했던 것입니다.

　그런데 중요한 점은 '하나님께서 이제 포로 생활에서 돌아와 회복을 꿈꾸며 성전 재건을 앞두고 있던 이스라엘 백성에게 왜 그들의 조상들이 범했던 잘못과 뼈아픈 과거를 상기시키시느냐?'라는 것입니다. 그 이유는 하나님께서 여전히 이스라엘을 사랑하고 계시며 그들이 하나님의 백성으로서 하나님의 말씀에 순종하여 복된 삶을 살기 원하셨기 때문입니다. 예전의 이스라엘 백성은 하나님의 말씀을 듣기 싫어하여 불순종함으로 하나님의 진노와 징계를 받았지만, 이제 포로 생활에서 돌아와 성전 재건을 앞두고 있던 이스라엘 백성만큼은 그들의 조상과는 다르게 하나님의 말씀에 감사로 순종하고 하나님의 말씀을 듣기를 기뻐하며 순종하여 하나님을 사랑하고 이웃을 사랑하는 삶을 살기를 원하셨습니다. 하나님께서 오늘의 우리에게 스가랴를 통해 이 말씀을 주시는 이유 역시 같습니다. 우리도 이스라엘 백성처럼 하나님 말씀을 듣기 싫어 등을 돌려 귀를 막고 마음을 금강석과 같이 완고하게 하여 하나님 말씀에 불순종할 때가 있습니다. 그렇게 불순종할 때 우리도 이스라엘과 같이 하나님의 진노와 징계를 받을 수도 있습니다. 하나님께서는 우리가 하나님의 진노와 징계를 받기를 절대로 원하지 않으십니다. 따라서 하나님께서는 우리가 스가랴 본문의 이스라엘 백성처럼 죄악에서 돌이켜 하나님의 말씀을 듣기를 기뻐하며 말씀에 귀 기울여 말씀대로 순종하며 살기를 원하십니다.

하나님께서는 우리를 사랑하셔서 예수님을 십자가에 내어주심으로 우리에 대한 사랑을 확증하셨습니다. 그런 하나님께서 옛 예언자들을 통하여 주신 말씀을 우리에게 다시 들려주시는 이유는 우리가 이스라엘 백성과 같은 뼈아픈 역사를 되풀이하지 않기를 원하시기 때문입니다. 과거의 뼈아픈 역사를 지우거나 잊으려고 애쓰기보다는 현재의 우리를 비추는 거울로 삼아 진노와 징계 가운데서도 이스라엘 백성을 돌아오기를 기다리시며 그들을 포기하지 않으셨던 하나님께서 우리도 돌아오기를 기다리시며 포기하지 않으신다는 사실을 기억하시길 바랍니다. 우리는 이스라엘 백성과 같이 잘못을 저지르고 죄를 지을 수 있지만, 이스라엘 백성에게 옛 예언자들을 통해 들려주셨던 말씀을 다시 들려주시며 회개하고 돌아오기를 기다리시는 하나님의 신실하신 은혜와 사랑이 있기에 우리는 주어진 오늘을 살아갈 수 있으며 하나님 나라에 대한 기대와 소망을 품고 내일을 기다릴 수 있습니다.

결단의 말씀

여러분은 어떠한 기대와 소망을 갖고 살아가십니까? 오늘보다 더 풍족하고 풍요로운 내일을 꿈꾸며 살아가십니까? 스가랴 당시 이스라엘 백성은 재건될 성전에 대한 기대와 소망을 갖고 살았습니다. 그러나 하나님께서는 이스라엘 백성이 재건될 성전 너머, 하나님께서 이루고 완성하실 하나님 나라에 대한 기대와 소망을 갖고 살아가기를 원하셨습니다. 그리고 오늘의 우리에게도 마찬가지로 하나님 나라를 꿈꾸며 살아가기를 원하십니다. 하나님 나라에 대한 기대와 소망을 품고 살아가기 위해 하나님께서는 먼저 우리가 하나님을 영화롭게 하고 하나님을 즐거워하는 삶을 살기를 원하십니다. 또한 우리가 하나님 나라의 백성으로 하나님을 사랑하고 하나님께 받은 사랑으로 이웃을 사랑하기를 원하십니다. 마지막으로 우리를 향한 하나님의 한이 없는 자비와 신실하신 은혜를 확신하며 하나님의 말씀에 순종하기를 원하십니다. 우리가 걸어온 길을 돌아보면 이스라엘 백성처럼 우리에게도 지우고 싶은 뼈아픈 역사와 과거가 있습니다. 그러나 그 뼈아픈 역사와 과거에도 하나님께서는 우리와 함께 계셨고 우리를 포기하지 않으셨고 인애와 긍휼을 베푸셔서 지금까지 인도하셨습니다. 우리를 향한 하나님의 변함없는 사랑과 은혜에 발을 딛고 우리를 통해 완성하시고 이루실 하나님 나라에 대한 기대와 소망으로 오늘에 최선을 다하며 내일을 기다리는 삶을 살기를 바랍니다.

구심점의 회복

...

스가랴 8:3-8

윤형

(장로회신학대학교)

도입

지금은 금지하고 있지만, 예전에 시골에 가면 들판에 나가 옆에 송
송 구멍을 뚫은 깡통에 불타는 짚단을 넣고 돌리다가 던져 들판을 태
우는 쥐불놀이라는 것이 있었습니다. 그것을 잘 돌리려면 돌리는 사람
이 중심을 잘 잡고 돌려야 놀이에 성공할 수 있습니다. 그때 가운데로
잡아당기는 힘이 구심력이고 바깥으로 나가려는 힘을 원심력이라고
합니다. 이것은 팽이 돌리기도 마찬가지고 원을 그리고 돌리는 행위는
모두 이 두 힘이 작용합니다. 아마 가장 큰 구심력은 지구 중심에서
잡아당기는 중력이라고 할 수 있습니다. 아마 지구상의 사물이 제대로
자리를 잡고 사는 것은 이 중력 때문이라고 할 수 있습니다. 교회의
언어로 말하면 에클레시아가 구심력이고 디아스포라가 원심력이라고
할 수 있습니다. 그러니까 어떤 움직임이 잘 작동하려면 두 힘이 균형

을 잘 맞추어야 하겠죠!

이런 원리로 본다면 오늘 우리가 읽은 본문에 나오는 시온은 하나님이 잡고 돌리는 일종의 구심력의 원천이라고 볼 수 있습니다. 시온은 예루살렘에 대한 별칭이라고 할 수 있습니다. 이 시온이 정치적이고 종교적인 의미를 담게 된 것은 다윗이 예루살렘을 이스라엘의 수도로 정하고 하나님의 법궤를 옮겨온 것과 관련됩니다삼하 5-6장. 성경에서 이 시온을 세상의 중심으로 기술하는 것은 예루살렘 성전이 그곳에 위치하기 때문이기도 합니다시 48:2, 9. 즉 거룩한 하나님의 이름이 성전에 계시기 때문에 그곳을 세상의 중심이라고 보는 것입니다왕상 9:3. 이제 시온은 온 세상의 구심점 역할을 수행하게 됩니다. 다윗은 이 시온에서 온 이스라엘을 다스리는데 특별히 그 원칙을 공의와 정의로 정합니다삼하 8:15. 이것은 하나님의 보좌의 기초이기도 합니다.

> "공의와 정의가 주의 보좌의 기초라 인자하심과 진실함이 주 앞에 있나이다"
> 시 89:14; 97:2

즉 하나님이 세상을 다스리시는데, 그 원칙이 공의와 정의라는 것입니다. 여기서 우리는 하나님의 세상을 운영하시는 역사철학을 엿볼 수 있습니다. 흥미로운 것은 이런 전승은 다윗에게서 시작한 것이 아니라는 것입니다.

창세기 18장을 보면 하나님이 아브라함을 택하신 이유가 나오는데 그것도 이 원칙과 관련됩니다.

> "내가 그로 그 자식과 그 권속에게 명하여 여호와의 도를 지켜 공의와 정의를 행하게 하려고 그를 택하였나니 이는 나 여호와가 아브라함에게 대하여 말한 일을 이루려 함이니라"창 18:19

그러니까 하나님이 아브라함을 택하신 이유가 단순히 그에게 소위 모든 사람들이 원하는 자손과 땅을 선물로 주시기 위해서가 아니라, 그로 하여금 하나님의 통치원칙이 세상에 편만하도록 하시기 위함입니다. 당시 고대 세계의 입장에서 보거나 오늘날의 우리 현대인의 눈으로 볼 때에도 매우 차원이 높은 택함의 이유입니다. 하나님은 단순히 아브라함에게 개인적인 복을 주는 차원이 아니라 그보다 더 깊은 의미가 담긴 복을 주신 것입니다. 어쨌든 시온은 이런 원칙을 갖고 계신 하나님이 구심점 역할을 하시기에 그에 걸맞은 행동을 해야 합니다. 이것이 쉬울까요, 어려울까요? 아주 단순한 원칙이지만 현실세계에서는 만만치 않습니다. 과연 역사 속에서 시온에서는 이 원칙이 잘 지켜졌을까요? "마음으로는 원이로되 육신이 약하도다"마 26:41라는 말씀이 다가옵니다. 오늘 우리가 읽은 스가랴서 본문 8장에서 바로 이 시온이 배경으로 나타납니다. 작은 낱말 하나이지만 그 안에 다양한 의미를 담고 있습니다. 그 시온을 하나님이 질투하실 정도로 사랑하신다고 합니다. 하나님은 이 시온이 세상의 중심으로 온전히 서기를 바라고 계시기 때문에 그렇게 하십니다. 왜냐하면 그래야 이 어두운 세상에 희망이 있기 때문입니다.

본문 강해

1. 구심력의 상실: 성전을 떠난 하나님

3절을 보면 여호와께서 시온에 돌아와 예루살렘 가운데 머물겠다고 하시는 내용이 나옵니다. "내가 시온에 돌아와 예루살렘 가운데 거하리니." 물론 당신께서 택하신 곳이니 당연히 오시는 것이 맞죠! 그런데 다른 한편으로 볼 때 이곳으로 돌아오신다는 것은 언젠가 이곳을 떠난

적이 있다는 의미이기도 합니다. 그러면 하나님은 왜 이 시온을 떠나셨을까요? 그에 대해서는 스가랴 7장 8-14절에서 설명하고 있습니다. 즉 백성들이 하나님의 통치원칙을 어기는 생활을 했기 때문이라는 것입니다. 그들은 마음을 금강석 같게 하여 율법과 만군의 여호와가 그의 영으로 옛 예언자들을 통하여 전한 말을 듣지 않았습니다. 실제로 구약의 예언자들은 하나같이 지도자들과 백성들이 이 원칙에 유념할 것을 선포하였습니다. 말하자면 하나님의 백성이라는 공동체 내에 마땅히 있어야 할 공의와 정의가 상실되었습니다. 하나님이 구체적으로 예루살렘 성전을 떠나는 사건은 에스겔 8-10장에서 자세히 설명하고 있습니다. 에스겔이 본 성전 안에서 벌어지는 광경은 하나님이 보시기에 역겨울 정도인 우상숭배 행위였습니다. 그런데 백성들을 올바로 지도해야 할 지도자들이 앞장서서 그 행위를 하고 있었습니다. 나아가 에스겔은 예루살렘 성읍에 불법이 가득하다고 말하고 있습니다. 예레미야도 성전에서 외친 설교를 통해 그곳에서 행해지는 행위들이 하나님 보시기에 역겹다고 증언하고 있습니다.

"너희는 이것이 여호와의 성전이라, 여호와의 성전이라, 여호와의 성전이라 하는 거짓말을 믿지 말라" 렘 7:4

하나님은 사람들이 이곳을 도둑의 소굴로 삼았다고 질책합니다.

"내 이름을 일컬음을 받는 이 집이 너희 눈에는 도둑의 소굴로 보이느냐" 렘 7:11

과연 이런 상황에 처한 시온이 거룩한 하나님이 머물 수 있는 장소가 될 수 있을까요? 따라서 하나님께서는 도저히 이곳에 더 이상 머물 수가 없어 예루살렘 성전을 떠나기로 결정하셨습니다. 그 결과는 매우 처참했는데 예루살렘에 쳐들어온 바벨론 군대는 성전을 파괴하였고 지도자들과 백성들은 비참한 모습으로 바벨론으로 끌려가게 되었습니다. 결국 시온은 하나님이 기대했던 세상의 구심점 역할을 맡는 데 실패하게 되었습니다. 이미 쥐불놀이 비유에서도 보았듯이 깡통을 잘 돌리려면 안에서 잡아당기는 구심력이 매우 중요합니다. 그런데 안의 구심점이 썩었다면 과연 제대로 원을 그릴 수 있을까요? 아마 어려울 것입니다. 백성들은 자신들이 섬기는 하나님이 성전에 계시기에 당연히 예루살렘은 적의 침입이 있더라도 절대로 난공불락이라고 생각했었는데_{이것을 소위 '시온신학'이라고 합니다}, 웬걸! 하나님은 당신의 성전이 적들에 의해 초토화되는 것을 허락하셨습니다. 바로 그 사건이 주전 587년에 일어났던 예루살렘 멸망사건입니다. 하나님은 시온이 더 이상 세상의 구심점 역할을 할 자격을 상실하자 그곳을 떠나셨습니다. 그 이후 예루살렘은 옛날의 영화를 모두 상실하게 되었고 그렇게 수많은 사람들이 왕래했던 성읍은 쓸쓸한 도시가 되어버렸습니다^{7:14}. 성벽은 무너져 폐허상태에 빠지게 되었습니다. 어째서 이런 일이 일어났을까? 이스라엘은 심각한 고민을 하게 되었고 마침내 깨달은 것은 하나님의 백성으로서의 핵심적인 정체성을 상실했다는 사실입니다. 이스라엘은 거룩한 백성이요 제사장 나라로서 세상의 모델이 되어야 합니다^{출 19:6}. 즉 이스라엘은 세상을 들어 올리는 지렛대 역할을 해야 할 의무가 있습니다. 그런데 시온은 그 역할을 제대로 수행하지 못했기에 하나님이 떠나신 것입니다.

3. 성전에 돌아오신 하나님

오늘 우리가 읽은 본문이 선포된 시점은 주전 518년 12월경으로 보입니다^{7:1}. 이스라엘 백성이 바벨론에서 해방된 시점이 주전 538년이고 제2성전이 세워진 시점이 주전 515년이니까 본문의 선포 시점은 바로 이 기간에 위치한다고 볼 수 있습니다. 그러니까 앞에서 말한 시온이 초토화된 지 약 70년이 된 시기입니다. 오늘 본문의 상황을 엿볼 수 있는 다른 성경 본문은 이사야 56-66장과 에스라 1-6장, 그리고 학개서가 있는데 이 본문들과 연결하면 당시 정황의 삶의 자리를 상상해 볼 수 있습니다. 이렇게 보면 성경은 과거로 여행할 수 있는 타임머신과도 같습니다. 눈을 감고 하나님께 기도하고 성경의 해당 버튼만 누르면 바로 과거로 갈 수 있으니까 말이죠! 하여튼 스가랴 본문이 말하고 있는 당시 정황은 과거 예언자들이 말했었던 귀향 후에 주어질 유토피아적인 상황이 아니었습니다. 오랫동안 버려졌던 예루살렘은 그렇게 인구가 많지도 않았고 시온 성전은 없어져 다시 지을 판입니다. 이런 상황을 보고 학개는 사람들에게 자신들의 집보다 하나님의 집을 먼저 지을 것을 촉구했습니다. 말하자면 하나님의 말씀을 들을 수 있는 학교를 먼저 지으라는 것이죠! 즉 영적 구심점을 만들라는 것입니다. 어쨌든 현재 본문의 상황은 나름대로 큰 꿈을 안고 돌아온 귀환민들에게는 마음에 흡족하지 않았습니다. 자칫 고국으로 돌아오면서 다잡은 마음이 흔들릴 수도 있겠습니다. 예, 스가랴의 설교를 들은 최초의 청중은 바로 이 귀환민들입니다. 오랫동안 고향을 떠나 먼 타국 바벨론에 가있다가 버려진 고향 땅에 막상 돌아와 보니 제대로 된 것이 거의 없는 그런 상황입니다. 더구나 나라가 망한 뒤에도 그 땅에 계속 살고 있었던 원주민들과의 갈등도 무시 못 할 요소입니다. 말하자면 박힌 돌과 굴러온 돌 사이의 갈등입니다. 유대 땅에 머물러 있었던 사람들은 여호와 신앙보다 혼합주의에 빠졌을 가능성이 있었을 것입니다. 이에 반해 귀환민들은 그래도 타지에서 여호와 신앙을 잃어버리지 않고 간직하고 있었던 사람들입니다. 그러니 두 집단 사이에 갈등이 없다면 그것이 더 이상할 수 있습니다. 자칫하면 두 그룹 모두 삶의 방향을 잃을 그런 위기상황입니다. 이 때 스가랴가 만군의 여호와의 말씀을 선포한 것입니다. 유독 8장에서 '만군의 여호와의 말씀'이라는 표현이 12번에 걸쳐 반복됩니다. 그러므로 스가랴 개인 의견이 아니라 만군의 여호와의 이름으로 말씀을 전했으니 그 권위와 진정성이 느껴집니다.

이제 하나님은 당신이 시온에 돌아오시면서 이곳이 진리의 성읍이요 성산이라고 부르십니다. 진리는 '진실하다'라는 의미를 담고 있으니만큼 사회적인 신뢰가 있는 도시라고 볼 수 있고, 성산은 거룩한 산이라는 의미를 담고 있으니 이 세상의 다른 곳과는 구별된 곳이라고 볼 수 있습니다. 말 그대로 보면 이상적인 도읍이라고 할 수 있습니다. 그러나 우리가 조금 전에 말했다시피 현재 이곳에는 이런 이상적인 모습이 없습니다. 그러나 시온에 하나님이 계시고 그 시온이 하나님의 통치원칙을 잘 따른다면 아주 불가능한 것은 아닙니다. 이곳이 하나님 중심으로 강한 구심력을 가질 수 있다면 될 수 있습니다. 4절과 5절을 읽어보면 도시 전체에 생동감이 흘러넘치는 것을 볼 수 있습니다.

> "예루살렘 길거리에 늙은 남자들과 늙은 여자들이 다시 앉을 것이라 다 나이가 많으므로 저마다 손에 지팡이를 잡을 것이요 그 성읍 거리에 소년과 소녀들이 가득하여 거기에서 뛰놀리라"

물론 현재는 그런 모습이 아니죠! 그러나 앞으로 이곳이 그렇게 될 것이라는 하나님의 말씀입니다. 그러자 사람들은 수군댑니다. 과연 그렇게 될까? 저마다 고개를 갸우뚱거립니다. 이에 대해 하나님은 이곳에 남은 자들에게는 기이하게 들릴 것이라고 말씀하십니다. 그러나 당신이 보기에는 전혀 기이한 일이 아니라고 합니다. 나아가 하나님은 동서남북으로부터 당신의 백성을 불러 모으시겠다고 합니다. 이렇게 하나님의 말씀은 이곳이 많은 사람들이 오가는 그런 도시가 된다는 확신이 넘치는 말입니다.

4. 진리와 공의

오늘 본문의 마지막 구절을 보면 하나님은 당신과 백성들의 관계를 언급하십니다.

"그들은 내 백성이 되고 나는 진리와 공의로 그들의 하나님이 되리라" 슥 8:8

하나님은 버림받았다고 생각한 이스라엘 백성을 다시 자신의 백성으로 삼으시겠다는 것입니다. 그들은 포로로 끌려갔기 때문에 하나님께서 그들을 버렸다고 생각했을 것입니다. 그러나 하나님은 그들을 버리신 것이 아니라 일정 기간 동안 자신에 대해 숙고하길 바라신 것입니다. 그래서 백성들이 그들의 잘못을 깨닫고 쓴 것을 소위 '신명기역사' 여호수아 - 열왕기하라고 합니다. 말하자면 반성문 같은 것이지요! 아! 하나님이 우리를 버리신 것이 아니라 '우리의 잘못 때문에 우리가 망한 것이구나'라고 말이지요. 유다가 망하지 않았다면 오히려 하나님의 통치원칙에 문제가 있는 것입니다. 예언자들을 통한 하나님의 권고에도 그들은 끝까지 목을 곧게 하고 자신들의 잘못을 회개하지 않았기 때문에 나라의 멸망이라는 큰 사건을 겪은 것입니다. 그러나 비록 세상의 보이는 구심점인 시온은 사라졌지만 더 중요한 구심점인 하나님이 계시기에 아직 세상에는 희망이 있습니다. 실제로 예레미야의 예언대로 70년의 시간이 지나자 그토록 강해보였던 바벨론이 멸망하고 페르시아 제국을 세운 고레스로 말미암아 다시 고향 땅으로 돌아올 수 있었습니다. 다른 한편으로 보면 귀환민들은 죄 값을 치르고 풀려난 사람들이라고 할 수 있겠죠!

이제 하나님은 이들에게 다시 한 번 기회를 주십니다. 그러면서 자신이 어떤 하나님이신지 말해주시는데, 즉 당신이 진리와 공의의 하나님이라는 것입니다. 말하자면 진실하고 공정한 질서를 추구하는 분이라는 것입니다. 따라서 다시 시온에 머물게 된 백성들은 하나님의 기준에 따라 살아가야 합니다. 이들이 할 일에 대해 스가랴 8장 16절과 17절에서 언급합니다.

> "너희가 행할 일은 이러하니라 너희는 이웃과 더불어 진리를 말하며 너희 성문에서 진실하고 화평한 재판을 베풀고 마음에 서로 해하기를 도모하지 말며 거짓 맹세를 좋아하지 말라 이 모든 일은 내가 미워하는 것이니라 여호와의 말이니라"

스가랴서의 상황을 간접적으로 말해주는 이사야서의 구절을 보아도 이와 동일합니다.

> "여호와께서 이와 같이 말씀하시기를 너희는 정의를 지키며 의를 행하라 이는 나의 구원이 가까이 왔고 나의 공의가 나타날 것임이라 하셨도다" 사 56:1

시온이 다시 세계의 구심점이 되기 위해서는 공의와 정의라는 원칙을 잘 수행해야 합니다. 이것을 잘 지키면 시온에 수많은 사람이 모여들고 번영할 수 있다는 것은 명약관화한 사실입니다. 그 구심점이 강한 힘을 유지하기 위해서는 이 원칙의 중요성을 깊이 깨닫는 일입니다. 사실 예루살렘이 그렇게 큰 도시는 아닙니다. 그럼에도 그곳이 중요한 이유는 천지를 창조하시고 세상을 경영하시는 하나님이 그곳에 머무시겠다고 하셨기 때문입니다. 우리 본문은 8장 일부만을 다루고 있습니다만, 이어지는 스가랴 9-14장을 보면 하나님께서는 예루살렘을 세계의 중심으로 만드시겠다는 약속의 선물을 추가로 주십니다.

> "여호와께서 천하의 왕이 되시리니 그 날에는 여호와께서 홀로 한 분이실 것이요 그의 이름이 홀로 하나이실 것이라" 슥 14:9

그러니까 하나님이 우주 전체를 다스리시면서 머무시는 곳인 예루살렘이 평평한 세상 위로 우뚝 솟아나고, 그곳에 거주하는 주민들은 평안히 살게 될 것이라는 말입니다 14:11. 예루살렘으로부터 생수가 솟아나 온 세상으로 흘러 들어갈 것이라고 합니다 14:8. 이와 같이 시온이 하나님께 온전히 붙들려 있으면 온 세상의 확실한 구심점이 될 것이라는 것을 스가랴가 묵시적인 필체를 통해 선포하고 있습니다.

결단의 말씀

1. 소금과 빛

하나님께서 스가랴를 통해 선포하신 말씀을 오늘 우리가 읽었습니다. 이를 통해 우리는 하나님의 백성의 정체성이 무엇인지 알았습니다. 스가랴 당시와 시간적으로 약 2,500년의 차이가 있습니다만 현재와 과거 그리고 미래를 통합하시는 하나님 앞에서는 거의 동일한 시간이라고 볼 수 있습니다. 더군다나 우리는 그들보다 더 뚜렷하게 하나님의 아들이신 예수 그리스도께서 직접 선포한 복음의 메시지를 소유하고 있습니다. 마태복음 5장 13절과 14절을 보면 예수님께서 말씀하시기를 우리가 세상의 소금이요 세상의 빛이라고 부르십니다. 그러면서 그 빛을 사람 앞에 비치게 하라고 하십니다.

> "이같이 너희 빛이 사람 앞에 비치게 하여 그들로 너희 착한 행실을 보고 하늘에 계신 너희 아버지께 영광을 돌리게 하라" 마 5:16

마치 시온이 세상의 구심점 역할을 하는 것처럼 우리도 그와 같은 역할을 하라는 것이지요. 오늘날 세상을 보면 과연 참 빛이 있는지 한숨이 나올 때가 있습니다. 기독교적 가치의 모범적인 역할을 했던 나라들도 그 빛이 점점 사그라지는 듯한 시대입니다. 그래도 하나님의 백성만이 희망입니다. 오늘 우리나라가 이만큼 잘 살게 된 것도 기독교적 가치가 영향을 크게 미쳤습니다. 오늘날 우리가 자주 말하는 공정과 자유 모두 성경적인 개념입니다. 아무리 세상이 험하게 돌아가더라도 우리가 하나님의 통치원칙을 잘 구현할 수 있다면 세상은 희망이 있습니다. 맨 앞부분에서 창세기의 아브라함을 언급했듯이 우리 또한 아브라함의 후손입니다.

"그런즉 믿음으로 말미암은 자들은 아브라함의 자손인 줄 알지어다" 갈 3:7

하나님께서 아브라함을 택하신 이유가 있었죠? 하나님은 아브라함의 자손들로 하여금 여호와의 도를 지켜 공의와 정의를 행하게 하려고 그를 택하였습니다 창 18:19. 따라서 예수님을 믿어 아브라함의 자손 된 우리 또한 이 원칙을 따라가야 합니다.

스가랴서의 중심 주제는 이스라엘의 영적 구심점인 성전의 재건입니다. 이것을 통해 하나님을 기억하고 그분의 통치원칙을 세상에 펼치는 것입니다. 그런데 예수님은 당신의 몸을 성전이라고 표현하셨습니다 요 2:19-21. 여기서 한 걸음 더 나아가 사도 바울은 우리 몸을 성전으로 표현합니다.

"너희는 너희가 하나님의 성전인 것과 하나님의 성령이 너희 안에 계시는 것을 알지 못하느냐" 고전 3:16

구약성경에서 말하는 협의狹義의 성전관에 비하면 그 범위가 매우 넓어졌습니다. 우리 몸이 하나님의 거룩성을 표현하는 성전이란 의미를 담고 있습니다. 부담되는 말이기는 하지만 우리의 위상을 매우 높이는 표현입니다. 하여튼 성전은 거룩함이 핵심입니다. 거룩한 성전을 보면, "아! 하나님이 저기에 계시는구나"라고 말하는 것처럼 우리도 그에 버금가는 모습을 보여야 할 것입니다. 인간적으로 볼 때 어려운 일이기는 하지만 그렇게 되도록 노력해야겠지요! 스가랴서에서도 하나님은 너희는 나의 백성이라고 말씀하셨습니다. 마찬가지로 베드로전서에서도 우리가 하나님의 소유된 백성이라고 말하면서 하나님의 아름다운 덕을 선포하라고 하십니다.

> "그러나 너희는 택하신 족속이요 왕 같은 제사장들이요 거룩한 나라요 그의 소유가 된 백성이니 이는 너희를 어두운데서 불러내어 그의 기이한 빛에 들어가게 하신 이의 아름다운 덕을 선포하게 하려 하심이라" 벧전 2:9

이처럼 시온과 예루살렘 그리고 성전 된 우리는 하나님의 거룩함과 그 분의 다스림의 원칙인 공의와 정의라는 구심력을 가져야 합니다.

2. 기도문

하나님, 우리로 하여금 스가랴 예언자의 말씀을 듣도록 해주셔서 감사합니다. 그 당시의 백성들과 우리가 혈연적으로나 지역적으로 멀리 떨어있을지라도 무소부재하신 하나님 앞에서는 동일한 자리에 있습니다. 예전이나 지금이나 사람의 심성이 그렇게 달라지지 않았습니다. 우리에게 올바른 삶의 원칙이 없다면 언제든지 이기주의적으로 살아갈 것입니다. 또한 모든 것을 내 중심적으로 생각할 것입니다. 다행히 하나님의 말씀이 주어져서 새로운 차원의 삶을 살아갈 수 있도록 해주셔서 감사합니다. 세상은 점점 어두워져 가는 것 같습니다. 이럴 때일수록 하나님의 백성이라는 신성한 자리를 자각하고 세상의 구심점이 될수록 도와주시옵소서. 하나님의 분명한 뜻이 나타난 예수 그리스도를 깊이 묵상하면서 세상의 진정한 빛과 소금이 되게 하여주시옵소서. 예수님의 이름으로 기도합니다. 아멘.

새로운 갈릴리, 새로운 순례자

...

스가랴 8:9-23

김흥현

(그안에교회)

도입 절망에서 피어나는 하나님의 나라

"미생美生은 미생微生에서 싹튼다." 이 말처럼 '아름다운 삶은 작은 씨앗에서 시작합니다.' 언제나 새싹 하나가 굳은 땅을 뚫고 올라옵니다. 그 순간, 땅 아래서는 뿌리가 더 깊이 뻗어 내립니다. 줄기가 탄탄해집니다. 잎이 무성해지고, 마침내 꽃이 핍니다. 시간이 지나면 거대한 나무가 될 것입니다. 사람들이 그 그늘 아래에서 쉬는 날이 올 것입니다.

새싹은 돋기 전, 씨앗은 보이지 않는 땅속에서 생존을 위해 분투합니다. 씨앗이 겪는 모든 과거의 일들은 꽃피고 나무가 자라는 미래를 위한 필연적인 과정이기 때문입니다. 여러분의 삶도 미미한 씨앗처럼 보여도 하나님의 손으로부터 뿌려진 뒤에는 수많은 분투를 거쳐 거대한 하나님의 나라로 드러납니다.

예언자들은 자기 시대 상황에서 이러한 하나님 나라 복음을 보여준 하나님의 사람들입니다. 그들이 전한 하나님의 말씀들은 하늘을 향한 종교적 순례 안내서에 그치지 않습니다. 과거의 그 말씀들은 씨앗이 되어 미래의 어느 날 하나님을 신앙하는 사람들에 의해 큰 나무로 자랍니다. 이제 우리는 이 예언자의 선포에 귀를 기울이려고 합니다. 스가랴 8장 9-23절에는 이스라엘을 소생케 하시는 하나님의 복음이 담겨 있습니다.

본문 강해

1. 과거에서 돌아온 자들을 미래로 안내하는 하나님

스가랴 8장 9-23절은 하나님의 한결같은 긍휼의 통치를 생생한 언어로 증언합니다. 예언자는 하나님의 마음을 직접 전달합니다. 포로의 삶을 살았던 이스라엘의 과거가 다시 미래를 예견한다는 것입니다. 이 단락에는 '만군의 여호와'8:9, 11, 14, 18, 19, 20, 21, 22, 23라는 말이 반복됩니다. 하나님은 전쟁 지도자 같습니다. 절망하는 사람들에게 역동적으로 미래의 희망을 투영합니다. 과거에 심어진 미래의 씨앗이 싹이 돋아나는 것을 보여줍니다. 자기 생존을 예측할 수 없는 사람들의 손을 견고하게 붙잡아 줍니다8:9-13. 하나님이 마음을 돌이켜 이스라엘과 함께하겠다며 위로합니다8:14-15. 그리고 그들이 행동해야 할 것을 부탁합니다8:16-17. 고통스러운 종교적 습관을 기쁨의 절기가 될 것입니다. 그러니 종교적 관습에 매이지 말고 '진리와 화평'을 사랑하기를 권면합니다8:18-19. 무엇보다 이제 이스라엘은 과거의 자기 경계를 스스로 허물고 세계 사람들과 더불어, 함께 살아갈 것을 제안합니다. 고집스러운 인간의 질서를 넘어 하나님 삶의 질서를 실현해 주기를 권면합니다. 그렇게 과거 자기 세계에 갇힌 삶을 넘어서도록 당부합니다. 경계 밖에서 오는 사람들을 환대하라고 부탁합니다8:20-23. 자신을 찾아오는 이들과 '함께' 하도록 안내합니다. 하나님을 닮아가는 것입니다. 이렇게 스가랴 8장 9-23절은 과거의 고통 속에서 미래의 재건 공동체를 향해 용기를 주며 삶을 전진시키는 말씀입니다.

이 말씀에서 하나님은 몇 가지 특별한 모습을 보여줍니다. 첫째, 하나님의 마음을 보여줍니다. 둘째, 하나님의 부탁을 감추지 않습니다. 새로운 공동체는 신앙이 아니라 윤리의 회복에 힘써야 한다는 것입니다8:16. 그 회복해야 할 윤리는 사회적 법질서입니다. 더 구체적으로는 '진실한 재판'입니다. 당시 사람들은 종교적 행위에는 익숙했습니다. 하지만, 도량형의 에바를 속인다든지, 심지어 그 부정을 방어하기 위해 하나님의 이름으로 하는 거짓 맹세하는 일도 서슴지 않았기 때문입니다8:16-17. 셋째, 하나님의 기대를 적극적으로 드러냅니다. 모든 사람이 더불어 살아가는 대동공동체大同共同體의 실현입니다. 이것은 과거 포로의 삶에서 고통을 겪었던 그 자리에서 다시 생겨나는 공동체입니다. 이 공동체는 서로 위로하며 미래의 삶으로 함께 전진합니다.

이처럼 스가랴 8장 9-23절은 절망을 겪었던 이스라엘에게 화해의 삶과 경제와 법정의를 추구하며, 공존하는 삶을 권면합니다. 하나님의 통치가 온전히 실현될 날을 보여줍니다. 과거에 담긴 미래를 바라봅니다. 이 허약한 세계에 '손을 강하게 하자'며 권면합니다.

2. 신앙공동체는 정의로운 사회적 법질서가 실현되는 경계 없는 공간

스가랴 8장 9-23절은 하나님의 말을 통해 세 가지 사실을 일깨워줍니다. 첫째, 오늘날 '복음'의 의미를 새롭게 하도록 안내합니다. 스가랴서에 따르면 여러 사람이 등장합니다. '삯을 얻지 못한 사람, 짐승, 원수로 말미암아 평안히 출입하지 못한 사람'입니다 8:10. '이방인 가운데에서 저주가 되었고, 여전히 두려워하는 사람들' 8:13입니다. 하나님은 이들을 '서로 풀어주셨습니다' 8:10. 그들에게 '손을 견고히 하라'고 권면합니다 8:9, 13b. 이 장면은 마치 예수님이 '가난한 자'를 위해 오셨다고 선언하는 장면을 연상하게 합니다.

스가랴서의 하나님처럼 예수도 가난한 자들을 홀로 내버려 두지 않습니다창 2:18. '홀로 있게 하지 않고, 그들과 함께합니다.' 스가랴 8장 9-23절의 선언에 담긴 하나님의 마음은 예수의 복음을 더 분명히 이해할 수 있습니다. 예수님은 자신의 사역을 시작할 때, 이사야 61장 1-3절을 인용하면서 이렇게 말씀하셨습니다.

> "주의 성령이 내게 임하셨으니 이는 가난한 자에게 **복음**을 전하게 하시려고 내게 기름을 부으시고 나를 보내사 포로 된 자에게 자유를, 눈먼 자에게 다시 보게 함을 전파하며 눌린 자를 자유롭게 하고, 주의 은혜의 해를 전파하게 하려 하심이라 하였더라" 눅 4:18-19

이 말 속에는 예수님은 자신이 이 세계, 땅의 사람들의 삶에 참여하는 것이 당연한 존재 이유라는 것을 밝혀줍니다. 우리가 이미 아는 대로 가난한 자에게 '복음'을 전하기 위해서입니다. '가난한 자'가 누구입니까? 예수님이 인용한 말씀에 따르면, 가난한 자는 '포로된 자'이고, '눈먼 자'이고, '눌린 자'입니다. 그리고 '은혜의 해를 기다리는 자'입니다. 이 말씀은 이사야 61장을 조금 수정하여 다시 선포한 것입니다. 오늘날의 관점이라면, '가난한 자'는 '무관심 속에 홀로 밀쳐진 자'입니다. 또한 '혼자 있는 자, 혼자 있으려는 자'입니다. 나아가 '몸'이 갇혀 있고, 부자유한 사람들입니다. 이동과 활동에 이유 없이 차별받는 사람입니다. 스가랴 8장 9-23절에 등장하는 사람들이 가난한 자들입니다.

하나님은 그들을 새로운 공동체로 이끌어갑니다.

우리가 경험하는 것처럼, 이 세계는 점점 더 사람을 홀로 있게 만듭니다. 4차 산업혁명으로 삶은 획기적으로 발전했습니다. 그런데 그 결과 사람들을 홀로 있게 만드는 것이며, 홀로 있는 사람을 방치하는 것이 익숙합니다. 심지어 혼자 있기를 좋아하는 사람들도 있습니다. 코로나 19시대는 '거리두기'와 비대면을 당연한 삶으로 만들었습니다. 철학자 한병철은 이 시대를 '인포크라시'^{정보민주의}로 명명했습니다. 이 시대는 데이터가 중요합니다. 만약 위급 상황이 발생한다면, 자기 주위에 사람이 없는 것보다 데이터가 없는 것이 더 절박한 시대가 되었습니다. 데이터가 생존에 절대적이라는 생각이 지배하기 때문입니다. 그래서 데이터를 무제한으로 사용하는 사람이 위기 상황에서 생존할 가능성이 더 높아진 시대가 되어버렸습니다. 그러므로 예수의 복음은 복음을 전해주는 예수 자신, 예수의 삶의 방식과 긴밀합니다. 복음은 '몸으로 전달해 온 편지, 좋은 소식'이기 때문입니다. 어쩌면 오늘날 '복음'을 가장 잘 설명해주는 직업이 있다면, 그것은 우정사업본부의 현장 근무자인 우편배달부, 택배, 배달업체에서 일하는 분들일 것입니다. 그들은 자기 발을 움직여 모든 소식을 전달해 줍니다.

둘째, 8장 16-17절에는 하나님이 부탁하는 공동체의 특별한 윤리가 있습니다. 그것은 종교적 관습을 넘어 사회적 법질서가 정의롭게 유지되는 윤리입니다. 그 윤리는 한편으로 하나님이 사람들을 향해 '내가 너와 함께 하겠다'는 약속입니다. 다른 한편으로 사람과 사람 사이에 정의로운 경제, 정치 질서를 유지하는 삶입니다. 하나님은 이런 윤리를 예언자의 말을 통해 보여줍니다.

"너희가 행할 일은 이러하니라 너희는 이웃과 더불어 진리를 말하며 너희 성문에서 진실하고 화평한 재판을 베풀고, 마음에 서로 해하기를 도모하지 말며 거짓 맹세를 좋아하지 말라 이 모든 일은 내가 미워하는 것이니라 여호와의 말이니라"슥 8:16-17

하나님은 '이웃과 더불어 진리를 말하라'라는 권면을 강조합니다. 이것은 예전에는 강조되지 않았지만, 미래에 새롭게 세워질 공동체를 염두에 둔, 독특한 부탁입니다. 이 권면은 오늘날 우리 신앙공동체에도 유효합니다.

사실, 재건공동체에 대한 하나님의 기대는 성전 건축이 전부가 아니었습니다. 그 사람들 사이에서 일어나야 할 '윤리의 회복'이었습니다. 포로기에서 돌아온 사람들은 성전을 재건하며 종교적 습관에 익숙해졌습니다. 하지만 그 상황에서 어떤 사람들은 법질서를 사유화하고 저울의 에바를 속이면서 하나님의 이름을 함부로 적용했습니다. 오늘날도 다르지 않습니다. 지금, 우리는 부동산과 가상화폐, 재산, 땀 흘리는 노동 없이도 부를 이뤄낸 자랑을 자연스럽게 이야기하는 시대를 자연스럽게 살고 있습니다. 그 결실로써 나를 평가받는 시대이기 때문입니다. 무엇보다 법 '판결'이 굽어진 것을 당연하게 여기기도 합니다.

셋째, 신앙공동체는 경계를 넘어선다는 것입니다. 스가랴 8장 20-23절입니다. 이 단락은 회복된 이스라엘로 세계 사람들이 몰려드는 장면입니다. 그날은 올 것이라는 확신도 담겨 있습니다. 이 장면은 마치 하나님께서 예수 그리스도를 통해 세상 끝날까지 너희와 함께하겠다고 말씀하신 것을 연상하게 합니다. 이 말씀에서 중요한 뜻은 온 세상이 하나님의 영역이라는 사실입니다. 단지 교회 건물이 아닙니다. 교회 경계를 넘고, 사람의 눈에 보이는 경계가 사라진 세계 전체입니다. 이 눈에 보이는 경계를 넘어설 때, 비로소 우리는 하나님이 우리와 함께, 내가 너희와 함께 하겠다는 말씀을 실감할 수 있습니다. 건물에 모여 있다 하더라도,

언제나 그 건물에 갇히지 말고, 그 경계를 넘어서야 합니다. 다른 세계, 타인에게로 경계 없이 나가야 합니다. 이것이 스가랴 예언자가 바라본 미래 성전이며, 교회였습니다. 교회는 건물로만 존재하지 않습니다. 건물은 유용합니다. 스가랴 시대에 성전 건축이 촉구되었습니다. 하지만 그것이 전부가 아니었습니다. 경계와 차별 없이 피조물 모두를 사랑하며 임마누엘 하신다는 것입니다. 교회의 삶은 건물 안에 갇히지 않습니다. 건물 밖으로 나가 홀로 있게 된 가난한 이들을 찾아 함께 하며, 그들과 더불어 진리와 화평을 말하는 삶을 수행한다는 것입니다.

이처럼 교회가 세상 속에서 나눌 수 있는 가장 큰 위로는 분명합니다. 하나님이 이 광야 같은 세계에 함께 계신다는 것입니다. 따라서 좋은 소식을 교인들의 몸을 통해 이 세계에 전해주는 경계 없는, 무한한 공간입니다. 그들에게 예수 그리스도가 그 삶에 찾아오셨다는 것을 일깨워주고, 보여주는 하나님이 증언자들 자신입니다. 스가랴서에 담긴 미래의 신앙공동체는 세계와 분리되지 않습니다. 그런 점에서 오늘날 그리스도인들은 경각해야 합니다. 가난한 자들을 교회로 오게 하는 것을 넘어 교회가 가난한 자들에게로 가는 것이 존재 이유이기 때문입니다. 교회가 경계에 갇혀 가난한 자들을 방치함으로써 스스로 병들지 않도록 경계해야 합니다.

3. Quo Vadimus, 우리가 어디로 갈까요?

1900년대 초 폴란드 출신 헨리크 생키에비치Henryk Adam Aleksander Pius Sienkiewicz는 소설 『*Quo Vadis*』쿼 바디스를 출판했습니다. '주여 어디로 가시나이까?'라는 뜻입니다. 우리는 이 소설에서 빌려와 '우리가 어디로 갈까요?'라는 질문을 생각하려 합니다. 이 질문은 목적지를 묻는 것이 아닙니다. 방향을 묻는 것입니다. 어느 쪽으로, 어디를 향해 가야 하는

지를 묻습니다.

2020년 전반기부터 누구도 예상하지 못했던 바이러스의 시대를 살고 있습니다. 갈 방향을 잃어버릴 만큼 혼란의 시대입니다. 팬데믹의 상황에서 교회는 열매를 어떻게 맺을 것인가를 여전히 고민했습니다. 하지만, 앤데믹으로 전환된 후 코로나 시기를 거쳐오면서 교회 공간이 어떤 의미가 있는지 되묻게 되었습니다. 익숙했고, 당연하게 여겼던 대면 예배도 자연스럽게 느슨해지는 듯합니다. 교회'신앙'은 철옹성이라고 여겼던 자신감도 보장받을 수 없게 되었습니다. 모든 것은 흔들렸습니다. 변화는 당연해졌고, 위기감은 고조되었습니다. 앤데믹이 어떻게 흘러갈지 아무도 예측할 수 없습니다.

하지만 지금 우리 시대 위기는 이 바이러스만이 아닙니다. 세계는 더 큰 위기를 자초하고 있기 때문입니다. 북극을 중심으로 시베리아 기온이 높아지고 있습니다. 아프리카 메뚜기 떼가 인도양까지 날아들기도 합니다. 아마존 숲과 화산 지대, 북미와 유럽 등지에서 거대한 산불이 빈번합니다. 숲은 점점 더 황폐해지고 있습니다. 고질라 먼지구름도 발생해서 심각한 호흡기 질환이 만연하고 있습니다. 이런 시대적 위기는 가벼운 문제는 아닙니다. 원자력 오염수의 방류도 방치되는 세계입니다. 인간에 대한 차별도 걷잡을 수 없이 과격해지고 있습니다. 해답이 없는 것 같습니다. 그러나 우리가 가야 할 방향은 명확합니다. 예수의 삶의 방식을 뒤따르는 것입니다. 그 좁은 길에 대한 믿음을 굳게 하는 것입니다.

스가랴 시대의 하나님이 보여주셨던 미래의 신앙공동체를 실행에 옮기는 것입니다. 이스라엘의 과거 속에 담겼던 그 미래를 우리의 삶에 끄집어내는 것입니다. '쿼바디스, 도미네'는 본래 베드로가 예수에게 던진 질문입니다. 소설 속에서는 기독교인들을 박해하는 로마를 벗어나려는 베드로가 예수의 신비한 모습을 만나는 장면과 연결되어 있습니다. 이 질문에 예수가 답합니다. '나는 저 박해받는 사람들 속으로 간다.' 위기로 들어가는 예수 그리스도는 우리가 이 위기 속에서 걸어갈 방향입니다. 그래서 우리는 스가랴를 통해 전달되는 하나님의 마음에 공감합니다. 그 마음을 따라 예수의 복음을 우리의 삶의 방식으로 행동합니다.

(1) **최소한의 시대로 회귀:** 시대는 그동안 최대한을 지향했습니다. 대형화, 거대 담론 등. 하지만 이제 우리는 '단순하고 가벼운 삶의 방식'으로 전환해야 합니다. 복음은 인간의 작은 행동에 귀를 기울입니다. 연약한 자의 침묵 같은 소리도 크게 들으려고 몸을 움직입니다. 내 몸 하나 잘 움직여 나의 세계를 올바르게 지탱하려고 애씁니다. 교회는 이제 더 이상 큰 건물을 지향하는 시대에서 벗어나라는 도전에 직면하고 있습니다. '더 작은 단위로, 흩어져 아무 곳에서나 예배할 수 있는 방향이 유의미한 시대'가 되었기 때문입니다. 걷기를 좋아하고, 자전거를 선호하며 작은 텐트와 가족을 중심으로 살아가려는 삶의 전환이 자연스럽습니다. 오늘날 복음의 삶의 방식도 이 작은 삶을 크게 주목해야 합니다.

(2) **삶을 관찰하는 습관:** 우리는 이것을 '피드백'이라고 합니다. '반추'하는 삶입니다. 전도서는 '자신을 돌아보는 삶'이 지혜라는 것을 보여줍니다. 이 시대는 우리 삶이 무조건 전진만 하는 것을 다시 생각하게 합니다. 전진보다는 멈춤, 무한한 활동보다는 '안식'의 의미를 일깨워줍니다. 그렇게 머물러 자기 삶에 대해 느긋하게 관찰하도록 요구합니다. 주일을 지켜 예배하는 것은 이 안식의 절정입니다. 이날 우리는 자기의 피곤하고 지친 삶을 관찰해야 합니다. 그리고 하늘의 답을 들

고, 자기 삶을 조정하며, 세계로 돌아오는 일을 반복해야 합니다.

(3) 예수의 길로 걸어가는 나: 우리는 길을 걷는 사람입니다. 예수가 걸어간 과거의 길에 담긴 미래의 길을 따라 걷는 사람입니다. 답이 없는 일이 비일비재하지만, 하나님의 길을 끝까지 신뢰합니다. 예수가 걸었던 길을 나도 끝까지 따라 걷습니다. 아직 모든 것이 끝나지 않았기 때문입니다. 이 길은 '갈릴리'渴昵里[마 28:16-20]를 향합니다. 오늘날 우리에게 이 갈릴리渴昵里는 신조어입니다. '친근하고, 삶을 공유했던 사람을 목마르게 떠올릴 수 있는 동네, 장소'입니다. '하나님의 나라를 간절히 구하는 친구들의 마을'입니다. 과거에는 예수님과 제자들이 처음 만난 장소였습니다. 미래에는 예수를 친구로 둔 모든 사람이 새롭게 만나는 세계입니다.

결단의 말씀 새로운 갈릴리, 함께 걷는 새로운 순례자

교회는 경계를 넘어 땅 끝까지 걸어가는 복음의 나그네입니다. 스가랴 8장 9-23절에서 하나님이 보여준 재건공동체는 마치 새로운 갈릴리 같습니다. 이 새로운 갈릴리는 과거의 미래입니다. 예수님이 활동하던 그 시절, 이 공간은 하나님과 예수, 성령의 임재가 경험되는 장소입니다. 그곳은 하나님의 임재가 눈에 보이게 일어나는 장소입니다. 예수 그리스도의 삶의 방식이 선언되는 자리입니다. 성령의 자유로운 역사가 경험되는 터전입니다. 그리고 우리의 삶의 방식이 도전받는 충돌의 자리입니다. 갈릴리는 문명의 빠른 속도에 편승하지 않는 느긋한 안식처입니다. 그 느림 속에서 자기 삶의 자리를 균형 있게 만들어가는 현장입니다. 이 갈릴리는 피터팬에 등장하는 '웬디의 법칙'처럼 반복되는

형식과 틀에 의존하는 자리가 아닙니다. 피터 팬 증후군을 겪는 어른의 자리에서 세상을 보게 하는 미숙한 공간도 아닙니다. 이 갈릴리는 나와 예수 그리스도가 처음 만난 추억의 공간입니다. 동시에 절망을 헤쳐나온 뒤 예수와 함께 새로운 삶을 출발하는 기대의 공간입니다. 나의 삶이 그의 삶의 방식으로 완전히 전환된 출발지입니다. 내 삶이 새롭게 출발할 때마다 찾아갈 수 있는 삼위일체 하나님의 길입니다. 나의 길입니다. 어쩌면 우리에게 갈릴리는 가상의, 상상의, 허구의 공간일 수도 있습니다. 그렇다고 해도 오늘 우리가 예수의 삶의 방식을 뒤따라 새로운 길을 떠나는 희망의 터전이라는 사실은 변함이 없습니다.

우리는 확신합니다. 스가랴의 예언과 갈릴리에서 뿌려진 씨앗은 하나님 나라처럼 푸른 나무가 됩니다. 옛적에도 그러했지만 이제 세계시민이 그 그늘에 쉴 날은 옵니다. 스가랴 8장 9-23절은 우리가 이 새로운 갈릴리 공동체에서 작은 씨앗을 가지고 새로운 순례자로 출발하는 용기를 줍니다. 우리는 예수의 복음을 따라 이 세계를 향해 비틀거리면서도 공존과 정의의 길을 한 걸음씩 떠납니다, 믿음으로.

절망 가운데 바라보는 희망

...

스가랴 9:1-17

서재덕

(호남신학대학교)

도입

빅토르 위고의 소설 레미제라블은 19세기 초반 사회의 모든 것이 혼란했던 프랑스를 배경으로 합니다. 이 소설을 읽어 내려가면, 레미제라블이라는 제목처럼 어떤 희망도 느껴지지 않습니다. 가족을 굶게 하지 않으려 했던 한 남자를 쉴 새 없이 막다른 곳으로 몰아세우는 사회적 분위기는 '절망'이라고 밖에는 표현할 수 없을 정도입니다. 빅토르 위고 자신도 이 소설을 이렇게 소개합니다.

"단테가 시에서 지옥을 그려냈다면, 나는 현실을 가지고 지옥을 만들어 내려 했다."

이제 이 소설이 출간된 지도 거의 두 세기의 시간이 지났습니다. 그렇다면 지금 우리가 살고 있는 이 사회는 두 세기 전과 비교해서 달라졌다고 할 수 있습니까? 우리의 상황은 그 당시 살았던 사람들보다 평안합니까? 아마도 우리는 이 질문에 '그렇다'라고 답하기는 어려운 세상을 살아가는 것 같습니다. 특히나 젊은 세대들을 가리키는 수많은 신조어들은 현재 우리 사회에 희망을 말하기 어려운 분위기임을 단편적으로 보여줍니다. 젊은 세대들을 가리키는 가장 대표적인 신조어는 아마도 'N포 세대'일 것입니다. 이전까지만 해도 삼포세대, 그러니까 연애와 결혼, 자녀 갖는 것을 포기한 세대라고 말했는데, 이제는 상황이 더 심각해졌습니다. 우리 청년들은 말 그대로 다수의 것들을 포기하고 살아야 하는 시대에 있습니다. 이런 현상은 비단 우리나라에 국한되지 않습니다. 유럽도 이런 젊은 세대들을 가리키는 신조어들이 있습니다. '1000유로 세대' 혹은 '이케아 세대' 등이 그것입니다. 이러한 신조어들이 유행하듯이 현대사회는 레미제라블의 배경이었던 200년 전과 비교해도 별 차이가 없습니다. 삶은 편해진 듯 보여도 여전히 절망이 자리하고 있습니다.

여기서 우리는 한 가지 질문을 떠올릴 수 있습니다. '사람은 왜, 무엇 때문에 절망할까?'라는 것입니다. 절망의 사전적 의미는 "바라볼 것이 없어 모든 희망을 단절한 상태"입니다. 말 그대로 사람들이 절망하는 것은 자신이 바라고 기대했던 것들, 희망했던 것들을 더 이상 기대할 수 없기 때문입니다. 이를테면, 사랑하는 사람이 병 들거나, 혹은 죽게 되었을 때, 자신이 병들었거나, 경제적인 어려움을 겪고 있거나 이별하거나 혹은 고립된 상황 등, 절망은 너무나 많은 개인적인 상황에서 언제든 경험할 수 있습니다. 또한 사람은 사회적이고 역사적인 흐름 때문에 절망하곤 합니다. 불과 얼마 전까지 전 세계의 많은 사람들을 떨게 했던 코로나 팬데믹과 벌써 2년째 접어드는 우크라이나와 러시아의 전쟁, 이로 인해 발생한 세계적인 경제위기 때문에 많은 사람들이 절망했습니다. 특히나 이런 부정적인 사회적 흐름, 역사적 흐름은 한 개인이 감당할 수 없기에 무기력하게 만들고 절망하게 만듭니다. 결국 사람들이 절망하는 것은 자신이 처한 상황을 통제할 수 없고 오히려 그 상황에 휩쓸려 아무것도 할 수 없기 때문입니다.

절망은 누구에게나 있을 수 있는 일입니다. 그리스도인이라고 해서 이 문제를 피해 갈 수 없습니다. 오히려 세계사적으로 볼 때, 그리스도인들은 예수를 믿는다는 그 한 가지 이유로 더 절망적이고 비참한 사건들을 겪었습니다. 로마 시대에 있었던 기독교인에 대한 박해가 가장 대표적이며, 우리 역사 속에서도 수많은 순교자들이 증거입니다. 마찬가지로 성서도 절망적인 상황에 있었던 개인 혹은 공동체의 이야기를 끊임없이 소개합니다. 어쩌면 성서 대부분은 절망과 마주한 신앙인들의 이야기라고 할 수 있습니다. 시편의 히브리어 제목은 <테힐림>입니다. 하나님을 기리고 찬양한다는 의미입니다. 그런데 시편의 내용이 그 제목처럼 하나님을 찬양하는 것이 대다수일 것 같지만, 내용의 절반 이상이 절망적인 상황에 있는 사람들의 기도입니다.

그렇습니다. 절망은 신앙인에게 더더욱 피할 수 없는 문제입니다. 그러나 성서는 절망 속에 있는 신앙인들의 이야기를 보여주지만, 이 상황에서 이야기를 마무리하지 않습니다. 신앙의 선배들로 불리는 이 사람들이 절망을 극복하고 넘어서고 새로운 희망을 기대함을 보여줍니다. 다르게 말하면, 성경은 절망적인 상황에 있었던 신앙의 선배들이 어떻게 이 상황을 이겨냈는지 소개합니다. 그리고 우리가 이 길을 걸을 것을 권면합니다.

본문 강해

우리가 함께 살펴보는 스가랴 9장의 본문도 절망적인 상황에 있는 이스라엘 귀환 공동체가 어떻게 절망을 넘어서 희망을 이야기할 수 있는지에 관한 이야기입니다. 바벨론에서 포로 생활을 하던 이스라엘 사람들은 고레스왕의 귀환 허가로 예루살렘으로 돌아갈 수 있게 됩니다. 귀환한 사람들은 이제 새로운 희망을 꿈꾸게 됩니다. 바로 무너졌던 성전을 다시 건축하고 다윗 왕조를 통해서 강력한 나라를 세우는 일입니다. 그러나 성전 건축은 지지부진했고, 더욱이 다윗 왕조를 재건하려는 귀환 공동체의 기대는 한 순간에 무너지게 됩니다. 다윗의 후손으로 새로운 왕의 후보로 거론되었던 스룹바벨에게 더 이상 기대하지 못하게 됩니다. 어떤 이유인지는 모르지만 급하게 본국으로 소환되었던 것 같습니다. 스가랴서 초반에 언급되었던 스룹바벨의 이름은 더 이상 언급되지 않습니다. 스가랴서는 그의 행적에 대해 침묵합니다. 이 내용이 바로 스가랴서 전반부의 내용입니다. 예루살렘으로의 귀환 이후로 다윗 왕조의 재건이라는 새 희망을 꿈꾸던 유다는 페르시아의 강력한 힘 앞에 다시금 절망을 맛보아야 했습니다. 아마도 다윗 왕조의 재건이 이전 자기가 누리던 영광을 회복하는 길이라 여겼던 유다는 이 사건으로 자기의 무력함에 절망할 수밖에 없었을 것입니다. 아마도 지지부진하던 성전 건축도 유다의 절망을 더 부추기는 결과를 가져왔을 것입니다. 귀환 이후 평탄할 것 같았던 공동체의 미래는 불투명합니다. 절망적인 상황이 지속됩니다. 그러나 스가랴 9장은 그동안 스가랴를 통해 선포되었던 예언이 성취됨을 이야기합니다. 다르게 표현하자면, 스가랴 9장은 귀환 공동체가 절망할 수밖에 없었던 이유를 드러냅니다. 그리고 그 공동체가 절대적으로 기대해야 하는 희망이 무엇인지 보여줍니다. 이를 통해 우리도 이 희망을 기대할 것을 가르칩니다.

1. 바로, 우리가 기대해야 하는 희망은 하나님의 임하심입니다.

잠시 언급했던 것처럼, 스가랴 9장은 1-8장의 예언이 성취되는 시대를 보여줍니다. 이 본문에서 예언의 성취는 하나님께서 이방을 정복하시고 왕으로 다스리시는 것으로 표현합니다. 본문의 1절과 2절은 예언의 성취가 하나님의 임하심으로부터 시작됨을 보여줍니다. 그런데, 여기서 주목해야 할 것이 있습니다. 하나님 말씀이 임한다는 본문의 선언은 귀환 공동체에게 자신들이 기대했던 것, 희망이라고 여겼던 것이 사실은 그들에게 희망이 될 수 없음을 깨닫게 합니다. 아마도 귀환 공동체는 다윗의 후손이었던 스룹바벨이 유다의 총독으로 부임함을 보면서 그에게 모든 기대를 걸었던 것 같습니다. 다윗 왕조를 다시 세우고, 이를 통해 독립을 꿈꾸고, 더 나아가 다윗왕 때 누렸던 영화를 기대했던 것 같습니다. 그런데 이 기대에는 스룹바벨이라는 인물이 갖는 정치적이고 혈통적인 배경이 있습니다. 또한 전승으로 전해졌던 다윗 왕가에 대한 하나님의 언약도 자리하고 있습니다. 이런 기대에는 하나님을 의지하는 것보다는 사람의 능력을 의지하는 인간적인 욕심이 더 크게 자리하기 마련입니다. 아마 귀환 공동체는 바벨론에 끌려갔을 당시 하나님께서 그들의 부모님에게 예레미야를 통해 주셨던 언약도 잊었던 것 같습니다. 예레미야 31장 31절입니다.

"여호와의 말씀이니라 보라 날이 이르리니 내가 이스라엘 집과 유다 집에 새 언약을 맺으리라"

새 언약의 핵심은 하나님께서 자기 백성을 직접 통치하실 것이란 약속에 있습니다. 하지만 귀환 공동체는 하나님께서 직접 통치하시는 것에 대한 기대보다도, 주변 나라들과 동일하게 강력한 왕을 통해 얻을 수 있는 눈에 보이는 안정감을 기대했습니다. 하지만 스가랴 9장 1절과

2절은 이방 땅에 하나님의 말씀이 임하신다는 선언을 통해 이들이 과거 희망했던 것들이 잘못되었음을 보여줍니다. 바로 하나님께서는 그들의 희망이 사라짐을 통해, 그 절망을 통해 자신들이 아무것도 할 수 없음을 알게 하십니다. 그들이 기대했던 스룹바벨도 유다를 재건할 능력이 없음을 보여주십니다. 그리고 궁극적으로 유다를 재건할 희망은 하나님의 말씀이 임함, 즉 하나님께서 직접 통치하는 것임을 분명하게 가르치십니다.

우리를 절망하게 하는 일들은 분명히 부정적이며 우리를 무기력하게 만듭니다. 하지만 그리스도인에게 절망은 결말이 아닙니다. 성도에게 절망은 자신을 먼저 바라볼 수 있는 시간이 됩니다. 내가 나의 욕심이나 기대로 하나님의 자리를 대신하지 않았는가 절망 중에 살펴보게 됩니다. 이 시간은 내가 할 수 없음을, 그러나 하나님께서는 하실 수 있음을 고백하게 합니다.

시편 38편의 기도자도 건강의 문제로 하나님 앞에 기도합니다. 절망적인 상황 속에서 이렇게 입을 엽니다. 38편 1절입니다.

"여호와여 주의 노하심으로 나를 책망하지 마시고 주의 분노하심으로 나를 징계하지 마소서"

기도자는 현재 자기가 겪는 상황을 하나님의 노하심과 분노하심의 결과로 여깁니다. 시인은 자기가 현재 겪는 고난의 원인이 자기의 잘못 때문은 아닌지 자기를 먼저 살핍니다. 하나님이 자기의 유일한 희망이심을 고백합니다. 그는 기도를 마무리합니다. 21절과 22절입니다.

"여호와여 나를 버리지 마소서 나의 하나님이여 나를 멀리하지 마소서 속히 나를 도우소서 주 나의 구원이시여"

역설적이지만 우리가 바라보아야 하는 유일한 희망이 하나님임을 알게 하는 것이 절망입니다. 시편에는 절망적인 상황 가운데 드리는 수많은 기도들이 있습니다. 그런데 그 기도를 가만히 읽다 보면 절망 속에서도 그 끝은 찬양으로 마무리되는 것을 볼 수 있습니다. 학자들은 이 현상을 '분위기 반전' Stimmungsumschwung 이라 합니다. 구약학자들은 시편에서 왜 분위기 반전이 나타나는지에 대해 연구했고, 수많은 결론 가운데 가장 주목할 만한 것이 있습니다. 절망 가운데 있는 기도자가 간구하다가 하나님의 구원 약속신탁을 받았고, 이에 대한 기쁨으로 찬양으로 마무리한다는 것입니다. 바로 절망 속에서 기도자는 자신이 이 상황 속에서 아무것도 할 수 없지만, 하나님께서 유일한 희망이 되심을 고백하고, 이 기도가 응답받음으로 기쁨의 찬양을 드린다는 말입니다. 찬양의 이유가 되는 응답의 내용은 시편 안에 없습니다. 다만 구약학자들의 견해를 따라 '구원에 대한 하나님의 약속이 있었을 것이다'라고 추정만 할 뿐입니다. 그러나 스가랴 9장 1절과 2절은 시편에는 생략되었던 찬양의 이유를 보여줍니다. 바로 절망 속에서, 내가 아무것도 할 수 없는 그 순간에 하나님의 임하심과 하나님의 일하심을 보게 합니다. 절망은 우리에게만은 희망이 될 수 있습니다. 바로 절망은 우리가 얼마나 잘못된 것을 기대하며 살아왔는지를 드러내고, 하나님을 기대하게 하기 때문입니다. 절망이 희망으로 바뀔 수 있는 것은 오직 하나님의 임하심입니다.

이제 우리가 기대해야 하는 희망이 오직 하나님의 임하심에 있음을 알았습니다. 또한 스가랴 9장의 말씀은 하나님의 임하심을 바라는 공동체의 이상적인 모습이 무엇인지 보여줍니다.

가장 먼저, 하나님의 임재를 바라는 사람은 지혜롭게 행동합니다.

지혜롭게 행동해야 한다는 말은 얼핏 보기에는 추상적이거나 상당히 광범위해 보입니다. 이 의미를 살펴보기에 앞서 본문의 2절과 3절을 살펴보겠습니다.

> "그 접경한 하맛에도 임하겠고 두로와 시돈에도 임하리니 그들이 매우 지혜로
> 움이니라 두로는 자기를 위하여 요새를 건축하며 은을 티끌같이, 금을 거리
> 의 진흙같이 쌓았도다"

본문은 하나님의 말씀이 이방 나라에도 임할 것임을 말합니다. 그런
데 2절은 하나님의 말씀이 이방 땅에 임하는 이유를 덧붙이는데, 그
이유는 그들이 매우 지혜롭기 때문이라 말합니다. 그리고 그들의 지혜
로운 행동이 무엇인지 3절에서 확인할 수 있습니다. 본문에서 서술하
는 그들의 지혜로운 행동은 나라를 지키기 위해 요새를 건축하고, 재물
을 무한정 축적한 것입니다. 그런데 성경에서 지혜롭다고 말한 이방인
들의 행동은 실상은 지혜로운 것이 아니라 미련한 행동임을 이내 알
수 있습니다. 4절은 이들이 자기를 지키기 위해서 아무리 애써도 하나
님께서 완전한 승리를 거두심을 말합니다. 바로 2절은 하나님의 통치
를 피하려고 애쓰는 이방에 대한 조롱입니다. 무엇보다도 성경에서 조
롱을 통해 대상을 평가하는 것은 강한 부정을 의미합니다. 바로 하나님
께서 이 행동이 지혜롭지 못한, 아주 무가치한 행동이라는 것을 표현합
니다.

그런데 그들이 스스로 지혜롭다고 여기면서 했던 모든 행동은 세상
의 방식, 상식을 그대로 투영합니다. 상식적으로 그들의 행동은 너무나
당연합니다. 적의 공격을 막으려면 방어시설이 있어야 하고, 이를 건축
하려면 많은 돈이 필요합니다. 완전한 방어를 위한 이들의 계산적이고
철저한 행동은 지혜롭다고 칭찬받아야 합니다. 그러나 하나님은 이 행
동이 지혜롭지 못하다고 말씀하십니다. 가장 먼저, 하나님께서 이를
두고 지혜롭지 못하다고 말씀하시는 이유는 이 행동이 하나님을 거부
하는 것이기 때문입니다. 하나님의 통치를 거절하는 것이기 때문입니

다. 본문의 문맥상으로 볼 때, 이방 나라들이 공통적으로 보이는 이 행동은 자기 나라에 임하시는 하나님을 막아내고자 애쓰는 모습을 보여줍니다. 그리고 본문은 하나님의 통치를 거부하는 이 모습에 대해서 지혜롭지 못하다고 말합니다. 또한 하나님께서 이 모습에 대해 지혜롭지 않다고 말씀하시는 것은 인간의 교만함을 보여주기 때문입니다. 본문에서 보여주듯이 이들이 철저하게 하나님의 통치에 저항하려는 모습은 내 힘으로 충분히 하나님을 대적할 수 있을 것이라는 교만함을 보여주는 것입니다. 그러나 이 본문은 분명하게 이방 나라들이 하나님 앞에 보이는 모습을 통해서 우리에게 하나님의 임하심을 바라는 사람의 지혜로움이 무엇임을 가르칩니다. 바로 겸손함으로 하나님의 통치를 바라고 기대하는 것입니다.

둘째, 하나님의 임하심을 기대하는 사람은 하나님의 통치를 기뻐합니다. 이 말은 하나님을 대하는 우리의 삶의 태도에 대한 가르침입니다. 본문의 9절과 10절입니다.

> "시온의 딸아 크게 기뻐할지어다 예루살렘의 딸아 즐거이 부를지어다 보라 네 왕이 네게 임하시나니 그는 공의로우시며 구원을 베푸시며 겸손하여서 나귀를 타시나니 나귀의 작은 것 곧 나귀 새끼니라 내가 에브라임의 병거와 예루살렘의 말을 끊겠고 전쟁하는 활도 끊으리니 그가 이방 사람에게 화평을 전할 것이요 그의 통치는 바다에서 바다까지 이르고 유브라데 강에서 땅 끝까지 이르리라"

본문은 시온의 딸, 바로 예루살렘 거민으로 대표되는 귀환 공동체를 부르는 것에서 시작합니다. 본문에서 시온의 딸을 호명하는 목적은 분명합니다. 크게 기뻐하고 즐거이 부르라 명령하기 위함입니다. 그 이유는 바로 하나님의 통치가 시작되기 때문입니다. 또한 이 본문은 하나님의 통치의 특징을 설명하는데, 바로 온 땅에 평화가 시작된다는 것입니다. 이 평화의 개념은 단순하게 전쟁이 그친 것만을 의미하지 않습니다. 누구나 다, 세상에서 소외된 모든 사람들도 평안하게 살 수 있다는 선언입니다. 이것이 바로 하나님께서 통치하시는 세상의 모습입니다. 그런데, 오늘 본문은 그 통치에 대해 예루살렘 거민이 해야 할 일을 크게 기뻐하고 즐거이 부르는 것이라 말합니다. 한 마디로 하나님께서 다스리실 때에 그것을 기뻐하라는 말입니다. 이 말은 상당히 대상에 대해 하나님의 통치를 적극적으로 받아들이라는 명령이기도 합니다. 신약 복음서에서도 이 말씀을 인용합니다. 바로 예수님께서 예루살렘에 입성할 때 사용됩니다. 예수님의 오심이 이 말씀의 성취라는 것입니다. 예수님께서 입성하실 때에도 스가랴 본문의 명령처럼 수많은 예루살렘 거민들이 들떠 예수님을 맞이했습니다. 그러나 이들은 이내 예수님을 십자가에 못 박으라고 외치는 성난 군중으로 바뀝니다. 이들은 진정으로 하나님의 통치를 원하던 사람들이 아니었습니다. 그저 자신의 욕심을 예수님께 투영하였을 뿐이고, 자신들의 기대랑 어긋나자 이내 예수님을 버립니다.

예수님께서는 또한 비슷한 말씀을 비유를 통해 하시기도 했습니다. 바로 혼인 잔치 비유입니다. 혼인 잔치를 베푼 어떤 임금이 청한 사람들을 잔치에 오라고 합니다. 그러나 초청받은 사람들은 개인적인 이유를 대면서 참석하지 않습니다. 왕이 보낸 종들을 죽이며 적극적으로 거부하던 사람도 있습니다. 그러자 임금은 화가 나 그 사람들을 죽이고 그 마을을 불태웁니다. 이 이후 잔치에 길에서 만나는 사람들을 초청하기로 합니다. 그런데 이 자리에 초청한 사람들 중에 예복을 입지 않았던 한 사람이 있어 그 사람을 쫓아냅니다. 이 비유의 말씀은 예수님의 오심을, 하나님의 통치를 거부하던 사람들의 모습입니다. 당시 제사장들과 바리새인, 장로들과 같은 사람을 비판하는 말씀입니다. 그런데 잔치에 어울리는 복장을 한 사람, 그러니까 스가랴 9장 9절을 따라 이해하면, 하나님의 통치에 크게 기뻐하고 즐겁게 부르는 사람만이 하나님께서 베푸는 평안을 누릴 수 있습니다. 여러분은 하나님의 오심, 하나님의 다스림을 기대하고 기뻐할 것으로 여기고 계십니까? 하나님께서 통치하시는 세상은 하나님을 거절하거나 관심이 없거나 거부하는 사람들에게는 어울리지 않는 곳입니다. 또한 예수님 당시 예루살렘 주민들이 그랬던 것처럼, 하나님께 자신의 욕심을 투영하여 바라던 사람에게도 어울리지 않는 곳입니다. 그 곳에는 이런 사람들이 들어갈 수 없습니다. 그렇기 때문에 이 말씀은 하나님을 대하는 우리의 태도에 대한 가르침이라 할 수 있습니다.

셋째, 하나님의 임하심을 기대하는 사람은 고난 중에도 소망을 품습니다. 12절입니다.

> "갇혀 있으나 소망을 품은 자들아 너희는 요새로 돌아올지니라 내가 오늘도 이르노라 내가 네게 갑절이나 갚을 것이라"

이 본문은 하나님의 백성에게 돌아올 것을 명령합니다. 돌아올 목적지는 요새입니다. 구약에서 요새는 하나님을 표현할 때 가장 빈번하게 사용되는 은유입니다. 바로 하나님께 돌아오라는 요청입니다. 그런데, 본문은 돌아올 것을 요청받은 사람들을 이렇게 표현합니다. "갇혀 있으나 소망을 품은 자들." 갇혀 있다는 말은 다양하게 이해할 수 있습니다. 스가랴 9장이 전쟁을 배경으로 하기에, 전쟁 포로로 이해할 수도 있습니다. 그러나 스가랴 9장의 배경이 바벨론 귀환 이후임을 고려하면, 아마도 다른 이유로 억눌림을 받는 사람들을 의미하는 것으로 보아야 합니다. 하나님을 따른다고, 하나님의 법을 지킨다고, 현대의 상황으로 말하자면 그리스도인이라는 이유로 따돌림을 당하거나 사회적인 불이익을 당하는 사람들을 가리킵니다. 여기서 우리는 돌아올 것을 요청받은 사람을 수식하는 또 다른 말에 주목해야 합니다. 바로 '소망을 품다'라는 말입니다. 견디기 힘든 상황에 있지만, 여전히 하나님을 기대하고 하나님을 소망으로 삼는다는 말입니다. 하나님 한 분만이 이 상황에서 자신을 구속해 주실 수 있을 것이라 믿는 것입니다. 본문의 표현대로라면 이 사람은 하나님께로부터 갑절이나 받을 것이고 하나님과 함께 승리를 맛보게 됩니다. 그런데 여기서 이 사람이 겪는 어려움은 누구나 쉽게 이겨낼 수 있는 그런 어려움을 의미하지 않습니다. 11절은 "물 없는 구덩이에서 놓았다"라고 말합니다. 물 없는 구덩이는 보통 구약에서 죽을 수밖에 없는 공간을 가리킵니다. 바로 이 물 없는 구덩이는 상상을 초월하는 고난과 고통 속에 있음을 의미합니다. 하지만 하나님은 분명히 백성 된 우리를 이끌어 내십니다. 그것이 어떤 형태의 고난일지라도 하나님은 이끌어 내십니다. 바로 오늘 본문이 증언하는 것처럼 하나님은 어떤 고난 속에서도 이끌어 내셨고, 이끌어 내시고, 이끌어 내실 것입니다. 우리에게 필요한 것은 하나님께 대한 소망을 품는 것입니다. 하나님은 자신을 소망으로 품은 사람을 자신에게 돌아오라 말씀하십니다. 그리고 하나님은 소망을 품은 모든 사람이 하나님에게 돌아왔을 때, 이 본문에서 약속하신 것처럼 갑절이나 갚아주실 것입니다.

결단의 말씀

레미제라블의 시작은 미리엘 주교의 이야기로 시작합니다. 그것도 적지 않은 분량을 미리엘의 삶을 소개하는 데에 할애합니다. 바로 빅토르 위고는 미리엘의 삶을 조명하면서 절망적인 상황 안에서 여전히 희망이 있음을 말합니다. 이는 그리스도인들도 동일하게 절망의 상황에 놓일 수 있음을 말합니다. 하지만 동시에 그리스도인은 무엇인가 다름을 보여줍니다. 미리엘은 절망적인 상황을 겪었으나 하나님을 바라보는 새 삶을 살았고, 그의 삶은 하나님의 임재를 기대하는 삶이 무엇인지 그대로 보여 주었습니다. 자기의 모든 것을 억눌린 사람들을 위해 내어줌을 통해 하나님의 다스림을 그의 삶 속에 그대로 녹여내었고, 어떤 어려운 일이 있어도 그 일을 기쁨으로 하나님의 통치를 바라봅니다. 그가 어떤 어려운 상황에서도 긍정적으로 행동할 수 있었던 것은 하나님의 임재를 바라보았기 때문입니다. 고난 중에도 소망을 품었습니다. 그런 그의 삶은 헛된 것이 아니었습니다. 하나님의 약속처럼 갑절이나 받게 됩니다. 바로 절망 중에도 하나님을 소망하는 그의 모습을 통해 장발장을 변화시킵니다. 이처럼 우리는 절망 속에서 하나님의 일하심을 바라보아야 합니다. 기대해야 합니다. 그리고 하나님의 임재를 소망하며 살아야 합니다.

이스라엘 백성 모두를 향한 하나님의 구원

...

스가랴 10:1-12

강성열

(호남신학대학교)

도입

학개^{학 2:10}보다 두 달 정도 늦은 주전 520년 8월에 예언 활동을 시작^{슥 1:1}한 스가랴는 학개와 나란히 제2성전의 재건에 앞장선 예언자입니다. 그러면서도 그는 성전 재건 메시지만을 선포했던 학개와는 달리, 여덟 가지 환상에 대해서 보고하며, 예루살렘의 회복과 번영에 대해서도 예언하고 있습니다. 이에는 메시아가 곧 올 것이요, 마지막 날에 전면적인 하나님의 심판과 구원이 이루어질 것이라는 예언이 포함되어 있습니다. 달리 말해서 스가랴는 거의 전적으로 성전 건축에 초점을 맞추고 있는 학개와는 달리, 성전 건축에 더하여 성전 회복 후에 있을 하나님의 새로운 구원에까지 관심을 가졌다는 말입니다.

또 한 가지 주목할 것은, 시문체로 된 9-14장이 산문체로 된 1-8장과 여러 가지 점에서 다르다는 점입니다. 둘 사이의 가장 두드러진 차이는

9-14장에 연대에 대한 언급이 전혀 없고, 스룹바벨이나 여호수아 같은 인물들의 이름 또는 재건된 성전 등에 대한 언급도 전혀 나타나지 않는다는 것입니다. 또한 1-8장이 평화적이고 안정적인 분위기를 유지하는 반면에, 9-14장은 군사적이고 불안정한 분위기를 강하게 가지고 있다는 점도 양자 사이에 있는 중요한 차이라고 할 수 있습니다. 그 까닭에 많은 학자들은 9-14장이 초기 묵시의 경향을 보인다고 말합니다. 오늘 설교하게 될 스가랴 10장도 그런 점에서는 초기 묵시의 시각에서 이해할 필요가 있어 보입니다. 종말의 날에 이루어질 일들을 기록하고 있다는 시각이 그렇습니다. 이 점을 염두에 두면서 스가랴 10장 본문을 주해함과 아울러 설교의 중심 주제들도 겸하여 살펴보도록 하겠습니다.

본문 강해

1. 넉넉한 비와 채소를 주시는 하나님 10:1

스가랴는 10장을 시작하면서 가장 먼저 봄비가 올 때 구름을 일게 하시는 야훼께 비를 구하라고 명합니다. 그가 이처럼 10장 서두에서부터 비에 대한 기도와 간구를 언급하는 것은 바로 앞장의 마지막 절이 비와 관련된 내용으로 마무리되기 때문입니다: "그의 형통함과 그의 아름다움이 어찌 그리 큰지 곡식은 청년을, 새 포도주는 처녀를 강건하게 하리라" 9:17. 이 구절의 중간에 나오는 곡식과 포도주는 하늘에서 내리는 비와 밀접한 관련성을 가지고 있기에, 이스라엘 백성은 구름을 통하여 이른 비와 늦은 비신 11:14; 렘 5:24; 호 6:3; 욜 2:23를 내려주시는 야훼께 비를 구해야 한다는 것입니다. "늦은 비"라고도 불리는 봄비는 3-4월에 내리는 비를 가리키는바, 이 비는 곡식과 포도나무가 잘 자라서 풍성한 수확을 가능케 하도록 돕는 매우 중요한 하나님의 선물입니다. 그래서 스가랴는 이스라엘 백성에게 비를 선물로 주시는 야훼께 적절한 시기에 봄비를 내려달라고 기도하라는 예언의 말씀을 주는 것입니다.

적절한 시기에 내리는 비를 원하는 이스라엘 백성의 이러한 기도에 하나님은 어떻게 반응하실까요? 그는 비를 구하는 자기 백성에게 소낙비를 내려주시고 밭의 채소도 주실 것입니다. 때가 되면 이른 비와 늦은 비가 알아서 내릴 수도 있겠지만, 우주 만물을 창조하시고 자연계를 주관하시는 하나님이 허락하지 않으면 내려야 할 비도 내리지 못하기 에^{왕상 18장의 갈멜산 대결 참조}, 이스라엘 백성은 곡식이 잘 영글도록 돕는 비를 달라고 야훼께 구해야 하는바, 그러한 간구에 대하여 하나님은 단순한 비가 아니라 소낙비와도 같이 풍성한 비를 내려주실 것이요, 그럼으로써 밭의 채소가 잘 영글어 넉넉한 수확이 이루어지게 하실 것입니다. 이로 인해 사람들은 밭의 채소를 풍성하게 먹을 수 있을 것이요, 가축들 역시 목초지의 풍성한 풀을 뜯어 먹을 수 있을 것입니다.

2. 지도자들의 타락과 하나님의 징벌 10:2-3a

앞 절에서 스가랴가 강조한 것처럼, 비를 주시는 야훼 하나님께 구하면 소낙비와도 같이 풍성한 비와 넉넉한 채소 수확이 가능하게 되지만, 그 반대로 하나님을 섬기고 그에게 기도하는 대신에 일종의 가족 수호신상이라 할 수 있는 드라빔^{idols=teraphim, 창 31:19; 삿 17:5}을 찾고 복술자들^{diviners}에게 의존하고자 하는 자들은 망하게 될 것입니다. 왜냐하면 드라빔은 허탄한 것을 말하고^{겔 21:21-23; 21절의 "우상"은 히브리어 '드라빔'을 번역한 것임} 이방 신을 의지하여 점을 치는 복술자들은 진실하지 않은 것을 보면서 거짓 꿈을 말하기 때문입니다^{신 18:10-11}. 그 까닭에 그들이 주는 위로는 헛될 수밖에 없습니다. 이처럼 야훼 하나님을 버리고 우상들과 복술자들을 찾는 이스라엘 백성은 양 떼같이 방황하며, 그들을 바른 길로 인도해야 할 참된 목자들^{지도자들}이 없음으로 인하여, 하나님을 의지하는 자들이 받게 될 복^{10:1}과는 달리 고통만을 당하게 됩니다^{10:2}. 이것은 결과적으로 참된 지도자들이 사라지고 없는 상황에서 백성이 고통을 당하는 암울한 현실을 고발한 것이라 할 수 있습니다.

바벨론 포로기 동안에 활동했던 에스겔은 이렇듯이 참된 지도자들이 사라지고 악한 지도자들이 횡행하는 현실을 훨씬 구체적으로 지적합니다. 거짓된 지도자들을 비난하는 에스겔 34장 2-6절의 예언 메시지에 의하면, 이스라엘의 목자들은 양 떼를 먹이려고 하지 않고 도리어 자기들만 배불리 먹고자 하는 이기적이고 탐욕적인 경제 동물들이요, 연약한 자들을 강하게 하지도 않고 병든 자들을 고치지도 않으며, 상한 자들을 싸매거나 쫓기는 자들을 돌아오게 하지도 않을뿐더러, 잃어버린 자들을 찾기는커녕 포악으로 그들을 다스리는 악독한 자들이었습니다. 하나님은 이처럼 악독한 지도자들을 그냥 두지 않으십니다. 그는 거짓되고 탐욕스러운 목자들, 곧 이스라엘 백성의 악독한 지도자들을 향하여 분노하시며, 양 떼를 괴롭히는 숫염소^{렘 50:8 참조}와도 같이 거칠고 반항적인 악한 지도자들을 반드시 벌하실^{'파카드' 동사, visit=punish} 것입니다^{10:3a}.

3. 유다 백성을 향한 하나님의 구원 ^{10:3b-5}

야훼 하나님은 양 떼와도 같은 유다 백성을 보살펴야 함에도 불구하고 그렇지 못한 사악한 지도자들을 벌하시지만^{'파카드' 동사, visit=punish}, 그들에게 괴롭힘을 당하는 유다 백성을 돌보실^{'파카드' 동사, visit=care for} 것이요, 그들을 전장을 누비는 준마들처럼 강하게 만들어 주셔서^{10:3b}, 이제는 그들이 더 이상 자기들을 괴롭히는 원수들에게 압제당하지 않고 도리어 그들에게 승리를 거두게 하실 것입니다. 뿐만 아니라 야훼 하나님은 유다 백성이 신뢰할 수 있는 믿음직한 지도자들을 세워주실 것입니다.

스가랴는 하나님이 세워주실 그러한 지도자들을 네 가지 특이한 표현들을 통해서 잘 설명하고 있습니다. 모퉁잇돌cornerstone과 같은 지도자, 하나님 나라를 지탱할 장막 기둥과도 같은 지도자, 모든 대적을 무찌를 전투용 활과도 같은 지도자, 원수들을 멸할 강력한 힘을 가진 권세 잡은 지도자 등이 그렇습니다10:4. 여기서 주목할 표현은 "모퉁잇돌"이라는 낱말입니다. 이 낱말은 이사야 19장 13절에서 지도자를 가리키는 의미로 사용되고 있습니다.

> "소안의 방백들은 어리석었고 놉의 방백들은 미혹되었도다. 그들은 애굽 종족들의 모퉁잇돌이거늘 애굽을 그릇 가게 하였도다"

그런가 하면 베드로를 비롯한 신약성서 기자들은 "건축자가 버린 돌이 집 모퉁이의 머릿돌이 되었다"는 시편 118편 22절 말씀을 인용하면서, 그 모퉁잇돌이 종국에는 예수 그리스도를 가리킨다고 설명합니다. 예수께서도 그 말씀을 자신에게 적용하신 적이 있습니다.

> "이 예수는 너희 건축자들의 버린 돌로서 집 모퉁이의 머릿돌이 되었느니라"
> 행 4:11

> "너희는 사도들과 선지자들의 터 위에 세우심을 입은 자라 그리스도 예수께서 친히 모퉁잇돌이 되셨느니라" 엡 2:20

> "성경에 기록되었으되 보라 내가 택한 보배로운 모퉁잇돌을 시온에 두노니 그를 믿는 자는 부끄러움을 당하지 아니하리라 하였으니, 그러므로 믿는 너희에게는 보배이나 믿지 아니하는 자에게는 건축자들이 버린 그 돌이 모퉁이의 머릿돌이 되고" 벧전 2:6-7

> "예수께서 이르시되 너희가 성경에 건축자들이 버린 돌이 모퉁이의 머릿돌이 되었나니 이것은 주로 말미암아 된 것이요 우리 눈에 기이하도다 함을 읽어 본 일이 없느냐" 마 21:42; 막 12:10

그렇다면 하나님이 세우실 네 가지 유형의 지도자들은 무슨 일을 하게 될까요? 5절이 그 점을 잘 설명해주고 있습니다. 그들은 유다 백성과 함께 원수를 대적하여 전쟁을 벌일 때 용감무쌍한 전사戰士들처럼 싸울 것이요, 마치 진흙을 밟는 듯한 방식으로 원수를 짓밟음으로써 완벽한 승리를 거두게 될 것입니다. 물론 이러한 완벽한 승리는 그들 스스로의 힘으로 이루어지는 것이 결코 아닙니다. 5절 하반절에 언급된 바와 같이, 원수를 향한 유다 백성의 완벽한 승리는 전적으로 하나님의 도우심에 의하여 이루어지는 것입니다. 야훼께서 그들과 함께 하시지 않으면 어떠한 승리도 이룰 수 없지만, 야훼께서 그들과 함께 하신다면 그들은 말을 탄 자들, 곧 원수의 군대를 이끌고 있는 강한 용사들에게 거뜬히 승리를 거둠으로써 그들을 부끄럽게 만들 수 있을 것입니다10:5.

과거에는 이스라엘 백성이 하나님을 섬기는 대신에 우상들을 숭배하기도 하고 강대국들의 무력을 의존하는 죄를 범한 까닭에, 하나님의 징계를 받아 정작 그들이 원하던 도움을 누구에게도 받지 못하는 수치를 당한 적이 있었습니다.

"그들이 다 자기를 유익하게 하지 못하는 민족으로 말미암아 수치를 당하리니 그 민족이 돕지도 못하며 유익하게도 못하고 수치가 되게 하며 수욕이 되게 할 뿐임이니라"사 30:5

그러나 이제는 상황이 역전되어 하나님의 은혜로 원수의 군대를 향하여 거뜬히 승리를 거둘 것이요, 그럼으로써 원수의 강한 용사들까지도 부끄러움에 사로잡히게 만들 수 있을 것입니다.

4. 요셉 족속까지도 구원하시는 하나님 10:6-7

야훼 하나님은 이미 포로에서 돌아온 유다 족속을 견고하게 만들어

주시지만, 형제 민족인 요셉 족속까지도 구원해 주실 것입니다. 남왕국 유다나 북왕국 이스라엘이나 본래는 나라가 분열되기 이전부터 하나님께서 선택하신 민족이기 때문입니다. 그러기에 야훼께서는 주전 722년경에 앗수르 제국에 의해 멸망하여 여러 나라로 사로잡혀 갔던 요셉 족속, 곧 북왕국 이스라엘 백성을 구원하실 것이요, 사로잡혀 간 모든 곳에서 그들을 고국으로 돌아오게 하실 것입니다 10:6a. 야훼께서 북왕국 이스라엘 백성까지도 구원하시는 것에는 한 가지 중요한 이유가 있습니다. 그것은 곧 야훼 하나님의 긍휼하심입니다. 여기서 말하는 "긍휼"은 히브리어로 '라하밈'이라는 낱말을 번역한 것입니다. 영어권에서 흔히 compassion으로 번역되는 '라하밈'은 엄마의 자궁이나 태를 뜻하는 '레헴'의 복수형으로, 태중에 있는 아기를 향한 엄마의 사랑을 뜻하는 매우 중요한 낱말입니다.

다윗의 아들 솔로몬왕이 두 창기의 친자확인 소송 왕상 3:16-28에서 확인하고자 한 것이 바로 이 '라하밈'이었습니다. 진짜 엄마라면 살아남은 아기를 향한 '라하밈'이 그대로 남아있기에 절대로 그 아기를 죽이지 못하게 할 것이라는 확신이 솔로몬에게 있었습니다. 그래서 그는 칼로 그 아기를 둘로 나누어 두 창기에게 공평하게 나누어주라고 태연히 말할 수 있었던 것입니다. 아니나 다를까 진짜 엄마는 자기 아들을 위하여 '라하밈' 개역개정판은 이 히브리어 낱말을 "마음"으로 번역함이 불붙는 것 같아서 살아남은 아기를 죽이지 말고 차라리 다른 창기에게 주라고 말합니다. 그러나 가짜 엄마는 자기 아들이 죽고 없는 터라 이미 '라하밈'이 사라지고 없었기 때문에 뻔뻔스럽게도 솔로몬에게 그 아기를 둘로 나누어 주라고 말합니다.

이처럼 중요한 '라하밈'이 야훼 하나님께 있는 까닭에 요셉 족속은 구원을 얻게 될 것이요, 안전하게 고국으로 돌아오게 될 것입니다. 이로써 그들은 마치 야훼께서 그들을 내버린 적이 전혀 없었던 것처럼 완전한 회복을 경험하게 될 것입니다. 그뿐만이 아닙니다. 야훼께서는 한때 자신을 버리고 우상을 숭배했던 요셉 족속에게 대하여 그들의 하나님 야훼가 되실 것이요, 그들의 기도와 간구에 응답하는 모습을 보이실 것입니다 10:6b. 이것은 앞서 스가랴가 예언했던 심판 선고 7:13가 완전히 역전될 것임을 의미합니다.

> "내가 불러도 그들이 듣지 아니한 것처럼 그들이 불러도 내가 듣지 아니하리
> 라 만군의 여호와가 말하였느니라" 슥 7:13

과거에는 야훼께서 그들을 부르셨으나 그들이 전혀 그의 음성에 귀를 기울이지 않았습니다. 그래서 야훼께서도 그들의 기도와 간구를 듣지 않았습니다. 그러나 이제는 상황이 달라질 것입니다. 풍성한 긍휼로 자기 백성을 사랑하시는 야훼께서 그들의 목소리와 기도와 간구를 들으시고 그들에게 응답하실 것이기 때문입니다.

야훼 하나님의 긍휼하심에 기초한 구원 은총에 힘입어 요셉 족속은 불행했던 과거의 기억을 모두 털어 버리고서 하나님과의 관계를 회복한 채로 전쟁 승리와 고국 귀환의 놀라운 기쁨을 누리게 될 것입니다. 7절의 예언 메시지에 그러한 사실이 잘 담겨 있습니다. 하나님의 심판을 받아 무기력하게 나라가 망하는 것을 지켜보기만 해야 했던 에브라임=요셉 족속이 이제는 용사들처럼 강맹하게 될 것이요, 포도주를 마심 같이 그들의 마음에 즐거움이 가득하게 될 것입니다. 스가랴는 앞서 5절에서 유다 족속의 지도자들과 그들의 백성 모두가 용사 같이 되어 원수를 무찌를 것이라고 예언한 적이 있는데, 7절은 동일하게 하나님의 백성으로 선택된 요셉 족속 역시 하나님의 구원 은총에 힘입어 용사같이 될 것이라고 예언한 것입니다. 뿐만 아니라 그들의 후손은 야훼께서 이루신 이 모든 구원과 고국 귀환 및 기도 응답 등을 직접 경험하

고서, 기쁨으로 가득 차게 될 것이요, 야훼 하나님으로 말미암아 마음에 즐거워할 것입니다[10:7].

5. 귀환과 더불어 주어지는 인구 증가의 복 [10:8-9]

야훼께서는 자기 백성 이스라엘을 구속하셨기에, 마치 목자가 양 떼를 우리 안으로 모으기 위해 휘파람을 부는'샤라크' 동사=사 5:26의 "불러"='샤라크'; 사 7:18의 "부르시리니"='샤라크' 것과도 같이 그들을 향하여 휘파람을 불어서 그들을 모으실 것입니다. 이렇듯이 야훼 하나님을 목자로 묘사한 스가랴는 이어서 그들이 하나님의 구속하심에 힘입어 이전에 번성했던 것과도 같이 크게 번성하는 인구 증가의 복을 누리게 될 것이라고 말합니다[10:8]. 이러한 인구 증가의 복은 이미 창세기 1장에서 태초의 인간에게 주어진 복이요, 아브라함을 비롯한 여러 족장들에게 계속 반복적으로 주어진 복이었으며, 예언자 호세아를 통하여 약속된 복이기도 했습니다.

"하나님이 그들에게 복을 주시며 하나님이 그들에게 이르시되 생육하고 번성하여 땅에 충만하라 …"창 1:28

"내가 네 자손이 땅의 티끌 같게 하리니 사람이 땅의 티끌을 능히 셀 수 있을진대 네 자손도 세리라 … 그를 이끌고 밖으로 나가 이르시되 하늘을 우러러 뭇별을 셀 수 있나 보라 또 그에게 이르시되 네 자손이 이와 같으리라 … 내가 네게 큰 복을 주고 네 씨가 크게 번성하여 하늘의 별과 같고 바닷가의 모래와 같게 하리니 네 씨가 그 대적의 성문을 차지하리라"창 13:16; 15:5; 22:17

"그러나 이스라엘 자손의 수가 바닷가의 모래 같이 되어서 헤아릴 수도 없고 셀 수도 없을 것이며 전에 그들에게 이르기를 너희는 내 백성이 아니라 한 그곳에서 그들에게 이르기를 너희는 살아 계신 하나님의 아들들이라 할 것이라"호 1:10

실제로 이스라엘 백성은 야곱 일가족 70명이 이집트로 이주출 1:5한 후에 남자만 해서 60만 명이 훌쩍 넘는 수로 불어났습니다민 2:32. 출 1:7, 9, 12, 20도 참조. 하나님의 은혜에 힘입어 엄청난 인구 증가가 이루어진 것이었지요.

물론 이스라엘 백성에게 이처럼 큰 번성함의 은혜를 내리시기 전에, 야훼 하나님은 우상 숭배의 죄를 범한 자기 백성을 징계하여 마치 씨를 뿌리듯이 그들을 여러 나라 사이에 흩으셨지만, 이제는 그들이 충분히 심판의 고통을 겪었다고 판단하시고서 그들을 긍휼히 여기신 나머지 그들을 구원하시되, 포로로 잡혀간 먼 곳에서 자녀들과 함께 살고 있다가 야훼를 기억하고서 자녀들과 함께 고국으로 돌아오게 하실 것입니다10:9. 하나님은 그들이 아무리 먼 곳까지 흩어져서 살게 되었다 할지라도, 그들을 완전히 멸하지 않으시고 도리어 그들 중에서 살아남은 자들을 두셔서, 그들로 하여금 야훼 하나님을 기억하게 하실 것이요, 그 기억에 의지하여 자녀들과 함께 고국으로 돌아오게 하실 것입니다. 남은 자를 두셔서사 4:2-3; 6:13; 7:3; 11:11, 16; 28:5; 37:31-32 등 참조 그들에게 고국 땅에서 이스라엘 민족의 역사를 계속 이어가게 하시는 하나님의 귀한 은총이 아닐 수 없습니다.

6. 귀환 이후의 새로운 삶 10:10-12

이어지는 10절에서 스가랴는 야훼께서 그들을 압제와 속박의 땅 이집트 땅에서 돌아오게 하실 것이요, 그들을 앗수르에서도 돌아오게 하실 것이라고 말합니다. 스가랴가 여기서 말하는 이집트와 앗수르는 과거에 이스라엘 백성을 압제하고 괴롭히던 나라들로서, 하나님의 백성이 포로로 잡혀가 고통 속에서 살아가던 지역을 상징하는 나라들이기도 합니다. 야훼께서는 이처럼 먼 곳까지 흩어져서 살아가던 자기 백성을 모아서 어디로 가게 하실까요? 10절 하반절은 그곳이 길르앗 땅과 레바논이라고 말합니다.

길르앗 땅은 흔히 "요단 동쪽"^{수 13:8, 32; 17:5; 왕하 10:33} 또는 "요단 건너편"^{민 22:1; 34:15}으로 일컬어지던 곳인데, 가나안 정착 초기에 르우벤 지파와 갓 지파 및 므낫세 반지파 등의 세 지파가 기업 분배를 받았던 곳^{민 32장; 수 12:1-6; 22:9}이기도 합니다. 그리고 레바논은 이스라엘 북쪽 지역의 경계에 위치한 곳^{수 13:6}을 가리킵니다. 야훼께서는 이 두 지역으로 자기 백성을 돌아오게 하실 것이지만, 하나님이 그들을 크게 번성하게 하신 까닭에, 그곳은 그들이 거할 곳이 충분하지 못할 정도가 될 것입니다. 앞서 말한 인구 증가의 복^{10:8a, "그들이 전에 번성하던 것 같이 번성하리라"}이 그들에게 크게 임했기 때문입니다. 스가랴의 이러한 예언은 남은 백성이 돌아올 것임을 예언했던 이사야 11장 11-12절과 16절을 생각나게 합니다.

그렇다면 야훼께서는 이처럼 자기 백성이 고국으로 돌아올 수 있도록 어떠한 일들을 행하실까요? 스가랴는 그것을 11절에서 상세하게 설명하고 있습니다. 야훼께서는 그들이 고난의 바다를 지나갈 때 바다 물결을 치실 뿐만 아니라, 이집트 경제의 양대 축을 이루는 농업과 유목업의 필수적인 수자원 공급원이라 할 나일강의 깊은 곳을 완전히 마르게 하심으로써, 과거에 출애굽할 때 그들이 홍해 바다를 마른 땅으로 건넜던 것처럼 그들이 안전하게 그 바다를 건너게 하실 것입니다. 그는 또한 북왕국 이스라엘을 비롯한 여러 나라들을 파멸에 빠뜨렸던 앗수르의 교만을 낮추실 것이요, 이집트의 왕권을 상징하는 규—홀도 사라지게 하실 것입니다. 그리하여 이제는 더 이상 이집트와 앗수르가 하나님의 백성을 괴롭히지 못하는 평화로운 시대가 열릴 것입니다. 11절의 이러한 말씀은, 야훼 하나님이 과거에 그러했던 것과 마찬가지로, 앞으로도 고국으로 돌아오게 될 자기 백성의 앞길을 막는 모든 장애물을 제거하실 것이요, 어느 민족도 그들을 더 이상 괴롭히지 못하게 하실 것임을 약속하신 것이라고 볼 수 있습니다.

스가랴는 이렇게 시작될 평화로운 시대가 어떻게 전개될 것인지를 12절에서 잘 가르쳐주고 있습니다. 야훼께서는 단순히 자기 백성을 구원하시고 그들을 평안히 고국으로 돌아오게 하는 것으로 끝내지 않고, 고국으로 돌아와 안전하게 정착한 그들이 예전처럼 주변 지역의 강대국들이나 우상들을 숭배하는 대신에, 이제는 야훼 하나님만을 의지하게 하실 것이요, 그럼으로써 그들이 하나님의 은혜와 도우심에 힘입어 누구도 함부로 괴롭히지 못할 강한 민족이 되게 하실 것입니다. 6절 상반절에도 비슷한 표현"내가 유다 족속을 견고하게 하며"이 나오는바, 하나님의 이러한 은혜가 이스라엘 백성에게 충분하게 주어진 결과, 그들은 어디를 향해 가든지 간에 야훼 하나님의 이름을 앞세우고서 늠름하게 전진하게 될 것입니다.

마지막으로 스가랴는 10장의 예언 메시지를 마무리하면서, 이상의 모든 말씀이 '느움 야훼'"야훼의 말이니라"임을 분명하게 밝힙니다. 이것은 10장의 예언 선포가 야훼 하나님께서 선포하신 말씀이기 때문에 반드시 성취될 것임을 강조하는 것이나 다름이 없습니다. 또한 이 표현은 야훼 하나님의 도우심과 은혜가 아니고서는 이스라엘 백성이 결코 견고하게 설 수 없으며, 희망찬 미래를 열어갈 수도 없음을 암시하는 것이라 할 수 있습니다. 더 나아가서 그것은 10장에 약속된 모든 것이 전적으로 스가랴를 통해서 예언의 말씀을 선포하게 하시는 야훼 하나님의 주권과 능력 속에서 이루어진다는 사실을 선포하는 것이라고도 할 수 있습니다.

결단의 말씀

첫째, 스가랴는 양 떼를 잘 인도하고 보살펴야 할 목자의 역할을 수행해야 할 지도자들이 그러한 역할을 제대로 수행하지 못했을 뿐만 아니라, 도리어 이스라엘 백성을 비뚤어진 길로 인도한 책임을 물으면서, 그들에게 임한 하나님의 진노와 심판에 대해서 언급합니다. 그는 또한 타락한 지도자들의 뒤를 따라 야훼 하나님 대신에 거짓된 우상 신들을 숭배하는 이스라엘 백성의 비뚤어진 모습을 고발하기도 합니다. 결국 이스라엘 민족의 지도자들이나 일반 백성이나 할 것 없이 모두가 하나님을 신뢰하고 그를 의지하기보다는 이방 나라의 우상 신들과 복술자들을 더 의지하고 주변 강대국들의 무력을 더 의지하는 모습을 보였기에 하나님의 진노를 살 수밖에 없습니다.

야훼 하나님은 이들의 잘못과 죄악을 결코 그대로 두지 않으십니다. 그들을 망하게 하시고 자기 나라가 아닌 다른 많은 나라들에 그들을 흩어버리십니다. 오늘의 우리도 마찬가지입니다. 우리가 아무리 열심히 주님의 이름을 부르면서 신앙생활을 한다고 해도, 삶의 중심이 주님을 향하지 않고 도리어 하나님 아닌 다른 것들, 곧 세속적인 것들에 기울어져 있다면, 하나님의 진노와 심판을 피하기 어렵습니다. 그런 일이 닥치기 전에 자신의 모습을 돌아보고서 하나님 중심주의를 속히 회복해야 할 것입니다. 진노의 심판을 이미 겪고 있는 상태라면, 참회하는 마음으로 하나님의 용서와 사랑을 구하고, 적절한 시기에 봄비를 내려주셔서 풍성한 수확을 가능케 하시는 하나님의 놀라운 구원의 은총을 사모해야 할 것입니다.

둘째, 하나님은 결코 자기 백성이 완전히 망하여 희망 없이 버려지는 것을 원하시지 않습니다. 비록 그들이 다른 신들을 섬기려고 하나님을 버리는 바람에, 야훼께서도 그들을 버리는 결과가 초래되기는 했지만, 하나님은 마치 태중의 아기를 목숨처럼 사랑하는 엄마와도 같이 자기 백성을 끝없이 사랑하시고 그들에게 긍휼을 한없이 베푸시는 분입니다. 그러기에 그는 자신이 언제 그들을 내버린 적이 있었느냐는 듯이 그들을 구원하시고 회복시켜 주십니다. 또한 하나님은 그들을 전쟁의 준마와 같게 하실 것이요, 모퉁잇돌과 말뚝, 싸우는 활, 권세 잡은 자와 같은 참된 지도자들을 세우시고 그들이 백성과 함께 용사처럼 담대하게 싸워 전쟁에서 원수의 군대를 향하여 대대적인 승리를 거두게 하실 것입니다. 그는 본래 한 민족이었던 유다 족속도 요셉 족속도 똑같이 구원하시고 회복시켜주실 것입니다. 그리고 먼 곳에까지 흩어져 살던 그들이 안전하게 고국으로 돌아올 수 있도록 모든 장애물을 제거하여 주실 것이요, 그들을 괴롭혔던 원수들_{이집트와 앗수르}을 망하게 하실 것입니다.

　하나님께서 베풀어주신 이러한 구원과 회복과 고국 귀환의 은총에 힘입어 이스라엘 백성은 포도주를 마실 때와 같이 마음이 즐거워질 것이요, 그들의 자손까지도 하나님의 놀라운 은총과 사랑을 목격하고서 야훼로 말미암아 마음에 즐거워하게 될 것입니다. 그 결과 그들은 이제 더 이상 하나님 아닌 다른 것들을 하나님보다 더 앞세우고 섬기는 어리석음을 범치 않을 것이요, 야훼 하나님과 그의 이름을 의지하는 삶에 최선을 다할 것입니다. 이로 인해 그들은 하나님의 더 큰 도우심과 구원 은총을 맛보게 될 것이요, 그들을 견고하게 하시는 하나님의 권능을 체험하게 될 것입니다. 지금 이 시대를 살아가는 신앙인들도 하나님의 이러한 도우심과 구원 은총에 늘 감사하며 그의 이름과 능력에 의지하여 살아가는 삶에 조금도 소홀함이 없어야 할 것입니다.

두 목자

...

스가랴 11:4-17

김선종

(정읍중앙교회)

도입

성경에서 목자와 양은 하나님과 백성, 예수 그리스도와 성도의 관계를 상징합니다. 다윗은 하나님을 목자로 부르고[시편 23편], 에스겔은 하나님이 거짓 목자를 쫓아내시고 백성에게 참 목자가 되어주실 것을 예언하며[에스겔 34장], 예수님은 선한 목자라고 자신을 소개하십니다[요한복음 10장]. 오늘날 교회에서는 목회자를 목자로, 성도를 양으로 여겨 목회를 목양으로 부르기도 합고, 목회자가 성도를 신실하게 돌보는 것을 목자가 성실하게 양을 치는 것으로 비유하기도 합니다. 양이 좋은 목자를 만나면 다행이고, 양을 지키지 않는 삯꾼 목자를 만나는 것은 불행한 일입니다. 반대도 마찬가지인데, 자신을 존중하여 순종하는 양을 돌보는 목자는 걱정할 일이 덜하지만, 고집이 세고 말을 듣지 않는 양을 돌보아야 하는 목자는 매사에 피곤하고 신경 쓸 일이 많습니다.

　오늘 본문에서 하나님은 예언자 스가랴에게 이해하기 힘든 상징 행동을 하게 하십니다. 선한 목자 노릇을 하게 하셨다가, 어리석은 목자 노릇을 하게 하십니다. 선한 목자가 되더라도 결국 잡혀 죽게 될 양을 치라고 하십니다. 스가랴가 실제로 양을 돌보는 목자 일을 하였는지, 아니면 하나님의 명령이 비유나 알레고리에 해당하여 목자에 해당하는 정치·종교 지도자와 양에 해당하는 이스라엘 백성의 운명을 말하고자 하는 것인지에 대해 여러 해석이 있습니다. 본문에 나오는 하나님의 명령과 예언자의 행동이 의미하는 것이 무엇인지 이해하기 어려워, 스가랴 11장 4-17절은 '구약에서 가장 수수께끼 같은 예언'으로 불리기도 합니다. 사실 하나님의 말씀을 한마디로 완전하게 이해하려고 하는 것이 욕심일 수 있습니다. 오히려 하나님의 준엄하신 뜻 앞에 겸손히 무릎 꿇는 것이 올바른 일입니다. 오늘 말씀을 통해 하나님은 어떠한 분이신지, 하나님의 일꾼은 누구인지, 양은 어떠한 삶을 살아야 하는지 묵상하려고 합니다.

본문 강해

1. 선한 목자 11:4-6

　먼저 하나님은 스가랴에게 선한 목자의 임무를 맡기십니다. 스가랴는 하나님으로부터 자신이 해야 할 일을 듣는데, 선한 목자가 되어 하나님의 양 떼를 돌보도록 책임을 맡습니다. 구약성경과 구약 주변 세계에서 목자는 단지 짐승을 치는 존재가 아니라, 정치 지도자를 가리키기도 합니다. 스가랴는 일반적인 양이 아니라 잡혀 죽을 양 떼를 먹이라는 명령을 받습니다. 여기에서 '잡혀 죽을 양 떼'를 '먹이라'는 하나님의 명령을 이해하기 쉽지 않습니다. '잡혀 죽을 양 떼'는 하나님이 인도하시고 돌보셨지만 거역하고 반역하다가 멸망에 이르게 된 남북 이스라엘을 가리키는데, 이들을 먹여야 하는 목자의 사명은 헛돼 보입니다. 스가랴는 어떤 의미에서 실패할 결과를 알고 있는 채로 임무를 맡습니다. 때로는 사람의 눈에 실패하는 것도 하나님의 계획일 수 있음을 깨달을 수 있습니다. 이스라엘 백성은 하나님의 심판으로 살육될 운명에 처해 있는데, 그들은 도살되기 위해 살찌워진 양처럼 다루어진 현실을 말합니다.

양 떼로 상징되는 백성의 운명은 비참합니다. '잡다'라는 동사가 4-5절에서 두 번 반복해서 나와 당시 거대한 불의의 상황을 폭로합니다. 양을 사는 사람이나 파는 사람 모두 양 떼의 상황에는 관심이 없습니다. 오직 양을 통해 돈을 버는 데만 관심이 있고, 양을 거래하는 일에 고용된 목자들도 전혀 양을 불쌍해하지 않습니다. 양을 희생시키고 백성을 눈물 흘리게 하여 부를 축적하는 것을 하나님의 은혜의 증거로 간주하여 하나님을 찬양하기도 합니다. 바벨론 포로지에서 돌아온 백성의 상황이 얼마나 암울했는지 알 수 있습니다. 하나님은 이러한 양이 겪게 될 현실을 6절에서 설명하시는데, 이 땅에 사는 사람을 불쌍히 여기지 않으실 것이라고 하십니다. 하나님을 떠나 불순종한 백성의 운명입니다.

2. 두 개의 상징 행위를 통한 임무 완수 11:7-14

하나님의 명령을 받은 스가랴는 7-10절에서 실제로 그 명령을 수행하는데, 스가랴가 하는 일이 좀 더 자세하게 묘사됩니다. 목자는 남북 이스라엘과 그들의 운명을 나타내는 존재로서 잡혀 죽을 가련한 양 떼를 먹이는데, 이 일을 감당하기 위해 양을 치는 지팡이 두 개를 가져다가 은총과 연합이라고 이름 짓습니다. 두 개의 지팡이는 다윗이 언급한 막대기와 지팡이처럼 양에 대한 하나님의 사랑과 돌봄을 상징합니다시 23:4. 은총과 연합은 하나님이 이 땅을 다스리시는 통치 방식이고, 두 지팡이의 상징적인 이름에 하나님의 목양 계획이 드러납니다. '은총'은 직역하면 '아름다움, 기쁨, 복'이고, 하나님의 아름다움이나 하나님이 사랑하시는 백성에게 베푸시는 은총을 나타냅니다. '연합'은 직역하면 '결속'인데, 사람이나 사물을 하나로 묶는 '끈'이나 '맹세'를 가리킵니다. 두 막대기는 하나님과 언약 관계 안에서 사는 삶의 복을 상징하는데, 양 떼의 안전을 보장하는 것은 오직 은총과 연합으로 하나님이 베푸시는 은총, 또한 함께 살아가는 사람들 사이의 연대와 결속이 양 떼를 안전하게 합니다. 은총과 연합이 하나님의 목양 계획이라는 것은 그리스도인이 신앙적으로 건강하게 살기 위해서는 하나님과의 수직적 관계와 함께 이웃과의 수평적 관계가 건강해야 함을 말합니다. 하나님께 은총을 받은 사람들끼리 연대해야 건강한 사회와 세상을 만들 수 있습니다. '종교'의 라틴어 어원이 '묶다'를 뜻하여 하나님과 사람, 사람과 사람을 묶는 것과 같습니다. 여기에 종교의 순기능이 있습니다. 종교는 사람을 하나님께 묶어 주고, 사람과 사람을 하나 되게 합니다.

목자에게는 다른 목자 셋이 있는데, 이들이 하는 일을 이제는 참고 볼 수 없어 그들을 해고합니다. 선한 목자가 악한 목자를 싫어하니 그들도 선한 목자를 좋아할 리 없습니다. 스가랴가 제거하는 세 목자의 정체를 확실하게 알기 어렵습니다. 본문에는 구체적인 역사적인 배경이 나오지 않기 때문입니다. 아마도 대제사장이나 유다의 마지막 세 왕을 암시하거나, 이스라엘을 부패하게 한 모든 지도자를 가리킬 수 있습니다. 주후 70년 로마 황제 티투스에 의해 성취되었다고 보기도 합니다. 볼드윈Baldwin이라는 학자는 악한 세 목자의 정체에 대해 모세 시대로부터 마카비 시대에 이르기까지 40개 이상의 정체를 소개할 정도입니다. 당연히 오늘날 악한 정치 지도자와 종교 지도자를 가리킬 수도 있습니다. 악한 목자가 제거되는 것은 불의한 권력과 하나님이 결코 공존할 수 없음을 보여 줍니다. 또한 하나님의 일을 맡은 목자에게도 그를 반대하는 세력이 있음을 말합니다. 예수님이 요단강에서 세례자 요한에게 세례를 받으시고 바로 다음에 만난 존재가 사탄인 것과 같습니다. 분명한 사실은 세 목자처럼 세상을 악한 목자들이 지배할 때가 있을지라도, 참 목자이신 하나님이 결국 모든 악한 권력을 단번에 멸하실 것이라는 점입니다. 예언자가 하나님의 은총으로 양 떼를 먹였는데도, 악한 목자들뿐만 아니라 양 떼마저도 선한 목자를 배척한 것으로 보입니다. 선한 목자는 이제는 양 떼를 먹이기를 멈추어 양들은 죽고 망하게 되며, 남은 것들이 서로를 잡아먹게 됩니다. 불순종하는 양 떼의 운명입니다.

그러고 나서 스가랴는 백성과 그들의 지도자들의 무관심 때문에 은총의 막대기를 꺾어 버립니다. 이로써 백성은 하나님의 은총으로 이끌려질 수 없고, 하나님이 그들과 맺으신 언약도 사라지게 됩니다. 스가랴 이전 두 히브리 왕국의 재통일을 상징하는 두 지팡이를 하나로 합친 에스겔겔 37:15-19과 달리 스가랴는 두 개의 지팡이를 나누어 이스라엘의 하나 됨과 야훼와의 언약 관계가 깨졌음을 극적으로 표현합니다. 은총이란 이름이 붙은 막대기를 자른 것은 하나님이 이스라엘을 위해 다른 민족과 맺으신 언약을 취소하셔서 이제는 이스라엘이 무방비 상태로 이들에게 내맡겨진 상태에 있다는 것을 뜻합니다. 마지막 보루로서의 은총이 깨졌으니 양이 마음대로 잡아먹히게 됩니다. 야훼께서 이스라엘을 더 이상 보호하지 않으실 것을 상징합니다. 양 떼가 상징하는 백성은 은총의 막대기가 깨지는 것을 보고, 그것이 하나님의 말씀, 하나님이 행하신 일이라는 사실을 알게 됩니다.

목자의 직을 그만두고 은총의 막대기도 꺾어 버린 다음에 목자는 양 떼에게 그동안 수고한 품삯, 일종의 퇴직금을 달라고 요구합니다. 줄 마음이 없으면 안 줘도 좋다고 합니다. 양 떼는 목자에게 은 30을 주는데, 이 액수는 소가 노예를 쳐서 죽였을 때 노예의 값에 해당하는 금액입니다 출 21:32. 가룟 유다는 스승 예수님을 은 30에 넘깁니다 마 27:3-10. 포로 후기에 느헤미야는 이전 총독들이 백성에게 은 40을 빼앗은 것을 나쁘게 평가합니다 느 5:15. 스가랴 전문가들은 은 30의 액수에 대해 서로 다르게 평가하기도 합니다. 이 돈이 적은 액수라면 미래의 메시아도 부당한 대우를 받으며 고난을 받을 것을 미리 보여 줍니다 마 27:9-10. 땀 흘리며 돌본 양 떼에게 무시당했듯이, 예수님은 믿었던 제자인 유다에게 배반당하십니다. 만약에 은 30이 적지 않은 상당한 액수라면 양 떼는 자신들을 위해 수고한 목자의 노고를 돈으로 해결하려고 한 것으로 볼 수 있습니다. 우리말 성경에서도 '그 삯'개역개정, '알맞은 삯'새번역, '후하게 받은 품삯'공동번역으로 다르게 번역하여, 본문을 이해하는 것의 또 다른 어려운 예를 보여 줍니다. 목자의 인격과 삶을 존중한 것이 아니라, 하나의 물건처럼 대합니다.

하나님은 목자가 받은 돈을 성전의 토기장이에게 던지라고 하십니다. 양 떼가 나름대로 알맞은 돈이라고 생각하여 준 돈이 하나님을 불쾌하게 만든 것입니다. 하나님이 임명하신 목자를 함부로 대한 것은 하나님을 무례하게 대한 것과 같습니다. 하나님은 스가랴에게 그 삯을 토기장이에게 던지라고 명령하시는데, 토기장이는 성전과 관련된 장인에 해당하는 것으로 보입니다. 토기장이가 필요한 것은 성전 의식을 위해 필요한 제사 용기를 계속해서 공급받아야 하기 때문입니다. 돈을 성전의 토기장이에게 던진 것은, 민족의 지도자들이 우상 숭배적인 예배를 허용하고 부추겨 이스라엘의 진정한 목자이신 하나님에 대한 그들의 마음을 가장 많이 드러낸 곳이 성전이기 때문입니다. '던지다'라는 동사를 반복해서 사용하는 것은 상징 행위에 암시된 경멸적인 성격을 가리킵니다. 스가랴는 품삯을 토기장이에게 던짐으로 목자의 임무를 이제 완전히 포기합니다.

그러고 나서 목자는 연합이라고 이름 붙인 또 다른 막대기를 꺾어 버립니다. 은총으로 불리는 첫째 막대기를 자른 것이 이스라엘을 하나님이 이방 민족들에게 넘겨주신 것을 뜻한다면, 연합으로 불리는 둘째 막대기를 자른 것은 하나님 백성 자체가 결정적으로 나누어진 것을 뜻합니다. 가정과 사회와 국가와 겨레가 갈기갈기 찢어지게 됩니다. 하나님의 은혜를 신뢰하지 않고 서로 연대하여 지탱하지 않는 공동체에 대해 하나님은 은총을 거두시고 연대를 깨뜨리십니다. 두 막대기는 은총과 연합으로 양 떼를 돌보려는 시도는 실패합니다.

3. 어리석은 목자 11:15-17

지금까지 본문은 남북 이스라엘이 분열되고 멸망한 과거 역사의 원인을 하나님께 불순종하여 주님의 은총이 사라지고 백성 사이의 연대가 끊어진 것으로 설명한다면, 15-17절은 현재 상황을 해석하고 앞으로 다가올 미래를 전망합니다. 하나님이 스가랴에게 어리석은 목자 노릇을 하게 하셔서 선한 목자에게 순종하지 않은 백성이 더욱더 비참한 운명을 만나게 될 것을 예고하십니다. 야훼와 맺은 언약이 파기되었기 때문에 그들에게는 더 이상 희망이 없습니다. 포로 후기 이스라엘의 지도력의 위기와 백성의 비참함을 묘사합니다.

하나님은 스가랴에게 어리석은 목자의 기구를 빼앗으라고 명령하시는데, 여기에서 목자의 기구는 아마도 막대기와 지팡이를 가리키는 것으로 볼 수 있습니다. 어리석은 목자는 백성을 압제하는 목자인데, 그러한 목자의 기구를 가져간다는 것은 더 이상 그들이 목자의 일을 하지 못하게 하시려는 의도가 담겨 있습니다. 목자가 어리석다는 것은 그들이 양 떼를 불쌍히 여기지 않음을 의미하고 양 떼가 팔려 가고 죽는데도 전혀 죄책감이나 책임감을 느끼지 않는 것, 도리어 양 떼를 이용해 자신의 부를 쌓는 것을 의미합니다. 그런데 이들은 약한 양만 먹이지 않는 것이 아니라, 강건한 양도 먹이지 않습니다. 이것은 나쁜 목자가 강건한 양조차 제대로 먹이지 않아 야위게 만들었다고 이해할 수 있습니다. 강건한 양도 먹이지 않았으니, 하물며 약한 양은 신경 쓰지도 않았을 것을 말합니다. 약한 자를 불쌍히 여기지 않는 세상에서는 강한 자도 살아남을 수 없습니다. 잃은 양을 찾지 않는 사회는 필연적으로 모든 이가 잃은 양이 될 수밖에 없는 사회입니다. 나의 문제가 아니라고 해서 약자를 돌보지 않으면, 다음에는 내 차례가 됩니다. 부자도 가난하게 될 수 있다는 의식을 가지고 서로 연대하는 사회가 건강한 사회입니다. 이스라엘은 어리석게도 참 목자를 무시하고 거부한 바 있습니다. 선한 목자를 존중하지 않으니, 그들이 맞이하게 될 지도자는 못된 목자입니다. 참 목자를 거부하는 양은 병든 양과 건강한 양 모두를 초토화할 목자를 만날 것입니다. 이 양 떼에게는 이런 종류의 목자가 주어지는 것이 합당하고, 어리석은 목자의 손에 고통을 당하는 것은 그들이 참된 목자를 거부한 데 따른 심판입니다. 나쁜 목자의 손에 고통을 받게 된 근본 원인은 진정한 목자이신 하나님의 애정 어린 보살핌과 훈육을 가치 있게 여기지 않고, 오히려 거기에 바르게 반응하지 못했기 때문입니다.

결단의 말씀

오늘날 그리스도인은 오늘 말씀에서 몇 가지 신앙의 가르침과 깨달음을 얻을 수 있습니다. **첫째로, 하나님만이 선한 목자라는 사실입니다.** 하나님을 선한 우두머리 목자로 받아들이는 사람 목자가 목자 노릇을 바르게 할 수 있습니다. 하나님이 목자 되어주시지 않는 것이 양에게는 가장 큰 비극입니다. 선한 목자로서 하나님의 통치 방식은 은총과 연합입니다. 하나님의 백성과 자녀는 하나님이 주시는 은총으로 살아갑니다. 하늘에서 내려 주시는 은총을 받은 사람은 이웃과 연대하여 끊어진 관계를 회복시킵니다. 하나님이 개인과 가정과 교회와 나라와 겨레와 온 누리를 은총으로 다스려 주시는 목자가 되어 달라고 기도해야 합니다.

둘째로, 하나님은 오늘날 목회자들에게 선한 목자의 삶을 살고 어리석은 목자가 되지 말라고 하십니다. 목회자는 양들을 위해 목숨을 바칠 각오가 되어 있는지 자신에게 물어야 합니다. 자신을 하나님 앞과 역사 앞에서 객관적으로 평가해야 합니다. 종교개혁가 깔뱅J. Calvin은 제네바에서 목회를 하면서 하나님 앞에서, 하나님과 함께 일하는 것을 목회자로서의 자의식으로 삼았습니다. 또한 참 목자라면 양의 상황을 알아야 합니다요 10:11-14. 못된 목자, 어리석은 목자는 흩어진 양을 찾지 않고 상한 양을 고치지 않습니다. 그들에게 남아 있는 것은 하나님의 심판뿐입니다요 10:11-14. 오늘날 목회자가 양을 돌보는 데는 관심이 없고 이러저러한 직분을 맡아 자신을 살찌우고 좋은 자리를 차지하는 것에만 관심을 기울인다면, 이것은 어리석은 목자가 되는 길입니다. 하나님의 심판을 면하지 못할 것입니다.

마지막으로, 교회의 모든 성도는 하나님께 순종하고 주님이 보여 주시는 길을 따라가는 양의 삶을 살아야 합니다. 자신이 맡은 직분을 소중하게 여기고 책임과 의무를 다해야 합니다. 선한 목자로서의 목회자를 존경

하고 존중할 때 교회 공동체가 평화를 누리고 하나님의 구원의 사역을 제대로 감당할 수 있습니다. 사람의 완고함과 무지가 깊을 때, 하나님이 좋은 지도자를 주시더라도 알아보지 못하고 훌륭한 지도자를 받아들이지 않을 것입니다. 목회자와 성도는 서로 합력하여 선을 이루고 하나님의 구원을 이루어야 하겠습니다.

샘이 열리리라

...

스가랴 12:1-13:1

하경택

(장로회신학대학교)

도입

본문의 내용을 살피기 이전에 우선 본문의 성격이 무엇인가를 아는 것이 필요합니다. 오늘 본문이 속해 있는 스가랴 12-14장은 그 내용을 파악하고 적용하기가 쉽지 않습니다. 왜냐하면 이 본문은 종말론적이며 묵시론적인 성격을 지니고 있어 구체적인 역사와의 연결점을 찾기가 어렵기 때문입니다. 이 본문은 어느 특정한 역사적 상황을 겨냥한다기보다는 구체적인 역사적 상황을 넘어서 이루어질 하나님의 구원이 실현되는 과정과 원리를 보여주고 있습니다.차준희, 『대한기독교서회창립100주년기념 성서주석』, 355. 따라서 본문을 이해할 때 어떤 특정한 역사적 사건에 주목하기보다는 이 예언의 말씀 속에 담겨 있는 하나님의 구원이 실현되는 과정에 나타난 하나님의 구원 원리를 이해하는 것이 더욱 중요할 것입니다. 이러한 본문의 성격에 대한 전이해를 가지고 본문의 구조와 내용을 살펴보도록 하겠습니다.

본문의 구조

스가랴 12장 1절-13장 1절까지의 내용을 그것의 주제와 성격에 따라 나누면 다음과 같은 구조로 분석할 수 있습니다.

12:1	**표제어와 도입부: 야훼 소개**
2-9절	**예루살렘을 공격하는 나라들에 대한 심판 예언**
2-4절	'취하게 하는 잔'과 '무거운 돌'을 통한 심판
5-6절	'화로'와 '횃불'을 통한 심판
7-8절	예루살렘 주민을 위한 하나님의 보호
9절	예루살렘을 치러 올라오는 모든 나라들에 대한 멸망 예고
10-14절	**'그들이 찌른 자'에 대한 애곡**
10-11절	다윗의 집과 예루살렘 주민의 애곡
12-14절	땅의 온 족속의 애곡
13:1	**샘이 열림**

이 같은 구조분석은 본문을 이해하는 데 큰 도움이 됩니다. 구조분석을 통해 오늘 본문에서 어떠한 주제가 다루어져 있고 그것이 어떠한 방식으로 구성되어 있으며 어떤 내용이 강조되고 있는지를 알 수 있기 때문입니다. 표제어를 제외하면 크게 네 부분의 내용으로 나눌 수 있습니다. 맨 먼저 이 예언의 말씀을 전하게 하신 '야훼가 누구이신가'를 소개합니다. 그러고 나서 세 가지 주제의 말씀들이 선포됩니다. 먼저 '예루살렘을 공격하는 나라들에 대한 심판'이 예언되고, '그들이 찌른 자'에 대한 애곡이 예고되고 있으며, 이 모든 과정을 통해 이루어질 궁극적 구원의 내용으로서 '샘 열림'에 대한 약속이 나타납니다.

본문 강해

이제부터 본문의 내용을 위의 구조분석을 따라 차례대로 살펴보도록 하겠습니다.

1. 표제어와 도입부: 야훼 소개[12:1]

1절: "이스라엘에 관한 여호와의 경고의 말씀이라"이라는 표제어는 12장에만 해당하지 않습니다. 12-14장을 아우르는 표제어입니다. 특별히 "경고"라는 표제어는 스가랴 9장 1절과 말라기 1장 1절에도 동일하게 나타납니다. 히브리 낱말 '맛사(מַשָּׂא)'를 옮긴 이 용어는 '부담', '짐'이라는 뜻을 가진 낱말로서 하나님이 선포하라고 맡겨주신 말씀의 '책무'와 '엄중성'을 드러내는 표현입니다. 여기에서 또 한 가지 주목해야 할 표현은 '이스라엘에 관한'이라는 말입니다. '이스라엘'이라는 이름은 해석에서 항상 주의가 필요합니다. 그것이 의미하는 바가 다양하기 때문입니다. 이스라엘은 북왕국만을 가리킬 때 사용되기도 하고, 12지파를 아우르는 '온 이스라엘'을 가리킬 때 사용되기도 합니다. 스가랴 9-10장에는 북왕국을 가리키는 낱말 '에브라임'[9:10, 13; 10:7]과 '요셉 족속'[10:6]이라는 표현이 나타나기도 하지만 11장 14절에서는 '유다와 이스라엘'이라는 관용적 표현을 통해서 북왕국을 가리키는 용어로 사용되고 있습니다. 그러나 이 표제어가 붙여진 스가랴 12-14장에는 예언의 초점이 유다와 예루살렘에 맞추어져 있습니다. 그래서 '이스라엘'이라는 용어가 본문과 잘 어울리지 않아 보입니다. 그런데 한 번 더 생각해 보면 바로 그렇기 때문에 이 표제어에 더욱 큰 의미가 있음을 알 수 있습니다. 그것은 본문에서 '유다'와 '예루살렘'이 다루어지고 있으나 그것의 궁극적인 대상은 12지파를 포괄하는 '온 이스라엘'이라는 사실입니다.

'유다'이든 '예루살렘'이든 그것이 지향하는 바는 '언약의 백성'으로서의 '온전한' 이스라엘이라는 사실입니다_{랄프 스미드, 『WBC 성경주석』, 275}.

이어지는 내용은 이 예언의 말씀을 전하게 하신 '야훼가 누구이신가'를 알려줍니다. 그분은 "하늘을 펴시고 땅의 터를 세우시며 사람 안에 심령을 지으신 이"라고 소개되어 있습니다_{사 42:5; 43:1; 44:24; 45:12; 51:3; 65:17-18; 암 4:13 참조}. 이것은 지금 선포되는 말씀이 '창조주' 하나님의 말씀임을 알려주십니다. 이러한 소개는 이 예언의 말씀이 얼마나 확실한가를 알게 합니다_{예언의 '확실성'}. 모든 것을 지으신 분이기 때문에 그분이 하신 말씀은 분명하게 성취될 것임을 알게 합니다_{사 55:10-11 참조}.

2. 예루살렘을 공격하는 나라들에 대한 심판 예언_{12:2-9}

2-4절: 여기에서는 예루살렘을 둘러싸고 있는 민족들에게 닥칠 심판이 예고됩니다. 그런데 이 심판은 '예루살렘'을 통해서 이루어집니다. 예루살렘이 '심판의 도구'로 사용될 것이라는 사실입니다. 이때 예루살렘이 하게 되는 역할은 두 가지입니다. 이 두 가지 역할이 의미심장한 메타포로서 표현되고 있습니다. 하나는 "취하게 하는 잔"이고_{12:2}, 다른 하나는 "무거운 돌"입니다_{12:3}.

먼저 "취하게 하는 잔"이라는 메타포의 의미를 살펴보겠습니다. "취하게 하는 잔"이라고 번역된 '사프 라알'^{סַף־רַעַל}이란 히브리어 표현은 직역하면 "비틀거리게 하는 잔"입니다. 이것은 구약성경에서 심판의 도구를 의미합니다_{렘 13:12-13; 25:15; 49:12; 사 60:3; 75:8; 사 51:17-22; 계 14:10; 16:19 참조}. 이사야 51장 17-23절과의 비교는 오늘 본문을 통해 말하려는 바가 더욱 분명해집니다. 이사야 51장에서는 비틀거리게 하는 분노의 잔을 마신 자가 예루살렘이었습니다. 심판의 대상이었던 예루살렘을 보여줍니다. 그러나 야훼께서는 비틀거리게 하는 진노의 잔을 예루살렘의 손에서 거두어 더 이상 마시지 못하게 하고, 그 잔을 예루살렘을 괴롭게 하던 자들의 손에 두겠다고 말씀하십니다사 51:22-23. 예루살렘에 대한 심판이 종결되었고 이제는 그들을 괴롭게 하던 자들에 대한 심판의 시간이 시작되었음을 알려줍니다. 이와 유사하게 여기에서도 하나님의 구원이 선포되고 있는 것입니다. 하지만 여기에서는 "취하게 하는 잔"과 예루살렘과의 관계가 역전되어 나타납니다차준희, 359. 예루살렘이 "취하게 하는 잔"을 마시는 것이 아니라 예루살렘 자신이 "취하게 하는 잔"이 되어 열방의 심판을 위해 사용되는 것입니다. 예루살렘은 예루살렘을 공격하는 자들에게 "취하게 하는 잔"이 되어 비틀거리며 죽게 할 것입니다. '사약'賜藥을 받으면 마신 후 비틀거리다가 결국 죽음을 맞듯이 예루살렘을 공격하는 자들은 그것이 하나님의 '분노의 잔'이 되어 하나님의 심판을 받고 죽음에 이르게 될 것을 말해주고 있습니다.

다음으로 "무거운 돌"이라는 메타포의 의미입니다. 성경에서 '돌'은 이중적 이미지를 보여줍니다. 긍정적 의미에서는 '확신'과 '확고함'을 의미할 수 있지만, 부정적 의미에서는 '굳어짐'과 '완고함'을 의미합니다. 이러한 돌의 이중적 의미는 그것의 '단단함'에 있습니다. 이러한 단단함은 '반석' 이미지를 통해서 잘 표현될 수 있습니다. '반석'이 보여주는 단단함은 '힘과 보호'의 상징으로 사용되며 '영원성과 신뢰성'을 보여줍니다. 그래서 구약성경에서 하나님은 자주 '반석'에 비유되고 있습니다삼상 2:2; 사 17:10; 26:4; 30:29; 44:8; 51:1; 합 1:12; 특히 시편에서 시 18:3[2]; 19:15[14]; 28:1; 31:3; 61:3[2]; 62:3, 7, 8[2, 6, 7]; 71:3; 78:35; 89:27[26]; 92:16[15]; 94:22; 95:1; 144:1, 2. 이 같은 '돌'의 이미지는 '믿음'을 표현할 때 사용되기도 합니다. 예수님은 베드로의 이름을 바꾸어 주시며 반석 위에 내 교회를 세우겠다고 말씀하셨습니다마 16:18. 이것은 베드로의 신앙고백, 곧 그의 믿음을 보시고 하신 말씀이었습니다. 이런 단단함은 돌이 건축자재로 긴요하게 사용되는 데에서도 드러납니다. 이러한 돌의 쓰임새를 배경으로 돌 메타포가 자주 사용되었습니다. 돌은 건물의 기초석이 되기도^{사 28:16} 하고 모퉁이돌 혹은 머릿돌^{시 118:22}이 되기도 합니다.

그런데 이러한 '견고성'을 가진 돌은 심판의 도구가 되기도 합니다. 가장 대표적인 예가 다니엘서에 나타납니다. 느부갓네살이 본 신상에 관한 환상은 '손대지 아니한 돌'이 나와서 쇠와 진흙으로 된 신상의 발을 쳐서 부수는 내용으로 마무리됩니다^{단 2:34, 45}. 사람의 손길이 미치지 않은 신비한 돌은 여러 물질로 만들어진 신상을 부수뜨리는 심판의 도구가 됩니다. 바로 이러한 역할을 예루살렘이 하게 된다는 것입니다. 그날에 예루살렘은 모든 민족에게 "무거운 돌"이 될 것입니다. 하나님의 심판의 도구가 되어 그를 드는 사람에게 큰 상처를 입힐 것입니다. 이것은 하나님이 패역한 이스라엘에게 '걸림돌'이 될 것이라고 말씀하셨던 바를 떠올리게 합니다^{사 8:14}. 또한 심판의 도구로 활용되는 돌에 관한 예수님의 말씀을 생각나게 하기도 합니다^{마 21:44}.

4절에서는 하나님이 유다 족속은 돌보고 열방을 심판하실 것을 예고합니다. 심판의 구체적 모습은 말과 말 탄 자들을 치는 것으로 나타납니다. 고대 사회의 전쟁에서 강력한 무기로 활용되던 말과 기마병들을 무력화할 것이라는 말씀입니다. 이것은 단순히 유다의 승리만을 의미하지 않습니다. 전쟁 자체가 이루어질 수 없게 하고자 하시는 하나님의 강력한 의지를 엿볼 수 있습니다^{사 2:4; 미 4:3 참조}.

5-6절: 계속해서 하나님의 심판 주제가 이어지고 있습니다. 그런데 여기에서는 또 다른 메타포를 통해서 유다와 예루살렘을 대적하는 세력에 대한 심판을 예고하고 있습니다. 이번에는 유다 지도자들이 '화로'와 '횃불'에 비유되고 있습니다^{12:6}. 나무 가운데 '화로'와 곡식단 사이에 '횃불'은 주위에 있는 모든 것을 태울 것입니다. 요즈음 들어 한국

에서도 산불이 자주 일어나 많은 산림을 태우는 일이 많아졌는데, 강렬한 햇볕이 내리쬐는 중동지역 날씨 속에서 나무 사이에 화로가 있다면 그것은 감당할 수 없는 불길로 번져 주위에 있는 나무들을 태워버릴 것입니다. 특별히 여기에서는 '유다 지도자들'이 언급되고 있습니다. 지도자들이 이러한 모습을 보인다면 예루살렘 주민들은 새로운 힘과 큰 위로를 얻을 것입니다12:5.

7-8절: 여기에서는 하나님의 구원이 직접적으로 언급되고 있습니다. 흥미로운 것은 여기에 언약의 백성을 일컫는 여러 가지 용어가 동시에 집중적으로 등장하고 있다는 사실입니다. '이스라엘'이라는 용어는 등장하지 않지만 다양한 차원에서 언약의 백성이 지칭되고 있습니다. 그러한 용어들이 '유다의 장막', '다윗의 집', '예루살렘 주민'과 같은 말들입니다. 그런데 여기에 사용된 용어들은 언약을 백성을 표현한다는 점에서는 같다고 할 수 있지만 그 가운데서도 미묘한 차이를 발견할 수 있습니다.

7절에서는 야훼께서 먼저 유다 장막을 구원할 것이라고 말합니다. 그 이유가 "다윗의 집의 영광과 예루살렘 주민의 영광이 유다보다 더 하지 못하게 하려 함이니라"라고 밝히고 있습니다. 이러한 말씀 속에서 '유다의 장막'과 경쟁 혹은 긴장 관계에 있는 '다윗의 집'과 '예루살렘 주민들'을 떠올릴 수 있습니다. 이것은 포로기 이후 공동체 안에서 있었던 갈등의 상황을 엿볼 수 있게도 합니다. 그때는 재건의 주도권을 갖기 위해 다양한 세력들이 경쟁하던 시기였습니다. 이러한 때에 '다윗의 집'과 '예루살렘 주민들'은 유다 내에서 특별한 위치를 차지하고 있었고, 그것은 아마도 그들에게 자랑거리가 되었을 것입니다. 하지만 하나님은 그러한 특별한 지위가 자만심으로 이어지지 않도록 하시겠다는 것입니다. 그래서 '유다의 장막'을 먼저 구원하시겠다고 말씀하십니다. 이것은 하나님이 다윗의 집이나 예루살렘으로 하여금 그들이 유다의 장막 안에 있는 존재라는 사실을 일깨워주시려는 하나님의 의도를 알게 합니다.

이러한 상황 속에서도 하나님은 예루살렘 주민에 대한 특별한 관심을 보여줍니다. 그날에 야훼께서 예루살렘 주민을 보호하실 텐데 그들 가운데 약한 자가 다윗 같고, 다윗의 집은 하나님 같고 또한 야훼의 사자 같을 것이라고 말씀하십니다 12:8. 예루살렘 주민의 존재 양식과 의미를 밝혀주고 있는 내용입니다. 약한 자가 다윗 같다는 말은 예루살렘 주민 모두가 다윗과 같은 왕적 신분을 얻게 된다는 것이고, 다윗의 집이 무리 앞에서 하나님 곧 야훼의 사자출 23:20; 32:34; 삼하 14:17와 같게 된다는 말은 그들이 하나님을 대신하는 의미를 갖게 될 것이라는 의미입니다. 예루살렘 주민 중에서 어느 한 사람도 소외되지 않고 모두가 왕적인 신분을 갖고 있는 귀중한 존재이며, 다윗의 집은 하나님의 권위와 능력을 가지고 무리들 앞에 서게 될 것이라는 하나님의 약속입니다. 모두의 존재 의미와 양식이 한 단계씩 격상된 느낌입니다. 이것은 예루살렘 주민으로 대표되는 하나님의 백성이 하나님의 강력한 보호 아래 하나님의 권위와 능력을 가진 자로 나타날 것임을 보여주는 내용입니다.

9절: 여기에서는 예루살렘을 치러 올라오는 이방 나라들의 멸망이 예고되고 있습니다. 앞에서 말한 바를 종합하는 내용입니다. 이것은 하나님이 이 예언을 통해 말하고자 하신 바가 무엇인지를 명확하게 보여주는 결론에 해당합니다. 하나님이 직접 예루살렘을 치러 올라오는 이방 민족들을 멸하시겠다는 것입니다. 하나님이 직접 싸워주시겠다는 확언입니다.

여기에서 한 가지 분명히 해야 할 내용이 있습니다. 그것은 '그날'입니다. 거의 매 구절에 '그날'이라는 말이 반복됩니다 12:3, 4, 6, 8[2회], 9. 여기에서 '그날'은 '야훼의 날'이라고 말할 수 있습니다욜 1:15; 2:1; 3:14. 이 날은 다른 말로 하면 '야훼 하나님께서 역사에 개입하시는 날'이라고 정의할 수 있습니다. 이 날은 '크고 두려운 날'이라고 표현됩니다욜 2:31; 말 4:5. 이 날은 하나님의 심판이 이루어지기 때문에 두려운 날이 되기도 하지만, 동시에 하나님의 구원이 이루어지기 때문에 기쁨의 날이 되기도 합니다. 그래서 70인경 번역자들은 이 날을 '크고 영화로운 날'이라고 번역했습니다행 2:20 참조. 이 날은 이스라엘 심판의 날이기도 했고암 5:18, 미래적으로는 만국을 심판하시는 날욜 3:1-2이며 종말론적인 구원의 날욜 2:32을 가리키기도 합니다. 특별히 이 날은 예수 그리스도의 오심을 통해 하나님의 구원이 성취된 날을 가리키기도 합니다말 4:5; 마 11:14.

따라서 '그날'은 부분적으로 경험되기도 했으며, 미래를 향해 열려있기도 합니다. '야훼의 날'은 이스라엘 심판과 유다의 포로귀환으로 이미 성취된 날이기도 하지만, 여전히 소망해야 할 날이기도 합니다. 예수 그리스도의 오심을 통해 하나님의 심판과 구원이 이루어졌지만, 종국적인 구원이 이루어지는 야훼 날의 완성은 미래를 향해 열려있습니다. '이미'already와 '아직 아님'not yet의 이중적인 특성이 '그날'의 의미에 그대로 담겨 있습니다.

3. '그들이 찌른 쟈'에 대한 애곡12:0-14

이 단락은 앞 단락과 구별되는 새로운 주제를 다루고 있습니다. 전반부12:1-8의 내용이 예루살렘에서 일어날 '외적인 사건'을 묘사한다고 한다면, 여기에서는 예루살렘에서 일어날 '내적인 상황'을 묘사한다고 말할 수 있습니다랄프 스미드, 27. 이 단락은 '애곡'이라는 주제로 묶일 수 있습니다. 10-11절에서는 '다윗의 집과 예루살렘 주민의 애곡'이 예고되고, 12-14절에서는 '땅의 온 족속의 애곡'이 예고됩니다.

10-11절: 여기에서는 두 가지 중요 사실이 언급되고 있습니다. 하나는 하나님이 '은총과 간구하는 심령'을 부어줄 것이라는 사실과 '그들이 찌른 자'를 보고 애곡할 것이라는 사실입니다. 그 애곡이 얼마나 큰 것인지 '독자'와 '장자'를 위한 애곡과 비교되고 있으며, 11절에서는 므 깃도 골짜기 하다드림몬에서 있었던 애곡과 같을 것이라고 말해지고 있습니다. 이러한 본문의 내용을 이해하기 위해서는 여기에 사용된 표현들을 좀 더 면밀히 살펴보아야 합니다.

'은총과 간구하는 심령'이라고 번역된 히브리어 표현 '루아흐 헨 베 타하누님'ᵐᵐᵎᵐᵐᵐᵐ은 직역하면 '은혜와 간구의 영'입니다. 요엘 2장 28절에 예언된 '만민에게 부어주시는 하나님의 영'을 떠올리게 합니다. 이것은 다윗의 집과 예루살렘 주민의 반응이 자신의 힘이나 의지로 된 것이 아님을 알게 합니다. 하나님이 부어주시는 '은혜와 간구의 영'으로 시작되고 완성된다는 사실을 알 수 있습니다. 그렇다면 그들이 보이는 반응은 무엇일까요? 그것은 '그들이 찌른 자'를 보고 애곡한다는 것입니다. 개역개정역에서는 각주로 표현되어 있지만, 히브리어 본문을 통해 알 수 있는 사실은 '그들이 찌른 자'와 '야훼'가 동일시된다는 것입니다. 다시 말하면 '그들이 찌른 자'를 바라보는 것은 야훼 하나님을 바라보는 것과 같은 의미를 지닌다는 것입니다. 그러면 여기에서 '그들이 찌른 자'는 누구를 가리킬까요? 이 질문에 답하는 많은 제안들이 있었습니다랠프 스미드, 278. 애굽 왕 느고와 싸우다 전사한 요시야라고 제안되기도 하고, 주전 170년경에 살해된 대제사장 오니아스 3세라고 말하기도 하고, 제2이사야의 계승자라고 해석하기도 했습니다. 이처럼 '그들이 찌른 자'는 어떤 사람이라고 단정하기 어렵습니다. 여전히 해석의 여지가 남아 있습니다. 하지만 분명한 것은 이 사람은 '야훼' 하나님과 동일시 될 수 있는 정도로 하나님의 일을 감당했던 사람이라는 사실입니다. 이사야서의 '야훼 종의 노래'에서 소개된 '야훼의 종'과 같은 인물이라고 말할 수 있습니다사 42:1-4; 49:1-6, 7; 50:4-9; 52:13-53:12. 이 사람은 '야훼의 종'으로서 사명을 감당하지만 사람에 의해서 찔림을 받고 죽임을 당하게 되는 사람입니다. 그 사람을 보고 다윗의 집과 예루살렘 주민이 애곡할 것이라는 사실입니다.

이 애곡이 어떠한 의미가 있는지는 이어지는 서술을 통해 가늠해 볼 수 있습니다. 우선 그 애곡은 '독자'와 '장자'를 위한 애곡과 비교됩니다. 독자의 죽음에 애통하는 모습을 언급하는 본문들렘 6:26; 암 8:10을 고려할 때 이것은 그 어떤 것과도 비교할 수 없는 큰 슬픔을 표현한다고 말할 수 있습니다. 그러한 큰 슬픔의 예가 므깃도 골짜기 하다드림몬에서 있었던 애곡입니다12:11. 이 애곡에 대한 해석도 므깃도에서 행해지던 '하다드림몬' 이방제의를 의미하는 것이라는 의견과 그곳에서 전사한 요시야왕에 대한 애곡이라는 의견으로 갈립니다. 하지만 그 애곡의 대상이 무엇이든 크고 깊은 애곡이 있을 것이라는 예고로서의 의미는 변하지 않습니다.

그렇다면 이 애곡의 의미는 무엇일까요? 단순히 큰 슬픔을 당했다는 사실을 보여주는 것일까요? 아니면 자신들의 잘못된 행동에 대한 참회를 보여주는 애곡일까요? 여기에서는 이 두 가지 차원의 의미가 모두 들어있다고 보아야 할 것입니다. 다윗의 집과 예루살렘 주민은 하나님의 일을 하던 '야훼의 종'을 알아보지 못하고 오히려 핍박합니다. 그는 마침내 사람들에 의해 찔림을 당하고 죽게 됩니다. 그러한 그를 바라보고 모두가 애곡하는 것입니다. 자신들의 잘못에 대한 통회이며, 야훼의 종이 죽은 것에 대한 애도의 표현인 것입니다.

12-14절: 여기에서는 애곡하는 주체가 온 땅의 각 족속에게로 확대되어 있습니다. 이 '찔린 자'에 대한 애곡이 예루살렘으로 국한되지 않고

온 땅의 모든 족속에게 있을 것이라는 예언입니다. 이 사건이 이스라엘만의 사건이 아니라 전 우주적인 사건이 될 것을 보여주고 있습니다.

12-13절에 언급된 가문의 의미에 대한 해석도 여러 가지입니다. 크게 두 가지 입장으로 나눌 수 있습니다. 두 개의 왕실 가문과 두 개의 제사장 가문으로 보는 입장과 네 개의 지도자 가문으로 보는 입장이 있습니다. 첫 번째 입장에서는 다윗과 그의 아들 나단^{대상 14:4}을 왕실 가문으로 묶고, 레위와 그의 손자 시므이^{민 3:16; 대상 6:17}를 제사장 가문으로 묶습니다. 두 번째 입장에서는 네 명의 인물을 각각 다른 계층의 가문을 대표하는 것으로 이해합니다: 왕^{다윗}, 예언자^{나단}, 제사장^{레위}, 현명한 조언자^{시므이}. 어느 쪽으로 이해하든 총체적인 애곡이 있을 것이라는 사실을 말한다는 점에서는 변함이 없습니다. 이때 아내의 애곡에 대해서 별도로 말하고 있다는 점이 흥미롭습니다. 남녀 구별의 제의전통이 엄격하게 시행되는 상황을 반영하는 것이라고 여겨지는 대목입니다. 이러한 이스라엘 주요 가문의 애곡은 주변 사람들에게 영향을 줍니다. 이들의 애곡을 통해 "모든 남은 모든 족속"도 참여하게 됩니다^{12:14}. 그들도 남녀가 따로 모여 애곡합니다. 이스라엘의 애곡이 모든 족속들에게 모범이 되어, 이스라엘이 그렇게 한 것처럼 모든 민족이 애곡한다는 것입니다.

4. 샘이 열림^{13:1}

13장 1절: 이 구절은 이 예언의 결론에 해당합니다. 종국적으로 이루어질 하나님의 구원을 예고하고 있습니다. '그날'에 한 '샘'이 열릴 것인데, 그것은 다윗의 집과 예루살렘 거민을 위한 것이며, 죄와 더러움을 위한 것이라는 사실입니다. 여기에서 주목되는 것이 '샘'^{מָקוֹר}입니다. 이 샘은 죄와 더러움을 정결하게 하는 생명수가 되고 있습니다. 이러한 샘 열림의 모습은 요엘 3장 18절의 "여호와의 성전에서 샘이 흘러 나와서 싯딤 골짜기에 대리라"는 말씀을 생각나게 하기도 하고, 에스겔 47장 1-12절의 성전 동편에서 흘러나와 죽음의 바다를 생명의 바다로 바꾸는 물을 연상하게 하기도 합니다. 이 샘이 열리는 이유가 명확하게 언급되지 않습니다. 백성들의 애곡 때문인지 아니면 '찔린 자'의 죽음 때문인지 분명치 않습니다. 하지만 이 '샘 열림'의 주체가 하나님이신 것은 분명합니다. 하나님께서는 한편으로 '은혜와 간구의 영'을 부어주셔서 자신의 백성들이 애곡하게 하시고, 다른 한편으로는 '샘이 열리게' 하셔서 자기 백성들의 죄와 더러움을 씻게 하신다는 것입니다. 모든 것이 하나님의 주권 아래서 이루어지고 있음을 알 수 있습니다. 죄와 더러움이 씻겨진 상태는 하나님의 현존이 가능한 거룩을 회복했다는 의미이며, 달리 말하면 하나님과의 교제가 가능한 상태로의 회복을 의미합니다. 이러한 상태를 우리는 '구원'이라는 말로 표현할 수 있을 것입니다.

여기에서 다시금 '그날'이 언급되고 있습니다. 여기에서 '그날'은 스가랴 예언이 선포된 때를 기준으로 하면 미래가 되지만, 오늘 스가랴 본문의 독자의 입장에서 보면 과거 현재 미래를 모두 포함할 수 있습니다. 앞에서 말한 대로 그날은 이미 경험된 날이기도 하지만, 앞으로 경험하게 될 날을 의미하기도 한다는 말입니다. 이 예언의 성취는 예수 그리스도의 오심을 통해서 가장 분명하게 알 수 있습니다. 요한복음에서는 한 군인이 창으로 예수님의 옆구리를 찌른 사건을 스가랴 12장 10절 예언의 성취로 보도하고 있습니다요 19:37. 예수님께서는 사마리아 여인을 만나 자신이 주는 물은 "그 속에서 영생하도록 솟아나는 샘물"이 될 것이라고 말씀하셨습니다요 4:14. 또한 명절 끝날 곧 초막절을 마무리하는 시점에 "나를 믿는 자는 성경에 이름과 같이 그 배에서 생수의 강이 흘러나오리라"라고 말씀하셨습니다요 7:38. 이러한 말씀들을 통해 우리는 예수 그리스도가 죄와 더러움을 씻는 샘이시며 그러한 샘을 제공하는 분이심을 알 수 있습니다. 예수 그리스도의 복음이 모든 믿는 자에게 구원을 주시는 하나님의 능력이 된다는 사실입니다롬 1:16. 하지만 이러한 스가랴의 예언은 이미 이루어진 과거의 사건으로만 이해될 수 없습니다. 앞으로 오실 재림 예수에 관한 말씀으로 이해하는 신약성경의 이해를 통해서 여전히 미래를 향해 열려있는 예언의 말씀으로 이해할 수 있음을 알 수 있습니다.

> "볼지어다 그가 구름을 타고 오시리라 각 사람의 눈이 그를 보겠고 그를 찌른 자들도 볼 것이요, 땅에 있는 모든 족속이 그로 말미암아 애곡하리니 그러하리라 아멘"계 1:7

그날에 이루어질 일에 대한 '이미'already와 '아직 아님'not yet의 이중적인 특성이 그대로 남아 있는 것입니다.

결단의 말씀

오늘 본문은 하나님의 구원이 실현되는 과정과 원리를 보여주고 있는 말씀입니다. 우선 이스라엘에 관한 경고의 말씀이라는 점에서 '언약의 백성' 이스라엘을 향한 말씀임을 알 수 있습니다. 또한 이 말씀은 '창조주' 하나님이 하신 말씀이기 때문에 이 말씀이 분명하게 성취될 것임을 알 수 있습니다12:1. 예언의 첫 번째 내용인 예루살렘을 공격하는 나라들에 대한 심판 예언12:2-9은 하나님이 예루살렘과 그 주민들을 '취하게 하는 잔과 '무거운 돌' 그리고 '화로'와 '햇불'로 만드셔서 대적들을 심판하신다는 것입니다. 하나님이 자신이 자신의 백성을 친히 돌보아

주신다는 확약이 들어있는 말씀입니다. 예언의 두 번째와 세 번째 내용은 '그들이 찌른 자'에 대한 애곡12:10-14과 구원의 샘 열림13:1에 관한 것입니다. 이 예언을 통해 하나님은 한편으로 '은혜와 간구의 영'을 부어주셔서 자신의 백성들이 애곡하게 하시고, 다른 한편으로는 샘이 열리게 하셔서 자기 백성들의 죄와 더러움을 씻게 하신다는 사실로 요약됩니다. 이것은 하나님이 자신의 백성에 대한 구원을 직접 챙기시고 보장하신다는 사실을 알 수 있게 합니다.

　이러한 예언의 말씀은 오늘날 우리에게 어떤 의미가 있을까요? 이것은 과거의 '일회적인' 사건만을 가리키는 것이 아니라 하나님의 일하시는 방식과 구원의 역사를 보여주는 '범례적인' 사건의 의미를 가지고 있음을 알아야 합니다. 이 예언의 말씀은 과거적인 사건이나 종말론적인 사건만을 가리키는 것이 아니라 오늘날의 청중에게도 의미가 있는 '현재적인' 사건이 된다는 사실을 명심해야 합니다. 오늘 본문에 등장하는 예루살렘, 예루살렘 거민, 다윗의 족속집, 유다의 장막은 모두 하나님의 백성을 일컫는 말입니다. 이러한 용어 사용은 이 말씀이 오늘날의 하나님 백성인 우리 그리스도인들에게 주신 말씀이라는 사실을 깨닫게 합니다. 이러한 스가랴의 말씀이 살아있는 하나님의 말씀으로서 우리 그리스도인들의 마음과 영혼에 널리 울려 퍼지기를 소망합니다.

정화淨化를 위한 하나님의 심판

...

스가랴 13:2-9

오택현

(영남신학대학교)

도입

스가랴 예언자는 주전 520년 스룹바벨의 영도 밑에서 바벨론 포로에서 돌아온 공동체들이 제2성전을 건축하기 위해 애쓰던 당시에 활동했던 예언자로 학개 예언자와 함께 활동하면서 내부에서 일어나고 있었던 공동체의 반목과 갈등, 우상숭배와 거짓 예언의 문제, 강대국의 종교 숭배와 아직 정화되지 않은 거룩한 도성 예루살렘의 모습을 회복시키기 위해 최선을 다해 하나님 앞에서 일했던 예언자인데 그가 활동했던 당시의 역사적 정황을 자세히 살펴보면 다음과 같습니다.

먼저 유다왕국을 주전 587년 멸망시켰던 바벨론 제국은 그 세력이 100년을 지속하지 못하고 페르시아의 고레스왕에 의해 멸망해 역사의 뒤편으로 사라지게 됩니다^{주전 627-539년}. 이때 바벨론을 멸망시켰던 페르시아의 고레스왕은 그의 통치 1년에^{주전 538년} 바벨론에서 포고령을 통해 팔레스틴에서 유대인의 공동체와 제의의 복구를 명했는데 이 포고령에 의해 유대인들이 팔레스틴으로 다시 돌아옴을 통해 그들의 50여 년에 걸친 바벨론 포로 생활이 끝나게 됩니다. 그러나 그들이 귀환하게 되었을 때 이스라엘의 회복에 대한 이전 예언자들의 아름다운 꿈은 역사적 현실로서 실현되지 않았고 정치적 공동체 회복의 꿈은 요원한 듯 보였으며 수난의 역사는 계속되고 있었습니다. 당시 공동체의 절망의 정황은 이사야 56-66장에 자세히 기록되어 있습니다.

페르시아 시대 귀환 공동체에게는 다음과 같은 위기의 상황이 나타나고 있었습니다. 그것은 첫째, 왕국이 멸망한 상태가 오래 지속될수록 점점 약해지는 그들의 정체성identity 문제였는데, 정치적 공동체가 와해된 상황 속에서 희망마저 상실해 버린 그들을 묶어 줄 구심점이 없는 상황이 귀환 공동체의 존속을 위협할 만한 중요한 문제로 대두되었습니다. 그래서 페르시아 시대의 유다 공동체는 정치적 공동체 회복의 희망을 포기하고 종교적인 공동체로서 유다가 살아남기를 갈망하였고 그러한 종교 공동체 구심점으로서 성전을 강조하고 있음을 살펴볼 수 있습니다. 페르시아 시대에 기록된 많은 성경의 저작물들은 이러한 이유로 종교 공동체의 구심점으로서 성전을 강조하였는데 본문의 스가랴 예언자 역시 무너진 종교 공동체의 회복을 위해 성전 건축을 특별히 독려하고 있음을 살펴볼 수 있습니다. 이와 같이 페르시아 시대에는 "유다"라는 개념이 정치적 의미보다는 종교적 의미로 바뀌게 되었습니다.

하지만 아무리 지도층에서 종교적 공동체를 강조한다고 할지라도 유다 백성들이 그 말을 수긍하고 따르기 위해선 한 가지 조건을 반드시 충족시킬 필요가 있었습니다. 그것은 바로 두 번째 문제인데 유다 백성이 순수한 혈통을 유지하고 있어야 한다는 조건입니다. 왜냐하면 유다 백성들이 혼혈이 되었을 경우 그들이 나라 잃은 백성으로서의 정체성을 생각하기보다는, 지배 민족의 사회와 동화되는 것이 훨씬 유리하다 생각하게 되어서 정체성의 확립보다는 지배 민족에게 귀화하는 것을 선택할 것이고 그렇게 될 경우 더 이상 유다 백성은 하나님을 섬기는 의미를 찾지 못하고 역사 속으로 사라지게 될 것이기 때문입니다. 그래서 페르시아 시대에는 이러한 위기의 상황에 대한 대응으로 유다 백성에게 그들이 살아남기 위해 해야 할 최우선의 선택으로 혼혈 결혼을 금지하고 있습니다.

이러한 역사적 현실 속에서 귀환 공동체의 지도자 중의 한 사람인 스가랴 예언자는 위기의 역사에 순응하여 페르시아에 자연스럽게 동화되는 것을 선택하지 않고 그의 예언 활동을 통하여 민족이 사라질지도 모를 절체절명의 위기의 상황에 대응하려 하였습니다.

본문 강해

1. 본문 13:2-9 의 전후 관계 맥락

본문 13:2-9은 스가랴의 묵시적 예언의 말씀이 이어지고 있는 스가랴 9-14장 단락에 위치하는 말씀입니다. 우리가 잘 알고 있듯이 묵시적 성향이란 현재의 역사는 악의 세력이 지배하고 있으며, 현실의 역사는 당연히 비관적일 수밖에 없다는 점에서 시작합니다. 그래서 묵시 문서는 인간의 의지와 신앙 논리로 납득할 수 없고 또 설명할 수도 없는 비극적인 역사적 현실, 악한 세력이 선을 누르고 억압하는 듯한 부조리한 상황, 역사에 대한 모든 희망이 단절된 듯한 절망적인 상황 등이 그들만의 독특한 종말 개념을 발전시켜 단순한 비관주의로부터 역사 이해를 역사에 대한 적대적인 태도로까지 발전시켜 시간적 이원론, 궤도 수정이 불가능한 결정론적 역사 이해를 하는 특징이 있습니다.

스가랴 9-14장은 전형적인 묵시적 정황 안에서 공동체에 가해지는 위협이 매우 커지고 공동체의 상황이 더욱 암담하게 어두워지는 상황 속에서 모든 악을 제거하고 새 역사를 만드실 평화의 왕이 오실 것이라는 예언9·10장과 이어서 이 왕이 받을 고난과 묵시적 상징을 보여주는 구절11·12장, 그리고 마침내 예루살렘이 구원받고 새로워지는 환상을 보여주는14장 장면이 연속해서 이어지며 전형적인 묵시적 양식을 보여주고 있습니다. 본문의 말씀13:2-9은 이러한 묵시적 말씀의 중간에 위치하면서 하나님의 도성 예루살렘이 모든 어려움을 극복하기 위해선 우상 숭배와 거짓 예언자를 제거해야만 하며 남은 자를 위한 하나님의 심판은 멸망이 아닌 정화를 의미하는 심판임을 밝히면서 회복될 예루살렘의 모습을 대망하고 있는데 이를 자세히 살펴보면 다음과 같습니다.

2. 본문 해석13:2-9

2절에서 예언자는 1절에서 말했던 "죄와 더러움을 씻는 샘"이 다윗 족속과 예루살렘 주민을 위하여 정화 작용을 시작하는 모습을 보여주고 있습니다. 그 정화의 시작은 우상숭배자들과 거짓 예언자들이 하나님의 거룩한 도성 예루살렘에서 모두 제거하는 모습에서 시작되고 있음을 보여주고 있습니다. 이 말은 묵시적 혼돈의 역사가 끝나고 예루살렘이 하나님의 거룩한 성으로 거듭나기 위해 가장 먼저 우상숭배를 근절하고 거짓 예언자들이 척결되어야 한다는 하나님의 뜻을 명확히 보여주고 있는 말씀이라 할 수 있습니다. 이 말씀을 역으로 생각한다면 현재 예루살렘의 처참한 상황을 반증하고 있는 말씀이라 생각할 수 있습니다. 다시 말해 현재 예루살렘은 우상숭배자들이 만연하고 거짓 예언자들이 판치고 있어서 하나님의 도성으로서 기능이 거의 상실되었기에 예루살렘이 다시 회복하기 위해선 우선적으로 우상숭배자들이 사라지고 거짓 예언자들이 처단되는 역사가 먼저 일어나야 함을 예언자는 강조하고 있는 것입니다. 하지만 이들이 예루살렘에서 사라지기 위해선 그만큼 어려운 대가를 치러야 할 것인데 3절에선 이에 대해 구체적인 예를 들며 하나님의 도성과 그 안의 사람들이 감당해야 할 어려운 일들을 보여주고 있습니다.

3절에선 매우 극단적인 경우를 예로 들며 거짓 예언을 하나님께서 얼마나 싫어하시는지를 보여주고 있고 또한 사회적으로도 거짓 예언의 혐오가 큰 공감대를 형성하고 있는 우리가 대망하는 희망의 사회가 되었음을 아울러 나타내주고 있습니다. 여기서는 묵시적인 정황 속에서 하나님의 심판이 임하는 모습을 보고 있으면서도 아직도 거짓 예언을 하고 있는 사람들이 존재하고 있음을 먼저 보여주고 있습니다. 하지만 그 존재는 그들의 부모에게도 인정받지 못하고 긍휼히 여김을 받지도 못하고 칼에 찔려 죽을 수밖에 없는 가련한 존재가 될 것이라는 사실을 강조하며 부모라 할지라도 거짓 예언을 하는 자식을 칼로 찌르며 처단한다는 극단적인 예를 통해 거짓 예언자가 절대 예루살렘에 공존할 수 없다는 점을 강조하고 있습니다. 또한 이 구절은 신명기 13장 9절의 말씀과 같이 우상숭배자나 거짓 예언자가 누구라 할지라도 용서 없이 그를 죽이라 하는 말씀의 실천으로 하나님께서 혐오하시는 우상숭배자와 거짓 예언자를 하나님의 거룩한 땅에서 멸절시키라는 준엄한 명령을 크게 강조하는 구절로 불가능한 이상적인 상황을 힘든 현실 속에서 대망하는 공동체의 모습이 투영되어 나타난 말씀이라 할 수 있습니다.

4절에선 예루살렘의 모든 상황이 변하여 거짓 예언자들이 거짓 예언자체를 할 수 없는 믿을 수 없는 상황이 도래하게 될 것임을 말하고 있습니다. 예언자는 거짓 예언자들이 횡행하는 가장 큰 이유는 그들의 말에 귀를 기울이는 사람들이 있었기 때문이라는 것을 잘 알고 있었습니다. 그렇기 때문에 예언자가 대망하는 세상은 모든 사람이 주의 진리를 사모하고 하나님의 거룩한 말씀을 분별할 수 있는 세상이었는데 예언자는 이러한 이상적인 세상이 마침내 도래함을 선언하며 그날에는 거짓 예언을 말하는 자들이 자신이 본 환상을 자신이 보기에도 거짓임을 알고 부끄러워할 것이며 구약 예언자들의 외모를 상징하고 있는 의복인 털옷을 입고 예언자 행세를 하지 못하는 그런 세상이 도래하게 될 것임을 선언하고 있는 것입니다. 다시 말해 예언자가 바라본 정화된 예루살렘과 그 안에 거하는 사람들은 이제 더 이상 거짓 예언자들과 공존할 수 없는 세상을 만들고 있고 이러한 상황에서 오로지 여호와 하나님의 말씀만이 강물처럼 흘러가고 있는 이상적인 사회가 마침내 도래했음을 예언자는 선언하고 있는 것입니다.

5절에선 정화된 예루살렘에서 거짓 예언자들의 푸념 섞인 독백이 나타나고 있습니다. 그들은 이전 자신들의 거짓 예언을 듣고 많은 사람들이 자신을 따랐던 시대를 몹시 그리워하고 있으면서 지금은 아무도 그들을 따르지 않게 변해버린 예루살렘의 상황을 바라보며 "나는 선지자가 아니고 농부다"라며 독백하고 있습니다. 이 말은 하나님의 선택으로 예언자가 된 후 자신의 고향으로 돌아가라 비난하고 있는 거짓 예언자 아마샤를 향해 자신은 "선지자도 아니고 선지자의 아들도 아니며 목자이고 뽕나무를 재배하는 사람"암 7:14이었지만 하나님의 부르심으로 예언자가 되었다고 당당히 말했던 아모스의 외침과는 전혀 다른 상황으로 거짓 예언자들은 그들이 예언자가 아님을 이미 알고 있는 예루살렘 거민들을 향하여 자신의 직분을 부정하며 외치고 있는데 새

번역성경은 보다 생생하게 이들의 현 상황을 나타내고 있습니다.

"나는 예언자가 아니다. 나는 농부다. 젊어서부터 남의 머슴살이를 해왔다"
13:5, 『새번역』

6절에서는 그들이 전력에 대해 의문을 품고 있는 사람들의 질문이
이어지며 우상숭배자와 거짓 예언자들이 절대 발붙일 곳이 없는 장소
로 변한 예루살렘의 모습을 보여주고 있습니다. 바알을 비롯한 이방
종교를 섬기고 있는 우상숭배자들은 엘리야 당시 갈멜산에서의 싸움
에서 볼 수 있듯이 황홀경에 빠지며 자기 몸을 자해하는 모습을 보여
주고 있는데 왕상 18:28 이는 우가리트 바알 신화에 등장하는 엘과 아낫이
그들의 살을 자르며 애통하는 장면을 연상케 하고 있는 모습으로 바알
의 추종자들에게는 이러한 자해행위가 일상으로 일어나는 모습이었습
니다. 그렇기 때문에 몸에 상처가 많은 우상숭배자와 거짓 예언자에게
누군가 "네 두 팔 사이의 상처가 어찌 됨이야?"라고 묻는다면 이전의
상황이라면 바알을 섬기다가 생긴 상처라고 자신 있게 말할 것이지만
이제는 자신을 바알의 예언자라 말하지 못하고 "친구 집에서 받은 상
처"라고 둘러댈 수밖에 없는 상황이라 예언자는 말하고 있습니다. 이
는 우상숭배가 더 이상 인정되지 않는 하나님의 거룩한 도성 예루살렘
의 모습을 보여주고 있는 것으로 예언자가 대망하는 예루살렘의 모습
을 잘 나타낸다고 할 수 있습니다.

7절에서는 묵시 문서의 성격을 가장 잘 드러내는 요소인 하나님의
심판이 시작되고 있음을 보여주고 있습니다. 묵시 문서의 기본적인 성
격은 사람의 힘으로 어찌할 수 없는 절망의 상황이 배경에 있고 그 상황
가운데서 부르짖고 있는 하나님의 백성들을 위해서 하나님께서 직접
오셔서 고난 당하는 사람들을 구원하고 악인을 처단하는 상황이 이어지

고 있습니다. 그렇기에 하나님의 심판이 시작되었다는 것은 의인에게는 절망 중에서 고대하던 구원의 나팔 소리를 듣는 것이라 할 수 있으며 악인에게는 그들의 파멸이 시작되었다는 멸망을 알리는 조종弔鐘이 울리는 상황이라 볼 수 있습니다. 이제 하나님의 심판의 칼이 "내 목자 내 짝된 자를 치라"라고 명하고 있습니다. 여기서 "내 목자"가 지칭하는 것은 스가랴 11장 16-17절에서 이미 이야기했던 '우매한 목자'를 가리키는 것으로 과거 이스라엘과 유다를 다스렸던 사람으로 나라의 멸망에 책임이 있는 사람들을 지칭하고 있다 볼 수 있습니다. 또한 '내 짝된 자'는 '나의 친밀한 자'를 지칭하고 있는데 이는 하나님과 가까운 사람이었기에 하나님을 더욱 신뢰하고 그 뜻대로 행하여야 하지만 그렇게 하지 못한 사람을 나타내고 있다 할 수 있습니다. 이제 그들을 향한 하나님의 심판이 시작되고 하나님께서 역사에 직접 개입하셔서 모든 불의를 종식시키는 역사의 심판을 행하고 계심을 예언자는 준엄하게 선언하고 있습니다.

8절에서는 하나님의 심판이 세상에 광범위하게 진행되고 그 결과 세상 삼분의 이가 멸망하고 삼분의 일만 살아남는 참혹한 심판이 될 것이라는 것을 말하고 있습니다. 하지만 하나님의 편에 선 사람들은 걱정할 이유가 없을 것입니다. 왜냐하면 묵시 문서에 나타난 하나님의 심판은 하나님의 사람을 심판하는 것이 아니라 하나님의 사람을 괴롭히고 핍박하는 사람들을 치기 위한 심판이며 이 모든 심판이 지나간 후 하나님의 사람은 하나님께서 정화하신 세상 속에서 새 하늘과 새 땅의 기쁨을 맛보게 될 것이기 때문에 하나님의 사람에게 있어서 하나님의 심판은 두려움과 공포의 시간이 아니라 오히려 두려움을 벗어날 수 있는 기쁨의 시간이라 할 수 있습니다.

9절에서는 하나님의 심판의 결과 남게 되는 남은 자의 운명에 대해 말하고 있습니다. 예언자는 하나님의 심판은 모두를 파멸시키는 심판이 아님을 분명히 말하고 있습니다. 다시 말해 하나님의 심판은 예루살렘을 우상의 소굴로 만들어버렸던 우상숭배자와 거짓 예언자들을 파멸시키는 심판이지만 하나님의 말씀을 따르는 진실한 하나님의 백성들에게는 마치 불 가운데서 더욱 귀해지는 은과 금과 같이 연단의 의미로서의 심판을 강조하고 있는 것입니다. 하나님을 따르는 자들은 심판을 통해 단련될 것이며 더욱 귀한 모습으로 변화될 것이고 그들과 하나님의 관계에 있어서도 하나님은 그들이 하나님의 이름을 부르며 외친다면 그 음성에 응답할 것을 약속하셨고 그들을 향해 '내 백성'이라 부를 것이며 그들은 하나님을 '내 하나님'이라 화답하여 부르며 하나님과의 관계가 회복될 것임을 예언자는 말하고 있습니다. 예언자는 절망적인 현실 속에서 그가 바라는 이상적인 세상을 대망하며 하나님의 심판의 도래를 외치고 있습니다. 하지만 예언자는 하나님의 심판은 모두를 멸망으로 이끄는 심판이 아닌 하나님의 사람에게는 정화의 의미의 심판으로서 심판이라는 연단의 상황이 끝난 다음 아름답게 정화될 하나님의 도성 예루살렘과 변화될 하나님의 백성들의 모습을 대망하면서 하나님의 말씀을 대언하고 있다 할 수 있습니다.

결단의 말씀

1. 예언자가 바라는 묵시적 대망의 교회

본문에서 스가랴 예언자는 페르시아에서 귀환한 이후 우상숭배와 거짓 예언이 가득 차 있는 예루살렘의 절망적인 현실을 바라보며 묵시적 대망을 하고 있는데 바로 예루살렘의 모든 죄악과 더러움을 씻는 샘이 열리고 마침내 예루살렘에서 거짓 예언자와 우상 숭배자들이 사라진 바라기 힘든 세상을 향한 대망이었습니다. 다시 말해 예언자는 회복될 예루살렘에서 가장 필요한 것은 여호와 하나님 이외에 다른 신들을 섬기는 우상숭배자와 여호와 하나님의 말씀을 대언하지 않고 여호와의 말씀을 교묘하게 왜곡해서 전하는 거짓 예언자들이 사라지는 세상이며, 여호와 하나님만을 섬기고 하나님의 말씀이 강물처럼 흘러가는 세상이라는 것입니다. 스가랴 예언자가 당시 성전과 그 주변 공동체를 바라보면서 절망했듯이 오늘 우리도 우리 주변의 교회와 그 교회의 구성원을 바라보면서 절망할 때가 많이 있습니다. 우리의 교회는 하나님 이외에 돈과, 권력, 사람이라는 우상을 여호와 하나님과 더불어 섬기며 이미 혼합 종교가 되어버린 지 오래고 이러한 모습을 지지하며 자신의 잇속을 채우는 거짓 예언자들이 교회 안팎에 가득한 현실을 보여주고 있습니다. 우리에게는 정상이 더 이상 정상이 아니며 여호와 하나님의 준엄한 말씀 대신 바알과 아세라를 섬기는 성도들로 가득 찬 교회들의 현실을 바라보고 있는 것이 21세기 우리의 슬픈 자화상이라 할 수 있습니다. 그러기에 우리는 예언자가 바랄 수 없는 가운데서 예루살렘의 회복을 대망했듯이 우리도 묵시적 정황 가운데서 바랄 수 없는 일들을 하나님을 의지하며 대망해야 할 것입니다.

먼저 우리는 주변에서 우상숭배의 요소들을 발견하고 이를 제거해야 합니다. 우상이란 하나님보다 앞세우는 모든 것입니다. 하나님을 사랑한다고 하면서 돈을 사랑하고 하나님을 앞세우는 듯하면서 결국에는 자신의 권력을 탐하는 한국교회의 부끄러움을 모르는 모습은 분명 우상숭배 행위이며 이 모습들은 반드시 주변에서 사라져야 합니다. 우상 대신 십자가 위에서 날 위해 고난당하신 주 예수 그리스도만을 바라보며 그분 한 분으로 만족하고 그 사랑 감당 못하여 눈물만 흘리는 성도들과 한국교회의 모습을 우리는 대망해야 합니다. 또한 선량한 성도들을 미혹하며 하나님의 길이 아닌 거짓된 길로 사람들을 인도하는 거짓 예언자들을 발본색원하여 이 땅에 더 이상 존재하지 못하게 만들어야 합니다. 그들의 말은 귀에는 좋게 들릴지 모르지만 결국에는 사망으로 이끄는 사설邪說이기 때문에, 절대 우리 주변에 뿌리를 내리지 못하도록 해야 하며 오히려 그들이 자신이 외치는 말을 부끄러워하며 사람들을 피해 다니는 현실을 반드시 만들어야 합니다. 예언자가 바라는 이상적인 예루살렘은 말 그대로 이상에서만 가능한 현실이 아니라 우리에게 그러한 세상을 만들라는 하나님의 명령으로 받아들이고 우리는 최선을 다해 그날의 도래를 앞당겨야 할 것입니다.

2. 정화를 위한 하나님의 심판

예언자가 바라는 변화된 예루살렘의 모습은 사람의 힘으로는 애당초 불가능한 일입니다. 그러기에 묵시 문서의 특징상 예언자는 하나님의 개입을 대망합니다. 그 결과 하나님께서 직접 임하시게 되고 마침내 심판을 시작하셨을 때는 엄청난 재난의 결과와 흔적이 남아있을 수밖에 없을 것입니다. 스가랴 예언자는 하나님의 심판을 통해 삼분의 이의 사람들이 죽게 될 것이라 말하고 있습니다. 이 말은 요한계시록에 나오는 심판의 메시지와 같이 곳곳에 기근이 일어나고 하나님의 천사들이 움직일 때마다 세상의 삼분의 일이 죽는 상황과 매우 유사한 상황을 말하고 있습니다. 하지만 묵시 문서에 나타난 하나님의 심판은 매우 일관된 말씀을 증거하고 있습니다. 그것은 하나님의 심판은 하나님의 백성과 백성이 아닌 사람에게 다르게 임한다는 것입니다. 다시 말해 하나님의 백성들에게는 그들의 고통을 종식시켜 주는 메시아의 도래이며 그들은 고난의 결과 단련되고 더러움을 씻어버리게 된다는 정화의 의미에서의 심판의 의미라 할 수 있다는 것입니다. 하지만 하나님의 백성을 괴롭혔던 자들은 반드시 멸망하게 될 것이며 누구도 빠져나가지 못하고 하나님의 심판의 칼을 받게 될 것을 말하고 있습니다.

오늘 우리에게도 하나님께서는 자신이 직접 무장divine warrior이 되시어 베풀어 주실 심판을 경고하고 있습니다. 하지만 이 심판의 의미는 우리의 위치에 따라 각기 다르게 적용되게 될 것입니다. 스가랴 예언자가 외친 대로 우상숭배를 멀리하고 거짓 예언자들의 외침에 귀를 기울이지 아니하며 현재 우리 교회에서 일어나는 가증스러운 일로 말미암아 울며 탄식하며 주님의 시간을 대망하던 사람들에게는 정화의 의미의 심판이 그들에게 임하여 모든 심판이 끝났을 때 정금처럼 정결해진 자기 모습을 발견할 수 있을 것입니다. 그러나 하나님보다 우상을 앞세우는 혼합 종교에 편승하고 거짓 예언을 하거나 거짓 예언자를 뒤따랐던 사람들은 하나님의 무서운 심판을 피할 수 없을 것이며 세상이 삼분의 이가 없어질 때 그들 역시 흔적도 없이 사라지게 될 것임을 예언자는 우리에게 경고하고 있습니다. 오늘 본문의 스가랴 예언자의 말씀을 기억하면서 우상숭배와 거짓 예언자가 더 이상 없는 우리의 교회를 대망하며 묵묵히 주님의 길을 걸어가는 우리가 되어야 할 것입니다.

장래의 영광 비추사 소망이 되게 하소서

...

스가랴 14:1-21

김태훈

(한일장신대학교)

도입

기다림은 누구나 겪는 인생의 한 부분입니다. 기다림이 누구에게는 소망이지만, 누구에게는 견디기 힘든 고통입니다. 판소리 '춘향가' 중 십장가十杖歌는 '기다림'과 '변치 않는 사랑'이란 주제를 가진 노래입니다. 춘향은 형장이 장매을 때릴 때마다 운을 맞춰 노래합니다. 첫 번째 장을 맞고 "일편단심 … 일각인들 변하리이까", 두 번째 장을 맞고 "… 이 내 마음이 매 맞고 죽어도 이 도령은 못있겠소"라고 말합니다. 장과 노래는 계속 이어지고 열 번째 장를 맞고는 "… 십육세十六歲에 나는 죽네 비나이다 비나이다 하나님 전前 비나이다. 한양 계신 이도령이 암행어사 출도하여 이 내 춘향을 살리소서"라고 노래합니다^{하응백 편저,} ^{『창악집성』[서울: 휴먼앤북스, 2011] 참조.} 이도령을 향한 변함없는 사랑이 춘향이 고통을 이겨내는 힘입니다. 춘향을 향한 이도령의 사랑도 이도령을 지탱합니다. 그 사랑이 이도령을 이끌고 결국 춘향을 구해냅니다. 춘향의 외침은 주인공 이름만 바꾸면 고통 가운데 사는 성도들이 하나님께 드리는 간절한 기도와 흡사합니다.

스가랴서의 배경은 이스라엘의 멸망 후 바벨론에서 유대 지방으로 귀환한 때입니다. 회복의 희망으로 돌아왔으나 여전히 어려운 삶이 계속되었습니다. 어떤 사람들은 여호와 하나님은 무능하다고 생각하며 신앙을 버리기도 하고 어떤 사람들은 말라기서에서 볼 수 있는 것처럼 형식적인 신앙으로 흘렀습니다. 귀환한 유대히. 여후드 백성은 스룹바벨에게서 다윗 왕가의 회복을 찾기도 하고 예루살렘 성전의 재건을 보고 이스라엘의 항구적인 회복을 기대하기도 했습니다. 그러나 스룹바벨도 재건된 성전도 항구적인 해결이 아님을 깨닫게 됩니다. 스가랴는 하나님께서 예정하신 회복이 인간의 힘으로는 전혀 이룰 수 없는 것, 힘으로도 능으로도 할 수 없는 것, 오직 하나님만이, 즉 하나님의 영만이 하실 일임을 선포합니다3:6. 스가랴 예언자는 공동체가 처한 매우 힘든 현실적 상황 속에서 여전히 역사의 주인이신 하나님에 대한 미래의 소망을 선포합니다. 여호와 신앙을 붙들고 있는 신앙인들에게 여호와 하나님께서 임하실 것과 하나님의 통치가 이루어질 것을 예언합니다.

본문 강해

스가랴 예언자는 '당시 신앙인들이 이해할 수 있는 언어'로 하나님 나라의 임함을 선포합니다. 오늘 우리에게 직접 한 말씀이 아니라 그 시대에 살던 사람들에게 익숙하고 그들이 이해할 수 있는 용어로 말씀합니다. 마치 요한계시록에서 종말과 하나님 나라의 임함이 로마 시대에 살던 사람들이 사용하고 이해하는 단어와 생각으로 설명되는 것과 같습니다. 스가랴서에 나오는 말과 병거1:8; 6:1-3, 두루마리5:1, 측량줄4:10, 에바5:7, 활과 화살9:13, 목자와 양과 염소10:2-3, 땅에서 솟는 생수14:8, 예루살렘, 감람산, 예루살렘의 문들14:10, 초막절14:19, 솥과 주발14:20-21 등이 그 예입니다. 이 단어들은 21세기 과학 문명의 세계에서 사는 사람들이 자주 경험하거나 활용되는 단어들은 아닙니다. 성경은 일차적으로는 당시 독자들이 이해할 수 있는 단어로 선포된 말씀이기 때문에 그렇습니다. 그때나 오늘이나 어떤 인간의 비유와 상징으로도 인간이 아직 경험하지 못한 여호와의 날을 정확하게 그릴 수는 없습니다. 그리하여 예언자 역시 하나님께서 보여주시고 말씀하신 내용을 백성에게 그대로 전할 뿐입니다. 오늘의 신앙인들은 예언자와 당시 신앙인들과 달리, 그 이후에 일어난 일들을 많이 알고 있습니다. 하나님께서 허락하신 온전한 계시인 예수 그리스도를 통해서 하나님의 구원 역사를 더욱 잘 알게 되었습니다. 그리하여 우리는 스가랴 예언자의 선포를 오늘에 맞게 해석하고 적용합니다. 14장은 우리에게 여호와 하나님의 임하심과 또한 그분이 어떤 분이신지에 대해 가르쳐 줍니다.

첫째, 하나님은 자기 백성을 위해 참전하십니다14:3, 12. 스가랴 14장은 "여호와의 날이 이르리라"로 시작합니다. 스가랴서 도처에서 그날에 대해 묘사합니다. 그날은 예루살렘이 함락되고 온갖 고통과 슬픔과 참혹함이 넘치는 날입니다. 학자들은 스가랴 예언자가 이미 주전 587년에 일어났던 일을 말씀하는 것으로, 헬라 시대나 로마 시대에 일어날 일을 예언한 것으로, 혹은 종말에 전 우주적으로 일어날 날에 관해 말씀하는 것으로 해석합니다. 오늘 성경을 우리에게 주신 하나님의 말씀으로 읽는 우리에게는 그날이 미래의 날로 남아있습니다. 반드시 여호와의 날이 올 것이고 그날은 심판과 회복의 날이며 인간의 노력과 수고에 의해 이루어지는 날이 아니라 하나님께서 친히 정하신 날입니다.

그날 여호와 하나님은 자기 백성을 위해 친히 참전하십니다. '그 때에 여호와께서 나가사'[14:3]는 전쟁이 배경입니다. '그때'는 하나님의 백성이 겪는 절망과 고통과 슬픔의 시간입니다. 더 이상 싸울 군사가 없고 저항할 힘이 남아있지 않습니다[14:1, 2]. 그러나 '그때'는 여호와 하나님이 친히 나서는 시간입니다. 5절은 여호와 하나님께서 "모든 거룩한 자들이 주와 함께 하리라"고 말씀합니다. '거룩한 자들'은 거룩함을 뜻하는 '카도쉬'의 복수 '크도쉼'의 번역입니다. '거룩한 자들'은 이곳에서 성도들이라기보다는 천상의 존재들로 보입니다[또한 단 8:13, 24]. 하나님께서 임하실 때 천상의 군대들을 이끄시고 참전하신다는 뜻입니다 [왕하 6:15-17 참조].

이와 같이 자기 백성을 향한 하나님의 사랑은 배반과 죄에 대한 심판을 압도합니다. 하나님께서 오직 은혜로, 그분의 본성이신 사랑으로 말미암아 백성에게 돌아오셔서 자기 백성을 위해 싸우십니다. 9장 8절에도 유사한 말씀이 나옵니다.

> "내가 내 집을 둘러 진을 쳐서 적군을 막아 거기 왕래하지 못하게 할 것이라 포학한 자가 다시는 그 지경으로 지나가지 못하리니 이는 내가 눈으로 친히 봄이니라"

12절에서 대적의 살과 눈동자와 혀가 썩는다는 것은 하나님이 적에게 내리는 재앙을 생생한 언어로 표현한 것입니다. 하나님은 오늘도 우리를 위해 싸우십니다. 우리가 아무런 힘도 가지고 있지 않을 때, 절망의 순간에, 오히려 우리가 아무 힘도 갖고 있지 못하므로 하나님께서 친히 나서서 싸워주십니다.

둘째, 하나님은 최종적 승리자이시며 만국의 통치자로 감람산에 임하십니다[14:4, 9]. 감람산은 예루살렘 바로 동편에 위치합니다. 감람산에 임하심은 다시 오시는 예수님을 설명할 때도 나옵니다행 1:11-12. 감람산에 임하심은 예루살렘으로 돌아오셔서 친히 다스리는 것을 상징합니다 겔 11:23; 43:2. 여호와 하나님이 임하실 때 감람산에 지진이 나서 동서로 갈라지고 남과 북으로 이동한다고 합니다14:4. 문자적으로 보면 감람산이 사분되어 '아셀'까지 이른다고 합니다. '아셀'히. 아첼은 '베트-하아첼' 미 1:11의 축약형으로 예루살렘 근처에 있습니다. '유다 왕 웃시야 때'의 지진은 사람들의 기억 속에 남아있는 매우 강력한 지진입니다암 1:1. 지진과 이어지는 땅의 분리는 종말과 하나님이 임하실 때 일어날 충격적인 사건들을 상징적으로 표현한 것입니다 막 13:8; 눅 21:11; 계 6:12; 11:13; 16:18 참조. 10절의 "온 땅이 아라바 같이 되되"에서 아라바는 산악지대 중간에 걸친 저지대입니다. 북쪽 게바와 남쪽 림몬은 페르시아 시대 유대지방의 경계입니다. 주변 땅이 아라바처럼 낮아지고 예루살렘만 높이 들린다는 뜻입니다. 그러나 문자적으로 해석할 필요는 없습니다. 4절에 나오는 땅의 분리와 이동처럼 상징적인 표현입니다. 예루살렘이 높이 들린다는 것은 여호와께서 그 백성을 구하시고 높이신다는 뜻입니다. 여호와 하나님께서 최종 승리자이시며 영원한 통치자이시라는 말씀은 9장 10절에도 나옵니다.

> "내가 에브라임의 병거와 예루살렘의 말을 끊겠고 전쟁하는 활도 끊으리니 그가 이방 사람에게 화평을 전할 것이요 그의 통치는 바다에서 바다까지 이르고 유브라데 강에서 땅 끝까지 이르리라"

여호와 하나님께서 최종 승리자이시며 만국의 통치자라는 것은 우리에게 결단을 요구합니다. 우리는 최후 승리자의 편에 서야 합니다. 최후 승리를 얻기 위해서는 다른 어떤 것이 아니라 하나님 혹은 주님을 사랑해야 합니다. 바벨론이든 헬라든 로마든 세상에 있는 것들은 잠시의 승리를 가질 수 있지만 최후 승리자는 아닙니다. 세상의 권세나

부는 사람들에게 잠시의 승리를 줄 수 있지만 최후의 최종적인 승리는 주지 않습니다. 우리 신앙인들은 찬송가 '갈보리 산 위에'150장 후렴에 나오는 것처럼, 잠깐이나 순간의 승리가 아니라 '최후 승리'를 소망합니다. 신앙인들은 최후 승리 얻기까지 주의 십자가 사랑하고 빛난 면류관 받기까지 험한 십자가 붙들 것이라고 다짐합니다.

셋째, 여호와 하나님은 새로운 날을 주십니다14:7-8. 종말은 말 그대로 끝의 시간이긴 하지만 재창조의 시점이기도 합니다. 그날에는 사람들이 빛이 없어지고 광명한 것들이 떠난다고 합니다14:6. 창세기 1장 3절과 14-19절 말씀에서 나오는 빛과 발광체 창조의 역전이라 볼 수 있습니다 사 13:10; 욜 3:15; 마 24:29; 계 6:12, 13 참조. 그러나 여호와께서 계획하신 날, 여호와께서만 아시는 그 날, 여호와 하나님께서 지금은 상상도 할 수 없는 새로운 빛을 비추십니다. "낮도 아니요 밤도 아니라 어두워 갈 때에 빛이 있으리로다"는 우리가 경험하는 지금의 낮과 밤이 아님을 말해 줍니다. 해와 달과 별의 자연 현상으로 낮과 밤, 밝음과 어두움이 교차되는 그런 빛이 아닙니다. 이는 새로운 세계를 의미합니다. 요한계시록 21장 23절에 유사한 말씀이 있습니다.

> "그 성은 해나 달의 비침이 쓸 데 없으니 이는 하나님의 영광이 비치고 어린 양이 그 등불이 되심이라"

내셔널 지오그래픽에서 다룬 "빛의 힘"이라는 글의 첫 부분입니다.

빛은 세상을 우리에게 드러낸다. 몸과 영혼은 그것을 갈망한다. 빛은 생물학적 시계를 설정한다. 그것은 우리 뇌에서 색 감각을 촉발시킨다. 빛은 식물에게 에너지를 공급하여 자라게 하며 우리를 먹인다. 무지개와 일몰 같은 특수 효과로 우리를 들뜨게 한다. 빛은 백열전구에서 레이저 및 광섬유에 이르기까지 삶을 변화시키는 도구를 제공한다. 과학자들은 빛이 무엇인지 무엇을 할 수 있는지 완전히 이해하지 못한다. 그들은 단지 그것이 우리의 미래를 밝힐 것이라는 것을 알고 있다. Joel Achenbach, "The Power of Light," *National Geographic*, vol. 200. no 4 [October 2001], 5.

빛의 능력을 잘 표현한 글입니다. '태초에 빛이 있으라' 하신 하나님은 우리의 빛이시며시 27:1; 미 7:8, 그의 백성에게 새로운 빛과 새로운 빛의 날을 주십니다.

넷째, 하나님은 생수를 주십니다. 생수는 '마임-하이임'의 번역으로 생명의 물, 생명을 주는 물입니다. 예루살렘에서 생수가 솟아나서 반은 동해로 반은 서해로 흐를 것이라 합니다겔 47:1; 욜 3:18 참조. '서해'는 '하얌 하아하론'의 번역으로 직역하면 '뒤쪽아하론 바다얌'입니다. 예루살렘에서 해 뜨는 쪽을 바라볼 때 뒤쪽이 지중해입니다. 앞쪽은 해 뜨는 쪽 사해바다입니다. 생수는 삶의 풍성함을 상징합니다. 이스라엘은 물이 귀한 곳입니다. 시내들은 많은 경우 와디건천입니다. 계절에 따라 물이 흐르기도 하고 흐르지 않기도 합니다. 그날에 흐르는 생수는 건기여름와 우기겨울를 가리지 않고 흐릅니다. 풍요로운 세상이 될 것을 뜻합니다. 그러나 우리는 하나님이 친히 생수이심을 압니다렘 2:13; 17:13. 예수님은 내가 빛이며요 8:12 생수요 7:37-39라 하셨습니다. 하나님은 목마르지 않는 생명의 물로 그 백성을 살리시며 풍요케 하십니다.

다섯째, 여호와 하나님은 이방 사람들의 하나님이 되어주십니다14:16. 스가랴 예언자는 이방 나라들 중 남은 자가 해마다 올라와서 여호와께 경배하며 초막절을 지키는 날을 그립니다14:16, 19. 초막절은 추수 감사의 절기출 23:16이며 새해혹은 세말를 축하하는 날입니다출 34:22. 그리고 광야에서 장막 생활하던 날들을 기억하는 날이기도 합니다민 29:12-40; 신 16:13. 그러나 만인이 초막절을 준수할 것이라는 말씀 역시 당시 이스라엘 백성이 이해할 수 있는 수준에서 선포한 말씀입니다. 오늘 우리 신앙인들은 유월절도 맥추절도 초막절도 문자적으로 지키지는 않습니다. 물론 문자적으로 지키는 특수한 종교 단체들도 있긴 합니다. 우리는 이스라엘 백성의 절기들이 아니라 우리를 구원하신 예수님과 관련된 주요 절기들을 지킵니다.

구약성경은 역사적 예루살렘과 예루살렘 성전 회복이나 이스라엘의 절기 준수 회복으로 닫힐 수 없는 책입니다. 구약성경 자체가 증언합니다. 창세기 시작 부분은 이스라엘에게 한정된 이야기가 아닙니다. 전 인류의 문제를 다룹니다. 인류의 기원, 온 인류에게 영향을 끼친 죄의 기원 등을 말씀합니다. 창세기 초반부가 말하는 것처럼 하나님은 이스라엘의 하나님만이 아니라 전 인류의 하나님이십니다. 하나님은 이스라엘 백성을 창조하신 것이 아니라 사람을 창조하셨습니다. 아담의 범죄는 이스라엘의 범죄가 아니라 온 인류의 원형 범죄입니다. 노아와 그 아들들은 이스라엘의 조상이 아니라 인류의 조상입니다. 바벨탑 사건은 이스라엘 지파들의 흩어짐이 아니라 온 인류의 흩어짐입니다. 아브라함은 이스라엘 사람이 아니라 갈대아 우르 사람이며, 아브라함을 부르심은 천하 만민이 그를 통해 은혜와 복을 받게 하기 위함입니다창 12:3; 사 19:25; 행 3:25; 갈 3:8 참조. 그러므로 하나님의 구원사는 이스라엘의 귀환이나 예루살렘 성전의 재건이나 초막절 준수에서가 아니라, 인간의 죄의 해결과 새로운 에덴에서의 삶으로 이어집니다계 3:12; 21:2 참조. 그리하여 하나님의 온전한 계시인 예수님을 이미 알고 있는 오늘의 신앙인들은, 구약성경의 옛 신앙인들과 달리, 유대인의 초막절 축제가 아니라 하늘에서 예비 된 새 예루살렘과 천국 혼인 잔치를 기다립니다계 3:12; 21:2 참조.

여섯째, 스가랴 예언자는 그날에 있을 성결에 대해서 말씀합니다14:20-21. 이방인이 초막절을 지키러 성전에 올라온다는 사실14:16은 예루살렘 성전의 중심성을 말하는 것이긴 하지만 이방인이 하나님이 받으실만한 존재가 된다는 뜻이기도 합니다. 그날에는 말방울에까지 여호와께 성결이라 기록됩니다. '여호와께 성결'은 대제사장이 입는 에봇의 판결흉패에 기록된 단어입니다출 28:36. 말방울을 예시한 것은 가장 보잘것없는 것이라 할지라도 대제사장의 보석 판결 흉패 만큼이나 거룩한 것으로 인정된다는 뜻입니다. 여호와의 전에 있는 모든 솥도 제단 앞 주발과 같게 취급됩니다. 솥은 제사 제물을 삶는 도구입니다. 제단 앞 주발은 희생제물의 피를 담는 그릇입니다. 여호와께서 임하시는 그날 덜 거룩한 것이 가장 거룩한 것으로 인정됨을 뜻합니다. '여호와의 전에 있는 솥'을 넘어 '예루살렘과 유다의 모든 솥'이 성물이 됩니다. 성과 속의 차별이 무너지는 것을 넘어 모든 것이 거룩해지고 거룩하게 쓰임 받게 됨을 말합니다. 모든 것을 씻고 거룩하게 하는 사건이 일어난 것입니다. 당연히 말방울이나 솥이 스스로 그렇게 할 수는 없습니다. 하나님께서 거룩하지 않은 것들을 거룩한 것으로 만들어 주십니다. 그날에는 성전에 가나안 사람이 다시 있지 않을 것이라 합니다. '가나안 사람'은 두 가지로 설명될 수 있습니다. 이방인이든지 혈연적 이스라엘 사람이든지 간에 성별되지 못한 사람입니다행 21:28-29 참조. 이 역시 민족을 넘어 성전에 거룩한 사람들이 모여 여호와께 예배를 드린다는 뜻입니다. 또한 가나안은 사전적으로 '상인'을 뜻하기도 합니다욥 41:6 [히. 40:30]; 잠 31:24. 성전 기구들을 더 이상 살 필요가 없고 성전은 장사꾼의 소굴이 되지 않을 것이라는 말씀으로 해석되기도 합니다. 이와 같이 하나님이 임하실 때는 속함과 청결케 함과 거룩하게 하는 일이 일어나며 거룩한 하나님의 사람들이 하나님의 왕국에 거하게 됩니다계 21:27 참조.

결단의 말씀

첫째, 하나님은 그 정하신 때에 심판과 구원의 하나님으로 임하십니다. 반드시 그날이 오며 그날은 심판의 날이며 또한 구원의 날입니다. 그 날을 기다림은 성도의 것이기도 하지만 하나님의 것이기도 합니다. 기 다림은 누구에게는 행복이고 누구에게는 간절함입니다. 아이를 기다 리는 아빠의 사랑이 듬뿍 느껴지는 시 한편을 소개합니다.

> 기다림
>
> 아빠는 유리창으로
> 살며시 들여다보았다
> 뒷머리 모습을 더듬어
> 아빠는 너를 금방 찾아냈다
> 너는 선생님을 쳐다보고
> 웃고 있었다
> 아빠는 운동장에서
> 종 칠 때를 기다렸다
>
> 피천득, 『창밖은 오월인데』[민음사, 2018], 39

학교에서 수업을 하고 있는 아이는 아빠가 데리러 올 줄 알고 수업 이 마칠 시간을 기다립니다. 마치는 종이 치면 아이는 아빠를 만날 수 있습니다. 그렇지만 기다림은 오히려 아빠의 것입니다. 마치는 종이 치면 아빠는 아이를 따뜻한 가슴으로 안을 수 있습니다. 그래서 아이가 아빠를 기다리는 것처럼, 아빠도 마치는 종소리를 기다립니다. 신앙인 들이 하나님 뵙기를 소망하지만, 하나님은 더욱 우리를 만나기 위해 종이 울리는 시간을 기다리시는 분입니다. 물론 그분이 마치는 종을 치는 분이시기도 합니다. 스가랴 예언자가 예언하는 것처럼, 하나님은 이른바 '여호와의 날'14:1, '그때'14:3, '그날'14:4, 20 이 세상에 임하시며 적들을 심판하시고 하나님의 사람들을 구원하십니다. 그리하여 성도는 그날을 고대하며 기다립니다.

둘째, 신앙인은 하나님이 구별하신 성도성결한 존재로서14:20, 21 참조, 하나님께서 임하실 장래의 영광을 소망으로 삼고 살아갑니다. 성도는 세상 속에서 살지만 영원하신 하나님의 백성이며 하나님 나라에 속한 사람들입니다. 그리하여 힘든 오늘을 살면서, 하나님의 날과 그 나라를 구하고 기다립니다. '이 몸의 소망 무엇인가 우리 주 예수뿐일세'488장와 '나의 생명과 나의 참 소망은 오직 주 예수뿐일세'95장는 공통적으로 '주 예수뿐'이라는 간증이 담겨 있습니다. 세상에 의지할 것이 많은 사람도 있고, 세상의 것들을 찾아 나서는 사람도 있습니다. 그러나 찬송가의 신앙인은 '뿐', 오직 예수님밖에는 의지할 이가 없는 사람입니다. 현재 어렵고 괴로운 일이 있을지라도, 성도는 그로 인해 절망하지 않습니다. 지금 눈에 보이지 않지만 역사를 주관하시는 하나님을 믿습니다. 스가랴 예언자는 고통받는 하나님의 백성에게 소망의 날을 예언합니다. 하나님은 악인들을 벌하시며 억울함을 풀어주시고 갚아주십니다. 소망은 견디게 합니다. 소망은 버티게 합니다. 소망은 좁은 길을 선택하게 합니다. 그리하여 하나님 나라를 대망하면서 사랑하고 섬김으로 나아갑니다. '겸손히 주를 섬길 때 괴로운 일이 많으나' 그래도 낙망하지 않고 구주여 내게 힘주사 잘 감당하게 해달라고 기도합니다. '장래의 영광 비추사 소망이 되게 하옵시고'에서 보듯 장래의 소망으로 오늘을 이기며 삽니다212장.

셋째, 성도는 재회를 기다리며 내일을 준비합니다. 하나님은 이미already 우리 삶의 주인이시고 우리를 다스리고 보호하십니다. 우리는 주님과 더불어 영원한 생명을 누릴 것이라는 약속도 받았습니다. 그러나 아직 not yet 우리는 제한된 생명으로 이 세상의 영향과 인간존재의 연약성을 겪으며 살아갑니다. '지금 이곳에서' '그날'에 있을 예수님과의 만남을 향한 그리움과 변하지 않는 충성으로 재회를 기다립니다.

넷째, 그러나 성도는 오늘을 통해 내일을 준비합니다. 우리 신앙인들은 그날은 하나님이 정하신 날이니 때와 시기는 하나님께 맡기고 하나님이 허락하신 '일상이라는 생애'를 귀하게 보내야 합니다. 그날도 중요하지만 오늘도 매우 귀한 시간입니다. 일상은 하나님이 우리에게 선물로 주신 단 한 번의 시간이기 때문입니다. 또한 우리의 일상은 말씀에 순종하는 시간이며 연단의 시간이며 지상명령을 수행하는 필수적인 시간입니다. 신앙인은 그날을 고대하고 대비는 하되, 두려워하거나 미혹되지 말고, 사랑의 능력을 잃지 않고, 삶으로 천국 복음을 증언하며 하나님과 함께하는 생애를 살아갑니다.